D1668922

F = Familienhotel
P = Privilegienhotel 283

When Dom Pérignon blesses its Vintage with a second life.

Dom Pérignon

FÜR JEDEN GESCHMACK

Die besten Hotels
DER
SCHWEIZ

Die besten Gastgeber der Schweiz

Kein Land kann auf traditionsreichere und imposantere Grandhotels zurückschauen als die Schweiz. Einige von ihnen sind seit Generationen familiengeführt. Echtheit, Umgebung und nicht zuletzt das Herzblut der Gastgeber machen sie zu lebenden Ikonen der Schweizer Hotellerie.

Die besten Hotelrestaurants

Von regionalen Spezialitäten über Klassiker bis zur Haute Cuisine, die Schweizer Gastronomie hat viel zu bieten. Das Niveau von Spitzenköchen in der Schweiz ist so hoch wie nie zuvor. Sie kreieren Gerichte, die kleinen Kunstwerken gleichen und eine geschmackliche Explosion verursachen.

Innovative Hoteliers

Wer bremst, verliert. Das gilt auch für die Schweizer Hoteliers. Ja, gerade für diese, denn Pioniergeist und Innovationen sind zwei ihrer tragenden Säulen. Gastgeber, die neue Wege gehen, machen vor, wie man mit Mut und guten Ideen Erfolgsgeschichten schreibt.

Jahreszeiten Kalender 2018

Event-Highlights aus Kunst, Kultur, Kulinarik und Sport.

Impressum & Fotocredits

Die Erben der Schweizer Luxushotellerie

Kein Land kann auf traditionsreichere und imposantere Grandhotels zurückschauen als die Schweiz. Einige von ihnen sind seit Generationen familiengeführt. Echtheit, Ambiance und nicht zuletzt das Herzblut der Gastgeber machen sie zu lebenden Ikonen der Schweizer Hotellerie.

Hotelierehepaar Thomas und Anne-Rose Walther

Familie Walther

HOTEL WALTHER IN PONTRESINA

110 Jahre hat das Hotel Walther im Engadin inzwischen auf dem Buckel. Das sieht man ihm nach seiner neuesten Verjüngungskur nicht an, und so verkünden die Hotelbesitzer Thomas und Anne-Rose Walther voller Stolz: „Noch nie hat das Walther so frisch ausgesehen". Stolz können sie auch sein, ließen sie doch gerade das Erdgeschoss ihres 4-Sterne-Superior-Hotels für 3,3 Millionen Schweizer Franken umbauen. Mit Hilfe der Innendesignerin Virginia Maissen verpassten sie dem etwas in die Jahre gekommen Hotel einen frischen Look. Das Ergebnis ist ein harmonisches Miteinander aus Alt und Neu. Seit über 20 Jahren und in dritter Generation führen Hotelier Thomas Walther und seine Frau inzwischen das Haus. Die vierte Generation steht bereits in den Startlöchern. Großvater Hans hatte das Walther, das damals noch Palace hieß, zwischen den beiden Weltkriegen verwaltet und anschließend gepachtet, um es zu guter Letzt zu kaufen. Die Eltern Barbara und Christian schufen schließlich die Grundlage zum heutigen Walther. Doch der jetzige Besitzer weiß: „Nur wenn man eine Kuh füttert, gibt sie auch Milch." Kein Rappen reut ihn, den er in den Umbau gesteckt hat.

Familie Schmidt

SCHWEIZERHOF FLIMS, ROMANTIK HOTEL

Die Geschichte des Hotels beginnt im Jahre 1869. Walter Candrian, der Urgroßvater der heutigen Gastgeberfamilie, ersteigert die Pension Segnes. Sein jüngerer Bruder Mathias, der eigentlich als Zuckerbäcker in Stettin arbeitete, kommt nach Graubünden zurück und übernimmt das Segnes. Er stürzt sich in das Projekt und führt so nicht nur die Pension, sondern den gesamten Kurtourismus in Flims zum Erfolg. Gleichzeitig legt er den Grundstein zum Schweizerhof Flims, welchen die Familie 1903 mit Mitteln aus dem Verkauf des Segnes im Geist der Belle Époque erbaut. Schon bald verkehrt bei den Candrians eine renommierte Kundschaft. So verbrachte 1873 Friedrich Nietzsche einen Sommer in Flims. Auch Albert Einstein, Kaiserin Zita und Marie Curie besuchten das Hotel. Die Nachfahren der Gründer des Schweizerhofs setzen nicht nur bei der Architektur auf Bewährtes. Noch immer gibt es altmodische Tanztees, Stummfilmvorführungen und einmal im Jahr kultiviert man die Table d'hôte mit feinstem Geschirr und altem Kristall. So hat das Hotel Schweizerhof – heute von Christoph und Sandra Schmidt-Stahl in vierter Generation geführt – alle Stürme der Geschichte gemeistert.

Der Schweizerhof wird in vierter Generation geführt

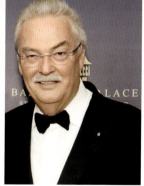

Aniko Badrutt und Hoteldirektor Hans Wiedemann

Marguita Kracht kümmert sich um die Inneneinrichtung

Familie Badrutt

BADRUTT'S PALACE IN ST. MORITZ

Das Traditionshaus wurde 1896 von Caspar Badrutt, dem zweitältesten Sohn von Johannes Badrutt – der durch eine Wette den Wintertourismus in St. Moritz begründete – erbaut. Die Lage am steilen Hang über dem St. Moritzersee und die Form mit Ecktürmchen und Zinnen geben dem Badrutt's Palace Hotel einen schlossartigen Charakter. Für viele ist das Grandhotel

> „Die Mischung aus Highclass und Gemütlichkeit macht den Zauber unseres Hotels aus."

das Wahrzeichen von St. Moritz und eine der ersten Adressen für den internationalen Jet-Set. Man feiert im Kings Club, dem berühmtesten Nachtclub von St. Moritz, der auch die älteste und sagenumwobenste Diskothek der Schweiz ist. Der Pioniergeist der Familie Badrutt sorgte dafür, dass das Badrutt's Palace Hotel seit über 120 Jahren zu den besten Häusern weltweit gehört. Für die Familie stand immer fest, dass die Führung des Palace nicht durch eine internationale Kette funktionieren kann. Die Individualität, der Zauber und die Seele des Hotels überlebt nur in einem inhabergeführten Familienhotel. Oder wie es der 2016 verstorbene Hansjürg Badrutt formulierte: „Die Mischung aus Highclass und Gemütlichkeit macht den Zauber unseres Hotels aus." Ein Verkauf kam für die Familie nie in Frage. Da das Ehepaar Aniko und Hansjürg Badrutt kinderlos blieb, setzten sie ihren Hoteldirektor Hans Wiedemann zum Alleinerben des Hotels ein. Ihm obliegt die Verantwortung das Hotel im Sinne der Badrutts weiterzuführen. Sein Credo lautet: „Wir möchten immer eigenständig und einzigartig bleiben und müssen dafür auch viel riskieren."

Familie Kracht

BAUR AU LAC IN ZÜRICH

Mit dem Baur au Lac schrieb Johannes Baur Hotelgeschichte: Als Erster ging er das Wagnis ein, sein Hotel unmittelbar am Ufer des Zürichsees zu bauen. Bereits im Jahr 1854 berichtete die Leipziger Illustrierte Zeitung über das gerade einmal zehn Jahre alte Hotel mit den Worten: „Das Äußere verspricht viel, sehr viel. Wenn man aber das Innere betritt, die luxuriösen Salons und Schlafzimmer durchwandert, so findet man jedoch alle Erwartungen übertroffen." Daran hat sich in den über 170 Jahren nichts geändert, denn die Dynastie der Baur und anschließend die mit ihr verschwägerte Familie Kracht setzte neue Maßstäbe in der Schweizer Luxushotellerie. Heute zählt das Baur au Lac weltweit zu den ältesten 5-Sterne-Hotels, die noch im Besitz der Gründerfamilie sind. Und das wird sich in naher Zukunft auch nicht ändern. Der heutige Besitzer Andrea Kracht liebt das Haus wie sein eigenes Kind. „Lukrative Angebote gibt es viele, doch wir hängen am Haus und haben die Absicht, es in der siebten Generation weiterzuführen." So fungiert Andrea Kracht unter anderem als Delegierter des Verwaltungsrates, während sich seine Mutter Marguita Kracht der Innengestaltung widmet. Seine Frau Gigi Kracht organisiert seit einigen Jahren die „Art in the Park", eine private Kunstausstellung im Hotelgarten. Der eher introvertierte Andrea Kracht überlässt seiner Frau das Feld, unterstützt sie jedoch bei all ihren Unternehmungen. Damit das Baur au Lac weiterhin in seiner Pracht erstrahlt, wurden in den letzten 20 Jahren mehr als 150 Millionen Schweizer Franken in das Haus investiert.

Hotelbesitzer
Andrea Kracht

Von Sternen & Innovationen

Von regionalen Spezialitäten über Klassiker bis zur Haute Cuisine, die Schweizer Gastronomie hat viel zu bieten. Das Niveau von Spitzenköchen in der Schweiz ist so hoch wie nie zuvor. Sie kreieren Gerichte, die kleinen Kunstwerken gleichen und eine geschmackliche Explosion verursachen. Willkommen im kulinarischen Himmel!

Frank Oerthle

RESTAURANT GALERIE ARTÉ AL LAGO
GRAND HOTEL VILLA CASTAGNOLA IN LUGANO

Bildende Kunst und Kochkunst führen seit fast 15 Jahren im Restaurant Galerie Arté al Lago in Lugano einen alle Sinne anregenden Dialog. Ausgezeichnet mit einem Michelin Stern und 16 Gault&Millau-Punkten, ist das Arté eines der drei Restaurants des Grand Hotels Villa Castagnola und zugleich eine auf zeitgenössische Skulpturen spezialisierte Kunstgalerie. Zu kulinarischen Freuden gesellt sich der Kunstgenuss in Form von dreimal jährlich wechselnden Ausstellungen mit hochkarätigen Namen. Seit seiner Eröffnung kreiert Küchenchef Frank Oerthle erlesene Gerichte, deren Gesamtkomposition genauso durchdacht ist wie die der ausgestellten Kunstobjekte. Farben, Formen und Aromen fügen sich zu vergänglichen Kunstwerken, wobei Oerthle einen Schwerpunkt auf Regionales und Saisonales sowie Fisch und Meeresfrüchte legt. Der gebürtige Baden Württemberger beschreibt seine Küche selbst als „modern-mediterran". Eine sehr bescheidene Beschreibung, denn optisch und geschmacklich kann kaum einer Oerthle im Tessin das Wasser reichen.

Heiko Nieder

THE RESTAURANT
THE DOLDER GRAND IN ZÜRICH

Selbst, wenn man längst am Fuße des Adlisbergs angekommen ist und das Dolder nur noch aus der Ferne erspäht, hallen die fein abgestimmten Aromen, Texturen und Konsistenzen aus der Küche des Heiko Nieders noch im Gaumen nach. Kein Wunder, gilt er doch als bester und höchstdekorierter Koch Zürichs und laut Gault&Millau Deutschland als „Bester Deutscher Koch im Ausland". Seit der Eröffnung des The Restaurant im The Dolder Grand ist Heiko Nieder Chef Fine Dining. Für seine von einem beeindruckenden Aromenspektrum geprägten Kreationen ist er wiederholt ausgezeichnet worden. Im Jahr 2010 erhielt er den 2. Michelin Stern, im Oktober 2012 den 18. Gault&Millau-Punkt. Der Norddeutsche ist experimentierfreudig, immer wieder verblüfft er mit Marriages wie Litschi, Estragon, Wasabi und Cornichons oder Austern und Wollschweinschinken mit Mimolette, Wasserkresse und Dörraprikosen. Er kocht Gerichte frei von allen Konventionen, die durch technische Perfektion bestechen. Luxusgüter wie Foie gras, Austern oder Kaviar kombiniert er gerne mit einfacher Kost, Seine Kombinationen sind stets stimmig, exotisch und doch mit einem Touch Klassizismus versehen.

Peter Knogl

Als Peter Knogl im Cheval Blanc des Basler Grand Hotels LES TROIS ROIS anfing zu kochen, hatte das Restaurant keinen einzigen Stern. Inzwischen hat es drei Michelin-Sterne und 19 Gault&Millau-Punkte. Mit seiner modern interpretierten klassischen Küche kochte er sich in die Herzen der Gäste. Gerne kombiniert er ungewöhnliche Aromen wie zum Beispiel

„Die Optik darf auf keinen Fall das Produkt überlagern"

Lamm, Ingwer und Paprika. Die verschiedenen Geschmackskomponenten beflügeln sich gegenseitig und holen das Beste aus dem jeweiligen Produkt heraus. Bei Knogl steht der Geschmack im Vordergrund: „Essen, das zu schön aussieht, schmeckt oft nicht sonderlich gut. Da passiert geschmacklich wenig im Mund. Die Optik darf auf keinen Fall das Produkt überlagern oder verfälschen." So ist im Cheval Blanc stets das eigentliche Produkt der Star. Peter Knogl verhilft diesem Star jedoch zum Oscar. Ob japanisches Wagyu-Rind an einer Schalotten-Vinaigrette mit Okraschoten oder gebratenes Kalbsbries mit Yuzu, Pfeffer und Pilz-Creme, er schafft eine Symphonie der Aromen, Farben und des harmonischen Geschmacks. Raffiniert zubereitet kredenzt der Chef de Cuisine mit seinen ausgezeichneten Kreationen eine französische Haute-Cuisine mit mediterranen und asiatischen Einflüssen. Das liegt nicht zuletzt daran, dass Knogl ein Meister der Soßen ist.

Stéphane Coco

Noch schmückt die Küche des Chandolin Boutique Hotels keinen Stern, doch das im Februar 2017 eröffnete Le Restaurant verspricht einiges. Zuerst einmal wäre da die grandiose Aussicht zu erwähnen. Zum anderen bietet das Restaurant des Hauses feine, aber zugleich authentische kulinarische Erlebnisse. In der verglasten Küche schwingt Stéphane Coco das Zepter. Der Chefkoch des Restaurants, der zuletzt im Hotel Métropole in Monaco und während zwölf Jahren an der Seite des renommierten französischen Sternekochs Joël Robuchon gearbeitet hat, serviert neben lokalen und saisonalen Zutaten hochwertige Produkte aus aller Welt. Auf die Frage, was ihn ins Wallis verschlagen hat, antwortet er: „Der Wunsch nach einer gesunden Umgebung für meine Familie und der Wunsch, hier einen Stern zu erkochen." Sein Rezept für Letzteres: lokale Produkte wie Fleisch der Eringer Kuh oder Alpkäse aus dem Val d'Anniviers durch exotische Zutaten wie Hummersalat oder Austern zu ergänzen. Egal ob man sich für zartes Koberind, Lamm oder Fisch entscheidet, anhand der erstklassigen Qualität und Zubereitung der Gerichte merkt man, daß Stéphane Coco große Ziele verfolgt.

INNOVATIVE & KREATIVE GASTGEBER

Von Pilgerstätten der Architektur bis Urban Retreats

Wer bremst, verliert. Das gilt auch für die Schweizer Hoteliers. Ja, gerade für diese, denn seit Anbeginn sind Pioniergeist und Innovationen zwei ihrer tragenden Säulen. Gastgeber, die sich trauen neue Wege zu gehen, machen vor, wie man mit Mut und guten Ideen Erfolgsgeschichten schreibt.

IN LAIN HOTEL CADONAU IN BRAIL

Tamara & Dario Cadonau

Es waren einmal zwei Brüder mit zwei unterschiedlichen Berufen und zwei unterschiedlichen Business-Sparten: Hotelkultur und Holzmanufaktur. Ihre Namen: Mario und Marco Cadonau. Der eine ist Koch und Hotelier, der andere Schreiner. Die beiden vereint jedoch der Grundsatz, dass nur durch die sorgfältige Auswahl des Ausgangsmaterials ein qualitativ hochwertiges Endprodukt entstehen kann. Und so wurde aus einem über 450-jährigen Engadiner Haus in Brail das IN LAIN, eine Holz- und Genussmanufaktur. Das alte Engadinerhaus wurde so zum 2011 eröffneten IN LAIN Hotel Cadonau, das aufgrund seiner Bauweise als auch seiner Kulinarik mit Auszeichnungen überschüttet wurde. „In Lain" heißt auf Romanisch „aus Holz", und das ist hier Programm. Das Suitenhotel ist ein Traum in Arve. Bei dem Holz handelt es sich um Massivholz aus den umliegenden Wäldern, das auf traditionelle Weise verarbeitet wurde. Im IN LAIN wird Handwerk hochgehalten, sei es in der Holzwerkstatt, der Schaukäserei oder der Küche. Drei Restaurants hat Dario unter sich. Im La Stüvetta und der Käserei wird saisonale und modern interpretierte Engadiner Küche angeboten. mit dem Gourmet-Restaurant Vivanda erkochte er sich 1 Stern und 17 Gault&Millau-Punkte.

Daniela Frutiger

Ende 2016 wurde in Zürich eine Hotel-Legende wiedergeboren. Das frisch renovierte Luxushotel Atlantis by Giardino öffnete als urbanes Retreat erneut seine Pforten. Im Hotel residierten schon Steve McQueen und die Box-legende Muhammad Ali, Freddie Mercury gab am Flügel der Bar ein Privatkonzert. Dass dieses alte Atlantis wieder aus der Vergessenheit aufgetaucht ist, ist nicht zuletzt Philippe und Daniela Frutiger zu verdanken. Die beiden managen die stetig wachsende Giardino Hotel-Group, zu der in der Schweiz fünf Hotels gehören. Alle Resorts und Retreats haben sich dem lässigen Luxus verschrieben, charaktervolles Design, bester Service und ein legeres Ambiente zeichnen sie aus. Neben dem Mutterhaus Giardino Ascona gehören zur Gruppe auch das Giardino Lago (Minusio bei Locarno), Giardino Mountain (Champfèr bei St. Moritz) sowie das Zürcher Atlantis by Giardino. Die Eröffnung eines neuen Hotels in Grindelwald ist für 2019 geplant. „Der Gast soll sich ohne zu viele Konventionen wohlfühlen. Unser Motto ist gepflegte Légèreheit", betont Daniela Frutiger. Auf die Frage nach ihrem Erfolgsrezept antwortet ihr Mann: „Einfach anders und besser sein als die anderen."

Remo Stoffel

Remo Stoffel ist in Vals nicht unumstritten. An seinen Turmbau-Plänen scheiden sich die Geister, viele äußern Unmut über seine Handhabung mit der von ihm im Jahr 2014 übernommenen Therme. Bereits seit 1996 ist das Graubündener Bergdorf Vals zum Pilgerort von Architekturfans avanciert: Peter Zumthor, der berühmte Schweizer Architekt, erbaute hier die Therme Vals. Nun lockt auch das 7132 Hotel und das dazugehörige House of Architects Design- und Exterior-Fans aus der ganzen Welt an. Mit Architektur von Ando, Kuma, Mayne und Zumthor zelebriert es eine ganz neue Art des alpinen Luxus. Während Mayne und Ando auf Holz setzten, dominiert in den Zimmern von Kuma und Zumthor Stein. Dank Besitzer Remo Stoffel kommt man nun auch in der Schweizer Bergwelt in den Genuss großartiger Hotelarchitektur. Um diese seinen Gästen möglichst angenehm zu machen, hat er einen Helikopter gekauft und einen Piloten engagiert, damit seine Suiten-Gäste kostenlos anreisen können. Stoffel weiß, was seine betuchten Gäste schätzen. Das spiegelt sich auch im kulinarischen Konzept wider. Mit Sven Wassmer holte sich der Hotelbesitzer einen großen Meister seiner Zunft ins Haus. Im Restaurant 7132 werden keine à-la-carte-Gerichte, sondern ein Überraschungsmenü mit bis zu 19 Geschmackserlebnissen serviert. Der mit 17 Gault&Millau-Punkten und 2 Guide Michelin-Sternen ausgezeichnete Chef weiß, was er tut.

Daniel F. Lauber

Im Cervo ist man stolz darauf, Schweizer zu sein, und Gastgeber Daniel F. Lauber versucht in dem charmanten Zermatter Hotel, die schönsten Seiten Helvetias zum Vorschein zu bringen. Weit entfernt von mancherorts aufgesetztem „Alpin Chic" lebt das Cervo von einer tief verwurzelten kulturellen Identität, ohne dabei ins Verstaubte oder Kitschige abzudriften. Das Team des Cervo ist relativ jung. Man gibt sich unkompliziert, denn „wo Natur und Mensch im Einklang leben, gibt es keinen Platz für Hierarchien". Damit trifft Hotelier Daniel F. Lauber den Nerv der Zeit. Er spricht ein junges, urbanes Publikum an, das Qualität zu schätzen weiß, aber eine lockere Atmosphäre bevorzugt. Für diese Gäste lancierte er auch die alpinen Co-Working Packages. Was digitale Nomaden vormachen, nämlich dass Arbeit und Ferien gleichzeitig möglich sind, lässt sich nun auch im Cervo vereinen. Wochentags bietet man im Restaurant Ferdinand sogenannte Co-Working-Plätze an. Die innovativen Köpfe des Cervo Mountain Boutique Ressort beweisen Mut für unkonventionelle Ideen. Das Motto des kleinen Mountain Resorts lautet: „Bei uns darf die Schweiz auch gerne mal über sich hinaus wachsen."

Stadthotels

Immer in Gehdistanz von Sites, Galerien oder Kaufhäusern: Diese Hotels sind mitten im Geschehen und am Puls der Stadt.

„Das Widder Hotel steht für: Echtheit, Eleganz und charakterstarken Luxus."

TILLA THEUS (SCHWEIZER STARARCHITEKTIN)

Widder Hotel

Wenn Design-Ikonen auf 700 Jahre alte Geschichte treffen, dann sind die Lobeshymnen nicht fern. Unique Boutique!

D as 5-Sterne-Deluxe-Hotel ist ein Haus voller Persönlichkeit: Für Menschen, die es lieben, sich mit den schönen Dingen des Lebens zu umgeben, lockt hinter dem mittelalterlichen Gemäuer ein top-modernes Design, das sich abhebt, ohne den Ursprung aus den Augen zu verlieren. Geprägt von Stil, Kunst und klassischer Moderne, herrscht hier ein Ambiente voller Luxus, Lebensart und Herzenswärme – fern von der Heimat erwartet einen mitten in der Zürcher Altstadt ein zweites Zuhause.

Das Widder Hotel ist mehr als nur ein Hotel, es ist ein Schatz der Schweizer Luxushotellerie, der entdeckt werden will. In allen 42 Gästezimmern und Suiten finden sich Spuren aus 700 Jahren Geschichte: Neun historische Stadthäuser, individuell eingerichtet, sorgfältig zusammengestellt und mit erlesenen Schätzen von Design-Ikonen des 20. Jahrhunderts wie Adolf Loos und Frank Lloyd Wright verfeinert – die Zimmerwahl fällt im 5-Sterne-Deluxe-Hotel äußerst schwer. Über zehn Jahre trug Architektin Tilla Theus Kunst und Möbel zusammen, bestückte hier mit Eileen Gray, veredelte da mit Mies van der Rohe – das Ergebnis begeistert mit hochwertigen Stoffen, stilsicheren Fresken oder Grisaille-Malereien. Wer sich nicht

Extravagant präsentieren sich die Lifestyle-Suiten im Widder Hotel

Kreatives Design wartet vor und hinter der Zimmertür

Was wir lieben

+ EINMALIG Acht Altstadthäuser aus dem 12. Jahrhundert bilden die grandiose Kulisse für das Widder Hotel. Perfekte Symbiose zwischen Geschichte und Moderne, inszeniert von Star-architektin Tilla Theus.

+ AUSSICHT Schönster Blick auf Altstadt und Berge von der Penthouse Suite. Hier ließ sich sogar Michael Jackson inspirieren.

+ BAR Whisky und Live-Musik. Dafür pilgern Liebhaber aus halb Europa in die Widder Bar & Kitchen.

Die Widder Bar wartet mit über 300 Whiskys auf

Stilvolles Ambiente findet sich im Pavillon des Hauses

entscheiden kann, ob kühle Grandezza oder historische Holzbalken das richtige Schlafgut sind, dem seien die mit edlem Interieur von Designern wie Charles & Ray Eames eingerichteten Lifestyle-Suiten empfohlen – wer einmal unter der mit Lichtrahmen eingefassten Regendusche gestanden hat, kommt so schnell nicht wieder raus. Noch mehr Kunst gibt es gleich vor der Zimmertür: Die private Sammlung im gesamten Haus zeigt Originalwerke von Andy Warhol, Robert Rauschenberg und Alberto Giacometti.

Boucherie, Brasserie, Bistro – AuGust vereint all das in einem Lokal. Der Neuzugang im kulinarischen Portfolio ist das einzige Restaurant am historischen Rennweg. Auf der Karte stehen exzellente Fleisch- und Wurstspezialitäten. Rustikal, aber dennoch schick ist das Ambiente, in dem Küchenchef Daniel Käser die Klassiker der regionalen Küche und selbst fast vergessene Fleischgerichte wieder restaurantfein macht. In der Wirtschaft Zur Schtund stehen typische

Schweizer Gerichte zu attraktiven Preisen auf der Karte: Rösti und Flammkuchen und Fondue. Al Fresco heißt das schicke Gartenparadies mit Restaurant und Summer Lounge im lauschigen Innenhof des Hotels. In mediterranem Ambiente unter freiem Himmel serviert Küchenchef Tino Staub mittags und abends sommerliche Gerichte. In der urig-gemütlichen Widder Bar spielten bereits weltweit bekannte Jazzgrößen auf und labten sich an der grandiosen Whisky-Auswahl. Neun Monate nach dem aufwendigsten Umbau seit Bestehen des Hauses erstreckt sich die neue Widder Bar & Kitchen seit September 2017 nun über zwei Etagen und verbindet die Bar mit einer Open Kitchen und einem Casual Dining Lokal im ersten Stock. Im Sommer wird der Tresen in das Gartenparadies im Innenhof des Widder Hotel verlegt und die Gäste in der Summer Lounge mit coolen Cocktails verwöhnt. Im November 2016 wurde der gläserne Pavillon in einen kleinen, exklusiven Stadtwald verwandelt.

Lage | In der Altstadt von Zürich. Der Flughafen Zürich-Kloten ist 10 km entfernt.
Zimmer | 135 Zimmer und 14 Suiten, (35 - 80 m²)
Facilities | Designzimmer, Räumlichkeiten für Tagungen und Hochzeiten, Al Fresco Gartenrestaurant, Summer Lounge

Schnell-mal-weg-Tipp

160 m vom Hotel entfernt befindet sich die Kirche St. Peter mit dem größten Turmzifferblatt Europas – mit einem Durchmesser von über acht Metern haben Touristen die Zeit immer fest im Blick! Nachtschwärmer sind im Icon gut aufgehoben: Die Ikone unter den Clubs in Zürich lädt ein, das Tanzbein zu schwingen. Von dort aus haben es Gäste nicht weit: Nur einen Discofox vom Hotel entfernt, erreichen Feiernde das Hotel in zwei Minuten.

Der Club Olympus auf der Mezzanine Ebene umfasst einen kleinen, aber feinen Spa-Bereich

Was wir lieben

+ LOBBY Die gediegene und lässige Lobby mit den bequemen Sitzgelegenheiten ist einer der begehrtesten Meeting Points Zürichs.

+ ESSEN Seit Langem setzt Küchenchef Frank Widmer auf regionale Küche. Im Restaurant Parkhuus mit offener Grillküche isst das Auge mit. Die Weinbibliothek ist edel und vielfältig.

+ BAR Die Onyx-Bar ist die coolste Hotel-Bar Zürichs und wurde mehrfach prämiert.

Park Hyatt Zürich

Das kunstaffine Luxushotel mitten in Zürich kredenzt seinen Seminargästen exquisite Kulinarik und Spezialitäten fürs Geschäft.

Mitten im Zentrum gelegen, ist das 5-Sterne-Superior-Hotel nur einen Dividendensprung weit vom Paradeplatz – dem Sitz der großen Finanzhäuser Zürichs – entfernt. Mit seiner avantgardistischen Architektur, natürlichen Elementen und moderner Kunst ist das Cityhotel für Geschäftsreisende die ideale Location. Die luxuriös ausgestatteten Veranstaltungsräume und der moderne Weinkeller lassen Business-Herzen höher schlagen. Auch in den anspruchsvollsten Räumlichkeiten machen lange Meetings müde. Damit sich Geschäftsleute auch nach 10 Stunden intensiver Arbeit noch taufrisch fühlen, bietet das Park Hyatt Zürich ein fantastisches Extra an: die Brain Food-Tagungspauschale. Diese inkludiert nicht nur Beamer und Blöcke, sondern auch Vollkorn und Vitamine – so bleibt man geistig belastbar. Nach dem geschäftigen Tag sorgt das ‚Club Olympus Spa & Fitness' für Entspannung: Im getrennten Damen- und Herrenbereich stehen jeweils Sauna und Dampfbad sowie ein gemeinsamer Ruheraum zur Verfügung. Der Fitnessraum ist jeden Tag 24 Stunden geöffnet und verfügt über die neusten Kardiogeräte.

Apropos Kulinarik: Das Restaurant Parkhuus bietet neben absoluten Gaumengenüssen auch einen Augenschmaus. Das Herzstück des Restaurants bildet die offene Showküche mit dem Holzkohlengrill, welche den freien Blick auf das geschäftige Küchenteam ermöglicht. Serviert wird viel Regionales und Saisonales, trotzdem findet sich auch das eine oder andere Kanadische Bison am Menüplan – Gault-Millau vergab zu Recht 14 Punkte. Connoisseure zeigen sich beeindruckt von der Weinkarte mit 600 verschiedenen heimischen wie internationalen Wein- und Champagnersorten. Im Frühling und Sommer werden die hohen Fenster des Restaurants geöffnet, sodass auch auf der Terrasse

gegessen werden kann. Den perfekten Ausklang bietet die elegante Onyx Bar – schon mehrfach als ‚Bar des Jahres Schweiz' ausgezeichnet – mit ihrer stimmungsvoll schimmernden Theke und den Barrel Aged-Cocktails.

Das Park Hyatt Zürich schafft es, moderne Annehmlichkeiten mit natürlichen Elementen und zeitgerechtem Design zu verbinden. Innerhalb der verglasten Fassade des 5-Sterne-Hotels warten moderne Kunst und avantgardistische Architektur – die Boutiquehotel-Atmosphäre begeistert mit Kunstwerken wie Ingo Maurer's Kronleuchter Porca Miseria. Große Marmor-Badezimmer mit Badewanne und separater Regendusche, hochwertige Badeartikel und 24-Stunden-Roomservice sind nur einige der Highlights der 138 Zimmer und Suiten. WLAN, Telefone mit zwei Leitungen und Faxgeräte erleichtern das Arbeiten, und wer sein Haupt zur Ruhe bettet, freut sich über die Anti-Allergen-Kopfkissen. Zuvor versetzt das hoteleigene Programm YogaAway Stressgeplante mit Yogamatte und Entspannungs-DVDs in eine angenehme Ruhe.

Die Presidential Suite verfügt u.a. über Salon, Büro, Küche, Speisebereich und Marmorbad

Lage | Im Zentrum von Zürich, in der Nähe des Finanzzentrums.. Flughafen Zürich-Kloten: 10 km.
Zimmer | 138 Zimmer und Suiten, (36 – 72 m²)
Facilities | Fitness, Kochkurse, YogaAway, Spa, Business Center, Shops, Weinkeller, Veranstaltungsräume.

„Wir gingen ins Baur au Lac und tanzten. Da war Jazz, sehr gute Musik, Leute aus Amerika, die da spielten. Das Baur au Lac war das beste Hotel der Stadt, wir leisteten uns dann da eine Tasse Tee."

ALINE VALANGIN, (SCHWEIZER SCHRIFTSTELLERIN)

Die Rive Gauche Terrasse ist Zürichs exklusivster Platz

Baur au Lac

Die feine englische Art trifft auf französische Grandezza in einem Luxushotel, das mit Extravaganz verwöhnt.

Trotz zentraler Lage ruhig in einer privaten Parkanlage zwischen dem Schanzengraben und der Limmat gelegen, begeistert das 5-Sterne-Luxushotel mit über 170 Jahren Tradition und einem exzellenten Service, der selbst den anspruchsvollsten Gast verwöhnt. Es bezaubert mit preisgekrönter Küche und einem Gestaltungskonzept irgendwo zwischen Art déco, French Louis XVI und English Regency. Aber vor allem besticht es mit Eigenheiten: eigene Schokoladenlinie, eigene Premium-Weinhandlung und Kunstausstellungen im hoteleigenen Park – Gäste mit Hang zur Extravaganz kommen in diesem Grandhotel von Weltruf voll auf ihre Kosten.

Blumenarrangements, so weit das Auge reicht: Auf den französischen Beistelltischchen genauso wie am Rand der schwarz marmorierten Badewanne oder am majestätischen Arbeitsplatz – frische Gestecke ergänzen den Eindruck von farblich perfekt abgestimmter Eleganz, nonchalant gepaart mit modernen Akzenten. Vom maßgefertigten Interieur über die exklusiven Stoffe und stilvollen Lichtelemente bis zum luxuriösen Marmorbad – die 120 Zimmer, 27 Junior Suiten und 18 Suiten des Baur au Lac sind alles andere als schlicht – sie sind schlicht atemberaubend. Nicht umsonst verewigte Walt Disney seinen Besuch 1969 in einem Donald-Duck-Comic. Und es war sicher auch kein Zufall, dass Richard Wagner das Haus als Bühne für die Uraufführung des ersten Aktes von „Die Walküre" auserkor.

Genuss wird im Baur au Lac groß geschrieben. Fast komplett verglast präsentiert sich das von Stararchitekt Pierre-Yves Rochon gestaltete Restaurant

23

Le Hall, das Herzstück des Hauses hat seit der Eröffnung 1844 viel gesehen

Was wir lieben

+ EINMALIG Das älteste Luxushotel der Welt ist auch 170 Jahre nach Eröffnung eine Klasse für sich. Unübertroffener Servicegedanke, farbenprächtigste Blumenarrangements und in den Sommermonaten die Kunstaustellung Art in the Park, inszeniert von der Dame des Hauses, Gigi Kracht.

+ GARTEN Schönste Parkanlage mitten in der Stadt mit gediegener Terrasse. Seeblick und spektakuläre Fernsicht auf die Alpen.

+ ESSEN Der mit 1 Michelin-Stern und 18 Gault&Millau-Punkten ausgezeichnete Küchenchef Laurent Eperon beglückt seine Gäste im noblen Pavillon mit Haute Cuisine-Klassikern.

Pavillon: Mit traumhaftem Blick auf die Parkanlage und das glitzernde Seewasser, genießt man hier die innovative Haute Cuisine von Küchenchef Laurent Eperon – zu Recht mit 1 Michelin-Stern und 17 Punkten von Gault&Millau ausgezeichnet. Puristisch-sinnliche Lounge-Atmosphäre und Fine Casual Dining serviert Oliver Rais im Rive Gauche. Der passende Cocktail wird auf der großzügigen Sonnenterrasse gereicht. Das neugestaltete Le Hall war schon 1892 preisverdächtig: Bertha von Suttner überredete Alfred Nobel hier zur Stiftung des Friedensnobelpreises. Heute kann man den Nachmittag mit Tee auf die feine englische Art verbringen oder die neuesten Kreationen der hauseigenen Linie „1844 Chocolat Baur au Lac" verköstigen.

Das Haus bietet mit seinen vornehmen Salons und dem repräsentativen Festsaal Petit Palais Räumlichkeiten, die an Stil und Noblesse kaum zu übertreffen sind. Daher wird das Hotel in Zürich seit jeher von Privatpersonen, renommierten Unternehmen und Institutionen als Location für Feiern, Veranstaltungen und Meetings geschätzt. Ob romantische Hochzeit, glamouröse Ballnacht oder geschäftlicher Anlass – hier wird jede Veranstaltung professionell, stilsicher und zur Zufriedenheit aller inszeniert. Mit perfekter Organisation, erstklassigem Service und exquisiter Küche sorgt das aufmerksame Bankett-Team des Baur au Lac dafür, dass keine Wünsche offen bleiben und die Veranstaltung allen Gästen noch lange in positiver Erinnerung bleibt.

Lage | Am Zürichsee nahe dem Bankenzentrum am Parade-Platz, Flughafen Zürich-Kloten: 12 km.
Zimmer | 119 Zimmer und Suiten, (35 - 90 m²)
Facilities | Autoreparatur in der hoteleigenen Garage, Fitness Club, IT-Butler, Limousinen-Service, Floristin, Premium-Weinhandlung

Schnell-mal-weg-Tipp

Zehn Gehminuten entlang der Limmat entfernt befindet sich die Schipfe, eines der ältesten Quartiere der Stadt Zürich. Im Mittelalter wurden hier Boote ans Ufer und wieder ins Wasser ‚geschupft' und es war ein Ort der Seidenindustrie, der Badstuben und des Schiffbaus. Heute ist die Gegend geprägt von kleinen, romantischen Läden und Werkstätten, in denen Qualitätsprodukte und echtes Handwerk produziert werden.

25HOURS
24 hours isn't enough

BERN
verschenkte Minuten

ZÜRICH
rasche Sekunden

Auffällige Design-Elemente im ganzen Hotel

Was wir lieben

+ PUBLIKUM Für Junge und Junggebliebene.

+ LAGE Zürichs hippstes Quartier mit Hunderten von Ausgehmöglich-keiten wie zum Beispiel „Frau Gerolds Garten", die witzigste Gastromeile der Stadt.

+ KULTUR Nur einen Steinwurf entfernt liegt das Schauspielhaus.

Die Häberli-Suite ist das Highlight des Hotels

25hours Hotel Zürich West

Ein Hotel für Hipster, zeitgemäß interpretiert von Alfredo Häberli. Kunst, Kulinarik, Kreativität, verwoben zu einem farbenfrohen Trend-Teppich.

Das boomende Viertel Zürich West und das innovative Hotel aus der 25hours-Kollektion sind ein perfektes Paar. Beide präsentieren sich als lebendiger Mix aus Farbenvielfalt, Authentizität und bestechender Atmosphäre am Puls der Zeit.

Das 25hours Hotel Zürich West liegt im gleichnamigen Stadtteil und setzt sich dabei ganz intensiv mit seinem Standort auseinander. Es kombiniert die Entwürfe des Zürcher Designers Alfredo Häberli mit kreativen Kunstinterventionen. Nie 100 Prozent ernst und immer mit dem 25hours-Augenzwinkern verkörpert das Haus die Stadt – jenseits der klassischen Schweizer Klischees von Banken, Schokolade und Uhren.

In Anlehnung an die Bankenmetropole Zürich sind die Räumlichkeiten in die Kategorien Silber, Gold und Platin eingeteilt. Insgesamt warten 125 Zimmer auf die Gäste. Das Interieur wird von klaren Linien, edlem Mobiliar, satten Farben und verspielten Designakzenten bestimmt, die eine belebende Atmosphäre schaffen. Das Highlight des 25hours Hotel Zürich West ist die Häberli-Suite: Das luxuriöse Refugium präsentiert sich großzügig zu zwei Seiten verglast und mit freistehender Badewanne. Der Süd-Balkon zur Business-Plaza über dem Haupteingang lässt ein beinahe königliches Gefühl aufkommen. Zudem begeistert das Personal mit zuvorkommendem Service und Insidertipps zu den angesagten Events und Hotspots von Zürich.

Um Zürich zu entdecken, bietet das Haus einen kostenlosen Mini- und Fahrradverleih an. Geschäftsreisende lieben den Meeting-Bereich für 120 Personen und die moderne Business Lounge. Entspannung bieten Sauna und Fitnessbereich mit Ausblick auf die Stadt. Für das kulinarische Wohl wird im orientalisch-mediterranen Neni Restaurant gesorgt. Hier bezaubert Küchenchefin Haya Molcho die Gäste mit erstklassiger Weltküche in gediegenem Ambiente. Das milk & honey stärkt mit selbstgemachten Köstlichkeiten. Für die perfekte Abendunterhaltung ist im studio 25 gesorgt – hier machen Resident-DJs die Nacht zum Tag.

Lage | Im Trendviertel Zürich West nahe des Toni-Areals, Streetwear und Freitag-Taschen. Flughafen Zürich: 12 km.
Zimmer | 21 Zimmer und Suiten, (18 – 34 m²)
Facilities | Designzimmer, Meeting Bereich, Küchen-Club, Neni Restaurant, Sauna, Fitness, Fahrradverleih

Im La Rôtisserie werden innovativ interpretierte Klassiker direkt vom Wagen serviert

Was wir lieben

+ AUSSICHT Spektakulär. Das Grossmünster, Zürichs Wahrzeichen zum Greifen nah.

+ LAGE Bootssteg für Stadtentdeckungen und beste Shoppingmeile direkt vor der Tür.

+ DESIGN Das Haus wurde 2017 gediegen renoviert. Die Zimmer mit Blick auf Limmat sind zauberhaft.

Design-Zimmer mit Aussicht auf die Altstadt

Storchen Zürich

Als im 14. Jahrhundert ein seltenes Storchenpaar am Dach brütete, wusste keiner, dass die Tiere noch heute Namensgeber für ein traditionsreiches Tophotel sein würden.

Seit mehr als 660 Jahren gehört das Storchen zum Lifestyle Zürichs wie Sechseläuten und Bahnhofstraße. Angeblich stammt der Name vom schwarzen Storchenpaar, das sich einst auf dem Dach des Hauses niederließ. Heute bietet das Storchen immer noch ein Nest für Gäste aus aller Welt: Herzliche Gastfreundschaft gehört zur Grundausrüstung des traditionsreichen Top-Hotels. Zum weiteren Inventar zählen 66 neu gestaltete Suiten und Zimmer mit modernem Design und pittoresker Aussicht auf die Altstadt. In der Signature Two-Bedroom Suite ergänzen Samsung Tablet und Nespresso-Maschine die schlichte Eleganz der Einrichtung.

Küchenchef Cyrille Anzian bezaubert seine Gäste im Restaurant ‚La Rôtisserie' mit lukullischen Hochgenüssen der klassischen, aber innovativen Sorte. Einen besonderen Blickfang bietet die Terrasse: Hier werden ausgesuchte Köstlichkeiten mit Aussicht auf den Limmat, das Grossmünster und die Berge serviert.

Jeden Morgen wird mittels Honigwaben und hausgeräuchertem Lachs ein guter Start in den Tag kredenzt, jeden Sonntag mit einem vielfältigen Brunch dem süßen Nichtstun gefrönt. Fans des blauen Dunstes werden in der ‚Cigar Bar' mit feinem Rauchwerk verwöhnt, ein Absacker nach einem aktiven Tag ist in der ‚Barchetta' möglich, die zugleich auch als Eisbar und Espresso-Ausschank dient.

Apropos anstrengender Tag: Seminare, Meetings und Vorstandssitzungen können ebenfalls im Storchen abgehalten werden. Unter der Stuckdecke der historischen Säle sind Geschäftstreffen im kleinen Rahmen garantiert von Erfolg gekrönt, die köstliche Verpflegung des Hotels macht den Deal perfekt. Neben Geschäftlichem kann aber auch Privates im Storchen gefeiert werden. Zum Beispiel eine Hochzeit, die zusammen mit den Eventmanagern des Hotels präzise auf ihre Wünsche abgestimmt wird. Plus: Das Standesamt von Zürich ist nur ein Ja-Wort vom Storchen entfernt.

Lage | In der Altstadt von Zürich, am Limmat und direkt im Shoppingviertel. Flughafen Zürich-Kloten: 14 km.
Zimmer | 66 Zimmer und Suiten, (23 - 83 m²)
Facilities | Babysitter, Cigar Bar, Eisbar, Eventmanagement, Räumlichkeiten für Bankette und Seminare

In der Cigar Bar wählt der Gast aus 30 verschiedenen Zigarrensorten

Das Hotel befindet sich in unmittelbarer Nähe zur Altstadt, dem Bankenviertel und der Bahnhofstraße

Was wir lieben

+ LAGE Ein Katzensprung vom See, der Bahnhofstraße, dem Bankenviertel und der Altstadt entfernt, und trotzdem in ruhiger Lage.

+ SUITEN Das kleinste Boutiquehotel der Stadt verfügt über 22 schöne und großzügige Suiten.

+ AMBIENTE Historische Architektur trifft auf zeitgenössisches Design.

Im ALDEN Restaurant wird edel diniert

ALDEN Suite Hotel Splügenschloss Zürich

Das Boutiquehotel im Herzen von Zürich ist für Fashionistas, Unternehmer und Touristen gleichermaßen ideal. Einchecken, entdecken, entspannen.

High-Tech trifft auf französische Dekadenz in einem 5-Sterne-Haus aus dem 19. Jahrhundert. Auf der historischen Seite findet man Original-Stuckaturen und Parkettböden, auf der modernen Seite entzücken Wellness-Bäder mit Regendusche und Whirlpool. Überraschend ist die Zimmergröße. Die 22 Suiten sind trotz des geschichtsträchtigen Gebäudes 60 bis 100 m² groß. Bedürfnisse von Geschäftsreisenden werden in der Executive-Suite gut abgedeckt: Safes in Laptopgröße inklusive Ladestecker bewahren etwaige Firmengeheimnisse. In der Suite können sich Gäste nach einem langen Tag in Zürich auf der eigenen Dachterrasse herrlich entspannen und in der privaten Sauna die Erlebnisse des Tages noch einmal revue passieren lassen.

Das ALDEN Restaurant mischt Design, Kunst und Historie zu einem Ambiente, in dem man edel diniert und gediegen parliert. Die Küche bietet Marktfrisches aus der Schweiz und international Innovatives, serviert auf höchstem Niveau, begleitet von einem edlen Tropfen aus dem Hause Landolt. Nach dem Gaumenschmaus ist die Einkehr in die gemütliche Bibliothek zu empfehlen, wo man entweder ein gutes Buch oder ein gutes Gespräch finden kann. Auch für kleinere Meetings ist die Bibliothek geeignet. In der ALDEN Bar genießen die Gäste ein Glas Champagner zum Geschäftsabschluss oder einen Cocktail nach einem langen Tag auf der Shoppingmeile von Zürich. Sollte das Gesprächsthema ausgehen, kann man mit folgender Information bei Freunden und Geschäftspartnern punkten: Die Kunst an den Wänden stammt von Cornelia R. Hagmann, die gerne mit Farbe und neuen Techniken experimentiert.

Das Hotel ist der perfekte Ausgangspunkt, um die Stadt zu erkunden: Der See liegt quasi vor der Haustür, das Finanzviertel und das Museum Rietberg nur einen Spaziergang weit entfernt. Fans von edler Mode kommen in der Bahnhofstraße auf ihre Kosten – im wahrsten Sinne des Wortes. Edelboutiquen und Uhrenhersteller säumen das teure Pflaster, das aber nicht nur die Kreditkarte glühen lässt, sondern auch zum Flanieren einlädt.

Lage | In unmittelbarer Nähe von See, Finanzviertel und dem Museum Rietberg, Der Flughafen Zürich ist 12 km entfernt.
Zimmer | 22 Suiten, (66 – 95 m²)
Facilities | ALDEN Restaurant, ALDEN Bar, Kunstsammlung, Bibliothek für kleinere Meetings

Wellness-Bäder entzücken die Gäste

Die Maschinenhalle ist eine perfekte Location für Vernissagen und Präsentationen

Was wir lieben

+ EINMALIG 33.000 Bücher schmücken die meterhohen Regale in der Wein Library.

+ DESIGN Historische Elemente des Brauhauses perfekt integriert. Ein außergewöhnlicher Blickfang: die Kronleuchter aus 300 Bierflaschen.

+ SPA Der höchste Dach-Pool, gespeist von der Aquiquelle aus dem Sihlberg.

Die Wine Library ist das architektonische Herzstück

B2 Boutique Hotel + Spa

Vom Keller bis zum Dach ist die einstige Brauerei heute ein Brückenbauer zwischen Industriedesign und Wellness-Erlebnis. Bemerkenswert!

Die Hürlimann-Brauerei war einst die größte Bierbrauerei in der Schweiz, erst 1996 wurde der Betrieb nach 130 Jahren eingestellt. Das Areal hatte danach zwei bemerkenswerte Eigentümer: Zuerst etablierte Google dort den größten Forschungs- und Entwicklungsstandort außerhalb der USA, dann eröffnete die Aqua Spa Resorts AG das erste Thermalbad Zürichs in den Lagergewölben. Schließlich verwandelte die Innenarchitektin Ushi Tamborriello das Gebäude in ein Boutiquehotel, das so einzigartig wie inspirierend ist – wer hier eine Sitzung einberuft, kann mit guten Ideen rechnen.

Das Sitzungszimmer ‚Bookmark 2' erweitert den Horizont: Statt auf niedrige Decken zu starren, öffnet sich für die Teilnehmer ein skulpturaler Lichtkörper zum Dachbad, wo er die Spiegelungen des Wassers einfängt. Wer außerhalb eingefahrener Bahnen denken möchte, ist in diesem Raum bestens aufgehoben. Ebenfalls ein Hingucker ist die Maschinenhalle, die sich aufgrund des Industrial Designs wunderbar mit

Vernissagen und Präsentationen in Einklang bringen lässt. Die historischen Maschinen komplettieren den ehrwürdigen Gesamteindruck. Wo einst Bier gebraut wurde, sprudeln heute die Geschäfte. Die Köpfe rauchen? Dann empfiehlt sich ein Sprung ins Wasser: Das öffentliche Thermalbad und Spa ist auf demselben Areal nur durch einen Hotellift getrennt. Der Besuch lohnt sich allein aufgrund der Location: Holzwannenbäder in den ehemaligen Lagergewölben gibt's nicht jeden Tag. Vom Keller geht es rauf auf das Dach, wo ein Infinity Pool den Blick auf Zürich eröffnet. Brilliant! Zum Abschluss empfiehlt sich ein Hürlimann Bier in der Wine Library, die das architektonische Herzstück des B2 Boutique Hotel + Spa bildet. Die meterhohen Regale sind mit 33.000 Büchern bestückt, die Kronleuchter aus Bierflaschen, der herzhafte Schweizer Käse auf dem Teller passt hervorragend in ein Bild, dessen Rahmen unvergesslich ist. Ein Genuss ist auch das Frühstück: Frisch und regional genießen Gäste im (Bilder-) Buchambiente ein herzhaftes Birchermüsli, das eine willkommene Unterlage bildet.

Lage | Am Hürlimann-Areal mitten in Zürich, in unmittelbarer Nachbarschaft von Google. Flughafen Zürich-Kloten: 12 km.
Zimmer | 51 Zimmer und Suiten, (24 - 55 m²)
Facilities | Wine Library, Thermalbad im Keller, Infinity Pool am Dach, Meeting- u. Veranstaltungsräume

Traumhafter Ausblick auf den
Genfersee und den berühmten
Springbrunnen Jet d'Eau

Four Seasons Hotel des Bergues Geneva

Designer Pierre-Yves Rochon bestückte die zeitlose Eleganz des Luxushotels mit technischer Raffinesse. Außergewöhnlich!

Mitten im Herzen von Genf gelegen, ist das noble 5-Sterne-Hotel bereits seit 1834 die erste Wahl von luxusverwöhnten Reisenden, und ebenso von internationalen Staatsoberhäuptern. Das üppige Dekor hat sich der Klassiker unter den Luxushotels auch nach seiner Renovierung erhalten und lockt mit einem unvergesslichen Urlaub zu jeder Jahreszeit – atemberaubende Ausblicke auf das glitzernde Seewasser und die malerische Altstadt inklusive.

Die 115 exklusiven, lichtdurchfluteten Zimmer und Suiten des Four Seasons Hotel des Bergues Geneva wurden von Designer Pierre-Yves Rochon gestaltet und kombinieren die zeitlose Eleganz des Traditionshotels mit unauffälliger technischer Raffinesse. Satte blaue und grüne Stoffe, helles Holz und ein Mobiliar im Stil Louis-Philippe I. begeistern Connoisseure. Sie wollen es etwas staatstragender? Die Präsidentensuiten nehmen sich farblich zurück, schaffen Platz für Meetings und sind zeitgenössisch eingerichtet. Wer sich einmal im Leben wie der König oder die Königin der Welt fühlen möchte, dem sei die Royal Suite ans Herz gelegt: Hier flutet das Sonnenlicht durch die hohen Fenster, trifft auf eine freistehende Badewanne mit Goldfüßchen, wandert über die französisch imperialen Gemälde, hängt kurz über dem Bett mit dem Baldachin aus Brokat, tanzt über die himmlisch weiche Chaiselongue am Fenster und geht pünktlich zum Abendessen im Salon über dem Genfersee unter – eine wohlige Gänsehaut ist garantiert.

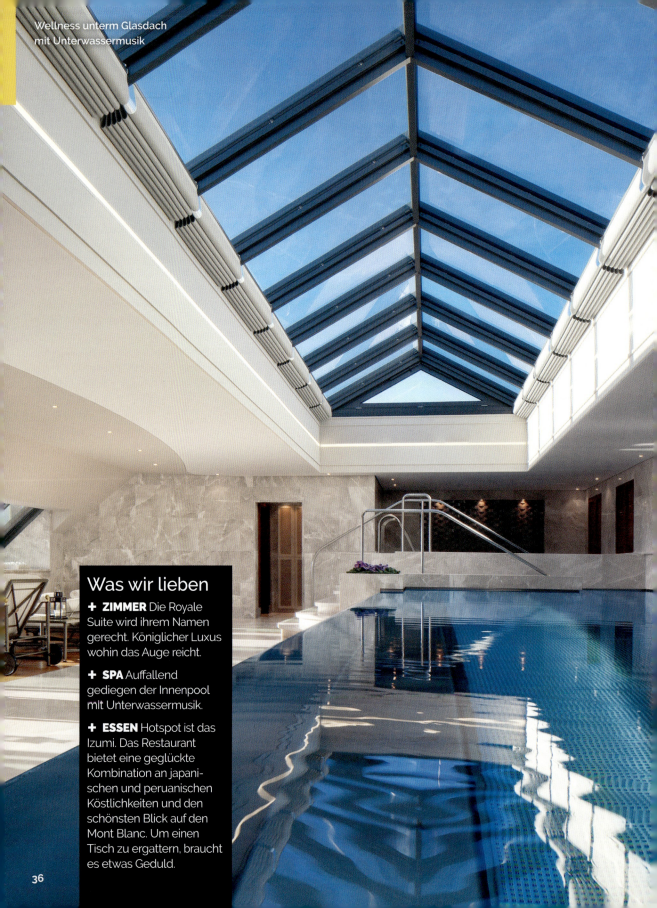

Was wir lieben

+ ZIMMER Die Royale Suite wird ihrem Namen gerecht. Königlicher Luxus wohin das Auge reicht.

+ SPA Auffallend gediegen der Innenpool mit Unterwassermusik.

+ ESSEN Hotspot ist das Izumi. Das Restaurant bietet eine geglückte Kombination an japanischen und peruanischen Köstlichkeiten und den schönsten Blick auf den Mont Blanc. Um einen Tisch zu ergattern, braucht es etwas Geduld.

Das Four Seasons Hotel des Bergues Geneva bietet seinen Gästen nicht nur einen luxuriösen, sondern auch einen familiengerechten Urlaub – zum großen Plus des 5-Sterne-Hotels zählt seine Kinderliebe, die sich schon in attraktiven Begrüßungsgeschenken zeigt. Auch den grandiosen Zimmerservice werden die jungen Gäste lieben: Kekse und Milch werden eigens für sie arrangiert. Und sollten sich die Eltern nach einem erlebnisreichen Familientag dafür entscheiden, ein romantisches Dinner oder eine entspannende Behandlung und Massage im 1.400 m² großen Spa in aller Ruhe und nur zu zweit genießen zu wollen, kann der hauseigene Nanny-Service in Anspruch genommen werden – das ist moderner Familienurlaub mit Luxusgarantie.

Das mit 1 Michelin-Stern ausgezeichnete Restaurant Il Lago bietet die besten norditalienischen Gerichte, begleitet von außergewöhnlichen italienischen, französischen und Schweizer Weinen, einschließlich einer exklusiven Auswahl aus mehreren Boutique-Weingütern. Unter den besten Restaurants in Genf, bietet Il Lago ein begehrenswertes kulinarisches Erlebnis: Chefkoch Massimiliano Sena ist ein seltenes und außergewöhnliches Talent, dessen Küche seinem süditalienischen Ursprung Tribut zollt – mit einem Salut an die sich ändernden Jahreszeiten.

Das Restaurant Izumi ist eine trendige urbane Oase auf der Dachterrasse in Genf und begeistert mit einem japanischen Fusionskonzept und innovativer Nikkei-Küche. Hier taucht man ein in die vielfältigen Aromen und Texturen Japans und genießt einen inspirierenden Panoramablick über die Stadt, den Jet d'Eau bis hin zum Mont Blanc – das ist Genf von seiner schönsten Seite.

Hotel mit schönem und elegantem Restaurant und stilvoller Bar

Lage | In der Altstadt von Genf, direkt am Genfersee mit Ausblick auf den Jet d'Eau. Der Flughafen Genf ist 15 km entfernt.
Zimmer | 115 Zimmer und Suiten, (26 – 135 m²)
Facilities | Spa, Nanny-Service, Gourmetküche, japanische Küche, Business Service, Indoor Pool

Schnell-mal-weg-Tipp

Alle, die ernsthaft einkaufen wollen, sind in Genf gut aufgehoben: Nur 500 Meter entfernt befindet sich das Kaufhaus Bongenie, das auf 5.000 m² und über sieben Etagen verteilt Marken wie Christian Louboutin, Charivari, Delaneau oder L'Arcade unter seinem exklusiven Dach vereint. Ebenfalls in Reichweite vom Hotel befindet sich die Victorinox Boutique, die Maßgeschneidertes aus der Schweiz offeriert.

Was wir lieben

+ AUSSICHT Atemberaubende Bergkulisse und fantastischer Blick auf die Rhône.

+ LAGE Bahnhof, Altstadt, Sites und die teuerste Shoppingmeile der Stadt ein Katzensprung entfernt.

+ ESSEN Das „Rasoi by Vineet" gehört zu den besten indischen Gourmet-Adressen, tolles Ambiente inklusive.

Mandarin Oriental Genf

In bestechender Lage zwischen Boutiquen, Finanzviertel und Sites verspricht das Mandarin Oriental Genf einen exquisiten Aufenthalt und indische Genüsse.

Zeitlos schön – so präsentiert sich das direkt an der Rhone gelegene 5-Sterne-Hotel. Wenige Minuten vom historischen Stadtzentrum mit seinen kulturellen und touristischen Sehenswürdigkeiten entfernt, vereint das Haus stilvollen Luxus mit klassischem Schweizer Service und bietet seinen Gästen eine Oase der Ruhe inmitten der Stadt – umringt von einer atemberaubenden Bergkulisse mit Blick auf den See. Das Mandarin Oriental Genf bietet seinen Gästen 162 großzügige Zimmer und 27 luxuriöse Suiten, die neben ihrer Größe mit eleganter Zurückhaltung und neuester Technologie begeistern. Badezimmer aus Marmor, klare Linien, edles Mobiliar, große Fensterfronten und dezente Braun- bzw. Cremetöne bestimmen die Einrichtung. Einzig die Royal-Mandarin-Suite verfügt über ein etwas auffälligeres Konzept: Hier werden die Gäste vom eigenen Aufzug in ein exklusives Refugium gebracht, das munter violette Sitzgruppen und Polstermöbel mit edlen Schränken und Beistelltischen aus dunklem Holz kombiniert.

Zimmer und Suiten mit Blick auf die Rhone oder den Garten

Kräftige Farbtöne finden die Gäste auch im ersten indischen Gourmet-Restaurant Genfs – dem Rasoi by Vineet. Hier wird unter der Leitung des Londoner Küchenchefs Vineet Bhatia ein Geschmacksfeuerwerk der modernen indischen Küche auf die Teller gezaubert. Gesundheitsbewusste Küche serviert Nasser Jeffane im Cafe Calla am Ufer der Rhone. Die beiden Restaurants sind auch optisch ein Genuss – hierfür zeigt sich der berühmte Designer Adam Tihany verantwortlich.

Klassischer Schweizer Service und kräftige Farben

Lage | Direkt an der Rhone im Zentrum von Genf. In Gehdistanz zu Sites, Boutiquen und Finanzviertel. Flughafen Genf: 7 km.
Zimmer | 189 Zimmer und Suiten, (30 - 505 m²)
Facilities | Fitnesscenter, Beauty-Studio, Friseursalon, Veranstaltungsräume, Hochzeitsplanung

„Elisabeth bewohnte die Ecksuite Nr. 34 und 36. Sie befindet sich im ersten Stock des Hotels Beau-Rivage. Elisabeth atmet in vollen Zügen ein, teilweise an dem Fenster zum See hin, teilweise an denen, die auf den Jardin Brunswick hinausgehen.“

NICOLE AVRIL (BIOGRAPHIN SISIS ÜBER DIE LETZTE NACHT DER KAISERIN IM JAHR 1898)

Die Richard Wagner Suite wurde nach dem berühmen Gast benannt

Beau-Rivage, Genève

Das dienstälteste Hotel von Genf schafft gekonnt den Spagat zwischen technischer Raffinesse und geschichtsträchtigen Anekdoten.

Bereits seit 1865 begeistert das historische 5-Sterne-Grandhotel mit seinem außergewöhnlichen Service. In einmaliger Seelage, mitten im Herzen von Genf, vereint das in fünfter Generation privat geführte Haus nostalgischen Charme nicht nur mit Luxus, sondern auch mit dem guten Zweck – neben humanitären Veranstaltungen für Kinderorganisationen findet hier auch alljährlich der „Swiss Red Cross Ball“ statt. Das Beau Rivage ist eine wahre Schatzkiste für Hobbyhistoriker. Hier scheint sich hinter jeder Ecke eine interessante Anekdote zu verbergen, die zum stolzen Erbe des Hauses beiträgt. Seit seiner Gründung vor über 150 Jahren wird das Luxushotel der Extraklasse von einer bewegten, teilwcisc tragischen, aber stets spannenden Geschichte bestimmt. So war Kaiserin Sisi von Österreich regelmäßiger Stammgast des Hauses und fiel 1898 vor seinen Toren einem Attentat zum Opfer. 1918 wurde im Masaryk Salon die Gründungsurkunde der Tschechoslowakischen Republik unterzeichnet. Seit 1987 veranstaltet Sotheby's gelegentlich Auktionen im Haus. Phil Collins feierte hier seine Hochzeit, auch der Dalai Lama war hier schon zu Gast.

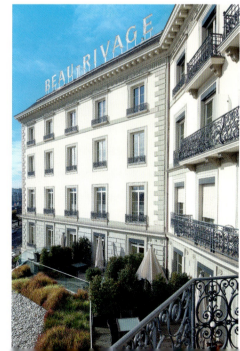

Das dienstälteste Hotel von Genf empfing unter anderem Eleanor Roosevelt, Ludwig II., Charles de Gaulle und Caroline von Monaco

Was wir lieben

+ EINMALIG Eine wahre Schatzkiste für Hobby-historiker. Hinter jeder Ecke eine interessante Geschichte. Kaiserin Sisi von Österreich war Stammgast und fiel 1898 vor seinen Toren einem Attentat zum Opfer.

+ ESSEN 1 Michelin-Stern und 18 Gault&Millau Punkte schmücken das Chat-Botté. Exquisite Schätze hütet der Gestiefelte Kater im Weinkeller.

+ SERVICE Impequable. Man spürt die Tradition dieses ehrwürdigen Grand Hotels.

Und heute? Jetzt ist das Beau Rivage, Genève weiterhin eine der exklusivsten Adressen Genfs und das dienstälteste Hotel der Stadt. Das Haus schafft gekonnt den Spagat zwischen antikem Dekor, technischer Raffinesse und designaffinem Interieur. Ein Regiment an aufmerksamen Concierges kümmert sich um jedes winzige Detail und begleitet auf Wunsch auch auf eine Weinreise durch Genf. Heute wie damals ist das geschichtsträchtige Grandhotel ,the place to be'. Auch Wein kann im Beau-Rivage genossen werden: Im bestens sortierten Weinkeller des Restaurants Chat-Botté warten erlesene Schätze auf den Gourmet-gaumen. Dazu serviert Chefkoch Dominique Gauthier französische Küche, die bereits Michelin und Gault&Millau ausgezeichnet fanden – 1 Stern und 18 Punkte sprechen für sich. Das absolute Highlight ist der Chef's Table – hier können bis zu acht Gäste der umtrie-bigen Küchenbrigade bei der Zubereitung der Gerichte über die Schulter schauen. Im Patara werden die Gäste mit Fine Thaï Cuisine verwöhnt, die eine harmonische und erlesene Kombination aus heimischen und fern-

östlichen Geschmäckern bietet. Wer dann noch immer nicht genug von den Köstlichkeiten, und Lust auf Süßes hat, sollte unbedingt ein paar Stunden in der Chocolate Bar verbringen, wo Schokobrunnen und Mehlspeisen sowie Cocktails mit Schokoladegeschmack das Herz jeder Naschkatze höher schlagen lassen.

Hier urlaubt man wie einst Kaiserin Sisi

Lage | Im Zentrum von Genf am Genfersee, direkt beim Jet d'Eau. Der Flughafen Genf ist 6 km entfernt.
Zimmer | 90 Zimmer und Suiten, (30 – 90 m²)
Facilities | Parkgarage, Aufladestation für Elektro-autos, Eventplaner, Banketträume, Seminar-räume, Limousinen-Service

Schnell-mal-weg-Tipp

Wer den Personal Shopper des Hotels nicht überbeanspruchen möchte, kann sich selbst auf eine Einkaufstour begeben. 900 Meter vom Hotel entfernt finden Modebewusste im Kaufhaus Bongenie außerordentliches Schuhwerk von Winston oder kleidsamen Stoff von Basil. Ein heißer Tipp ist auch die Auer Chocolaterie, die Naschkatzen zur Pause animiert: Die gerösteten, karamellisierten Mandeln in Kakaopuder sind so himmlisch wie der Name: Amandes Princess.

Was wir lieben

+ SPA Nescens Spa mit „Better Aging Programs", La Prairie Schönheitsbehandlungen, Gym, ästhetische Medizin, Massagen, herrlichem Innen- und Außenpool.

+ LAGE Eine Perle direkt am Genfersee und eine Oase der Ruhe, umgeben von einem riesigen Park, und dies nur 5 km von Genf entfernt.

+ EINMALIG Den exklusivsten Aufenthalt bietet die Villa du Lac. Trotz zeitgenössischem Glasdesign sind 385 m² Privatsphäre und Panorama-Ausblick auf Garten und den See garantiert.

Der Ausblick auf den Genfersee berührt die Seele

la réserve Hotel, Spa and Villas

Vier Hektar Gartenparadies schirmen Gäste von der Hektik ab – wer in diesem Retreat eincheckt, kann mit Glückseligkeit rechnen.

Mahagoni, Leder, Elefantenstatuen und Löwenbilder – das noble 5-Sterne-Hotel befindet sich inmitten eines malerischen Parks am Ufer des Genfersees und überrascht mit extravagantem Design, das sich nach dem Kolonialstil richtet und das Haus in den zeitlosen Traum einer afrikanischen Lodge verwandelt. Verantwortlich hierfür zeigt sich der Pariser Stararchitekt Jacques Garcia, der die Illusion eines verlorenen Paradieses an den Rändern des legendären Afrika perfekt in Szene setzt.

Was in der Lobby mit Figuren in Form von Papageien beginnt, ist nur die Vorschau auf ein Ambiente, das förmlich zur Jagd bläst. Verfeinert wird das Flair mit alten Reisefotografien, schweren Stoffen und schwarzem Granit. Das Highlight der 73 Zimmer und 29 Suiten ist die Royal Suite, in der man sich auf 130 m² Fläche in einem großzügigen Wohnbereich, Schlafzimmer, Esszimmer und Badezimmer mit Dusche und Whirlpool-Badewanne königlich entfalten kann.

Eine 100 m² und eine 58 m² Terrasse sorgen für einen unvergleichlichen Blick auf den Genfersee, den Mont Blanc und die Parkanlage. Ein persönlicher Assistent sorgt zusätzlich dafür, dass es an nichts mangelt. Im Restaurant The Loti wird zwischen dicken Bambusstäben Rind und Hummer und anschließend Schokolade aus der Karibik kredenzt. Im Restaurant Le Tsé Fu kocht Frank Xu kantonesisch und serviert würzige Schlemmerplatten. Das la réserve Hotel, Spa and Villas bietet sein Catering übrigens auch über den Wolken im Privatflieger an.

Noch ein Plus, diesmal auf dem Wasser: Über einen privaten Steg gelangen Gäste zum Wasser hinab und können eine Fahrt auf dem hoteleigenen Motorboot über den See buchen oder sich zum Flanieren nach Genf transportieren lassen. Entspannung nach einem erlebnisreichen Safaritag findet sich im NESCENS Spa, der der Zellalterung mit medizinischem Fachpersonal zu Leibe rückt. Pool und Fitnessraum lassen die Körperzellen zusätzlich tanzen.

Lage | Am Ufer des Genfersees, 5 km vom Zentrum Genfs entfernt. Der Flughafen Genf ist 3 km entfernt.
Zimmer | 73 Zimmer und 29 Suiten, (30 – 130 m²)
Facilities | Privater Boottransfer, Luftfahrt-Catering, Weinspezialitäten, Spa, Pool, Fitnessraum

Der NESCENS Spa setzt auf Anti-Aging-Medizin

Was wir lieben

+ CLUB Empfehlung für Nachtschwärmer. Im ultra modernen Java Club legen DJ's aus der ganzen Welt auf.

+ AUFGEFALLEN Der monumentale Luxus-hotelkomplex verfügt über zahlreiche Edelboutiquen. Dank riesigem Kinderparadies macht Shopping für manche doppelt Freude.

+ ESSEN Perfekt gegrillte Fleisch- und Fisch-spezialitäten überzeugen im Restaurant „Le Grill".

Atemberaubender Blick auf den Genfer See

Grand Hotel Kempinski Geneva

Monumental: Edelboutiquen, Veranstaltungsräume und eine 1.080 m² große Hotelsuite bieten VIPs genügend Raum zur Entfaltung.

Das Grand Hotel Kempinski Geneva ist mehr als nur ein Luxushotel, es ist eine Oase der Ruhe inmitten des Großstadttrubels und ein privater Zufluchtsort, der keine Wünsche offen lässt. Das 5-Sterne-Hotel hat alles unter seinem noblen Dach und garantiert einen Aufenthalt, der die kühnsten Erwartungen bei Weitem übertrifft – europäisches Flair in Reinkultur! Grand ist im Zusammenhang mit dem Grand Hotel Kempinski Geneva wahrlich nicht übertrieben: Der monumentale Luxushotelkomplex verfügt über zahlreiche Edelboutiquen, eine Ledergerberei, ein riesiges Kinderparadies und 13 multifunktionale Veranstaltungsräume. Auch die 398 Zimmer und Suiten sowie die 14 Langzeit-Residenzen sind mehr als großzügig dimensioniert. Das Highlight ist die Geneva Suite – mit 1.080 m² die größte Hotelsuite Europas. Hier locken zwei Etagen mit traumhaft luxuriöser Ausstattung und einem unübertrefflichen Blick auf den schönen Genfer See. Eine spektakuläre Aussicht wird auch im Il Vero serviert. Hier zaubert Chefkoch Gilberto authentisch italienische Küche auf die Teller. Dank der festlichen Atmosphäre gleicht ein Tisch auf der mit Weinreben und Zypressen gezierten Terrasse einer Pforte zu einem idyllischen Ort in der Toskana. Im Kronjuwel des Hotel Kempinski Geneva – dem Le Grill – erwarten Gourmets saftiges Fleisch und perfekt gegrillter Fisch. Mit seiner modernen und offenen Küche ist das Restaurant ein kulinarisches Muss für Business-Lunches oder auch für romantische Abendessen in trauter Zweisamkeit in elegantem Ambiente. Asiatische Delikatessen stehen im Tsé Yang auf der Speisekarte: Das Restaurant mit Seeblick befindet sich auf der ersten Etage des Hotels und serviert seit über 25 Jahren unverfälschte chinesische Köstlichkeiten. Die Lounge verwöhnt mit dem hauseigenen Signature Dish - Barschfilet à la Meunière. Nach soviel Genuss empfiehlt sich ein Cocktail im FloorTwo Bar und danach ein Tanzabend im stylishen Java Club: Mit seinen Motto-Partys ist dieser ultra moderne Club einer der heißesten Orte der Genfer Partyszene. DJs aus aller Welt legen hier für ein junges, hippes Publikum auf, für besondere Anlässe stehen VIP-Bereiche zur Verfügung. Das Theater Léman bietet kulturelle Unterhaltung auf hohem Niveau und Platz für insgesamt 1300 Personen. Pure Entspannung und Schwimmvergnügen warten im 1400 m² großen Spa und im größten hoteleigenen Indoor-Pool der Stadt.

Lage | Direkt im Herzen Genfs am Seeufer, in der Nähe von Altstadt und Botanischem Garten. Flughafen Genf: 9 km.
Zimmer | 412 Zimmer und Suiten. (30 - 1.080 m²)
Facilities | Edelboutiquen, Veranstaltungsräume, Spa, Fitness, Kinderclub, Chauffeur, Business Center

Geschichtsträchtiges Gebäude neben der Kathedrale St. Pierre.

Was wir lieben

+ EINMALIG Hülle aus dem 13. Jahrhundert, Dekor aus dem 17. Jahrhundert. Die modernen Zimmer sind herrlich in dieses geschichtsträchtige Ambiente integriert.

+ LAGE Das feine und kleine Luxushotel befindet sich im Herzen der Genfer Altstadt, umgeben von den wichtigsten Sehenswürdigkeiten der Stadt.

+ ESSEN Das Les Armures, eines der ältesten und bekanntesten Restaurants. Beliebt für seine Schweizer Spezialitäten, Raclette und Fondue.

Hotel Les Armures

Nur einen Pflasterstein weit entfernt von Museen, Galerien und Shopping, begeistert das 5-Sterne-Hotel mit historischer Gemütlichkeit.

Obstsalat, Müsli, Käse aus der Region und Croissants sorgen für einen üppigen Start in den Tag. Dazu gibt es in dem Frühstücksraum aus dem 17. Jahrhundert auch tagesaktuelles Geschehen in Form eines nationalen und internationalen Zeitungsangebotes.

Das Les Armures ist eines der ältesten Restaurants der Stadt und beliebter Treffpunkt von Geschäftsleuten, Touristen und Einheimischen. Passend zum mittelalterlichen Ambiente wird traditionell aufgekocht: Raclette, Fondue und französische Gaumenfreuden sind die Fixpunkte eines saisonal wechselnden Menüs. Gäste können zwischen Terrasse, Speisesaal oder Kellergeschoss wählen, wo zwischen alten Steinmauern das Käsefondue und der Bordeaux mit Freunden besonders gut munden. Zum exzellenten Service zählt auch ein Bankettservice für maximal 60 Personen – Menüvorschläge werden auf Wunsch gerne unterbreitet.

Das Hotel Les Armures in der Genfer Innenstadt ist direkt umgeben von den wichtigsten Bilderrahmen: Die mittelalterliche Maison Tavel liegt in Reichweite, das Genfer Kunst- und Geschichtsmuseum ist ebenfalls gleich um die Ecke. Geschichtsträchtig ist auch das Hotel Les Armures selbst: Der Familienwohnsitz aus dem 13. Jahrhundert, mit exquisitem Dekor aus dem 17. Jahrhundert, wurde unter den strengen Blicken der Denkmalpflege umsichtig renoviert. Und der Aufwand hat sich gelohnt: Im Gästebuch tummeln sich berühmte Namen wie Pippa Middleton, Richard Branson, Paul McCartney und George Clooney. Durch die 32 Zimmer und Junior Suiten sollte man Führungen machen: Bemalte Balkendecken, Kamine und Fenstereinfassungen aus Naturstein machen das Haus zum Kleinod einer vergangenen Epoche. Auf der modernen Seite stehen Flachbildfernseher, Nespresso-Maschine und Klimaanlage bereit, die mit dem historischen Design perfekt harmonieren und dezent im Hintergrund bleiben.

Nach einer traumhaften Nacht sollte man das erstklassige Frühstücksangebot in Anspruch nehmen.

Lage | Im Zentrum der Genfer Altstadt und in Gehdistanz zum Genfersee. Der Flughafen Genf ist 7 km entfernt.
Zimmer | 28 Zimmer und 4 Suiten, (25 – 30 m²)
Facilities | Restaurant im Keller, Terrasse, Speisesaal, Bankettservice, historischer Frühstücksraum

„Ein paar Plauderviertelstündchen nachts auf dem Balkon des Hotels TROIS ROIS, mit dem alten feinen Banquier Gustav G. Cohnen."

THEODOR HERZL, 1897

Was wir lieben

+ ESSEN Starkoch Peter Knogel weiß, wie man seine Gäste verwöhnt. Ein Besuch des mit 3 Michelin-Sternen ausgezeichneten Cheval Blanc ist ein kulinarisches Erlebnis mit schönstem Blick auf den Rhein.

+ EINGANGSHALLE Wagen Sie einen Blick an die Decke, der Ausblick auf das Innenleben des Grand Hotel LES TROIS ROIS ist atemberaubend.

+ AUFGEFALLEN Schönste Blumenarrangements der Stadt. Unter den eingelegten Glasscheiben auf den öffentlichen Damen-Toiletten rauscht der Rhein.

Auch der Junior schläft hier wie ein König

Grand Hotel LES TROIS ROIS

Eine Institution im Herzen Basels: das Grand Hotel LES TROIS ROIS gehört zum Inventar der Stadt wie Fußball und Fasnacht. Hier atmet man Geschichte.

Wir schreiben das Jahr 1754: Der Wirt Johann Christoph lässt an der Fassade des Gasthofs ‚Drei Könige' drei hölzerne Königsfiguren als Wirtshauszeichen anbringen. Die Figuren zieren immer noch die Fassade des 5-Sterne-Superior-Hotels, das originalgetreu renoviert und mit Liebe zum historischen Detail eingerichtet wurde. Als eines der ältesten Stadthotels in Europa kann sich das mitten in der Basler Altstadt gelegene Haus mit einer Gästeliste rühmen, die einem Who is Who aus Politik, Kunst und Kultur gleicht. Thomas Mann fand das Hotel zu teuer, Casanova vergnügte sich mit den Wirtstöchtern und Hans Christian Andersen gefiel die Aussicht – wer in diesem Nobelhotel absteigt, ist in bester Gesellschaft. Die Liebe zur Architektur von anno dazumal brachte dem Haus sogar einen eigenen Bildband von der Gesellschaft für Schweizerische Kunstgeschichte ein. Auf den 101 individuell gestalteten Zimmern und Suiten

findet sich die Erklärung: purer Klassizismus, reinstes Art déco, die kunstvollsten Stuckaturen, die schönsten Antiquitäten. Die Suite LES TROIS ROIS bildet das Prunkstück und übertrifft alle Erwartungen: zwei Schlafzimmer, drei Badezimmer, ein Wohnraum mit Sitzgruppe vor dem Cheminée. Weiteres Highlight: über den Dächern der Stadt im Outdoor-Jacuzzi entspannen und in der eigenen Sauna schwitzen.

In der Bar LES TROIS ROIS beendet man einen perfekten Tag im imperialen Ambiente mit preisgekrönten Cocktails. Exquisite Gerichte der französischen Haute Cuisine werden im Restaurant Cheval Blanc serviert – ausgezeichnet mit 3 Michelin-Sternen und 19 Punkten von Gault&Millau. Oder man genießt italienische Spezialitäten im Restaurant Chez Donati oder den Charme der authentisch-französischen Brasserie. Die sieben Tagungsräume und ein großartiger Ballsaal, der Salle Belle Époque, sind ideale Orte für anspruchsvolle Bankette, Konferenzen und exklusive Events.

Lage | Direkt am Rhein direkt im Zentrum, in Gehweite von Museen, Messegelände und Einkaufsviertel. Flughafen Basel-Mulhouse: 10 km.
Zimmer | 101 Zimmer und Suiten, (32 – 250 m²)
Facilities | Haute Cuisine, Ballsaal, Konferenzräume, Art Déco Zimmer, französische Brasserie.

"Vom Flughafen Zürich fuhr er mit dem Swissair-Bus nach Bern und begab sich direkt ins Hotel BELLEVUE, einen riesigen Prachtpalast von ruhiger Vornehmheit, von dem aus man an klaren Tagen über die Vorberge auf die glitzernden Alpen sehen konnte."

JOHN LE CARRÉ
IN „AGENT IN EIGENER SACHE"

Was wir lieben

+ BAR In der legendären BELLEVUE Bar wurde so manche Politgeschichte geschrieben. Noch heute gilt sie als Treffpunkt für Schweizer Politiker, Diplomaten und Journalisten.

+ ARCHITEKTUR Der Belle-Époque-Bau besticht durch grandiose Bankett- und Empfangsräume. Herzstück ist die prächtige Hotelhalle mit Glaskuppel.

+ EINMALIG Bezaubernde Aussicht von der riesigen Terrasse auf Aare, Altstadt und Alpen.

Treffpunkt für Politiker, Diplomaten und Staatsgäste

BELLEVUE PALACE Bern

Dreh- und Angelpunkt von Polittalk, lukullische Hochgenüsse von Gregor Zimmermann: Im 5-Sterne-Haus wird die Diplomatie zum Spaziergang.

Seit über 150 Jahren ist das 5-Sterne-Haus mit der Jugendstil-Atmosphäre das einzige Grand Hotel im Herzen der Hauptstadt und war schon Schauplatz in John le Carrés Büchern. Dank seines exzellenten Service und dem unmittelbaren Zugang zum Bundeshaus ist es damals wie heute beliebter Treffpunkt für Politiker, Diplomaten oder Staatsgäste, und ebenso unkomplizierter Begegnungsort für ganz Bern. Es ist ein Stückchen Belle Vie im Jugendstil-Ambiente – garniert mit einer Belle Vue auf die Berner Alpen.

Europa hat dem Tabak den Rücken gekehrt. Aber ein von unbeugsamen Eidgenossen bevölkertes Land leistet Widerstand und serviert unverdrossen edles Rauchwerk in luxuriösen Bars. So auch im BELLEVUE PALACE Bern – hier lockt feinster Tabak, vornehmlich kubanischer Provenienz, ergänzt durch weitere auserlesene Zigarrenraritäten aus Südamerika. Im großzügigen ‚Le Fumoir' kann man der Leidenschaft für den blauen Dunst in stimmigem Ambiente frönen, Hand in Hand mit kühlen Drinks und kulinarischen Klassikern. Keine Sorge: Ohne Rauch geht's im BELLEVUE PALACE Bern natürlich auch. Sportbegeisterte kommen im angesagten BELLEVIE GYM über den Dächern von Bern auf ihre Kosten - dank der traumhaften Aussicht auf Altstadt und Alpen erscheint das Training an den hochmodernen Geräten nur noch halb so anstrengend. Ein Personal Trainer hilft bei Bedarf auf die Sprünge, anschließende Entspannung bietet die Finnische Sauna.

Im Restaurant VUE verwöhnt Küchenchef Gregor Zimmermann mit lässig-eleganten und radikal zeitlosen Delikatessen. Für den perfekten Ausklang empfiehlt sich die berühmte BELLEVUE Bar – einer der angesagtesten Treffpunkte in der Berner Altstadt. Wer die Öffentlichkeit scheut, kann sich in die Abgeschiedenheit eines Konferenzraumes zurückziehen, wo der Staatsempfang den perfekten Auftakt findet.

Lage | Direkt im Zentrum von Bern, unmittelbar beim Bundeshaus. Flughafen Bern-Belp: 10 km.
Zimmer | 104 Zimmer und 24 Suiten, (19 – 158 m²)
Facilities | BELLEVIE GYM, Personal Trainer, Finnische Sauna, Banketträume, Seminarräume, Incentives

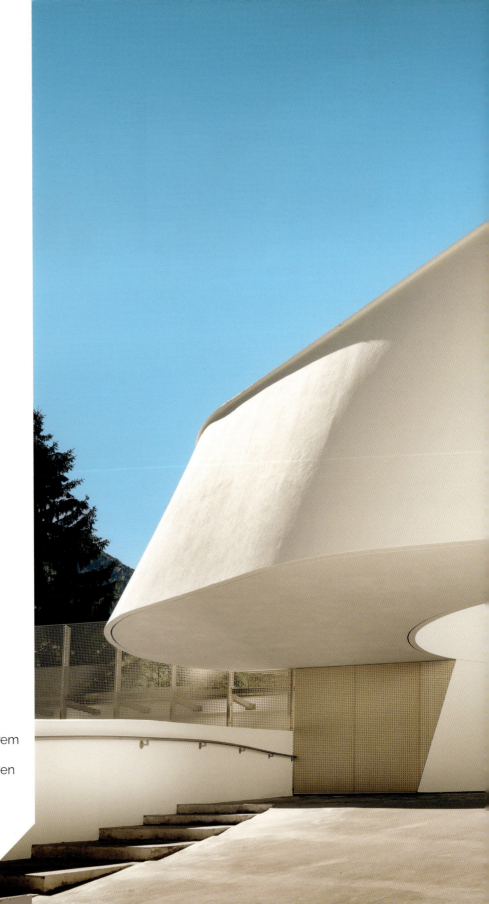

Designhotels

Stilvolle Schönheit,
soweit das Auge reicht:
Unsere Designhotels
fangen nicht nur Blicke,
sondern erobern mit ihrem
ästhetischen Anspruch
auch im Sturm die Herzen
jedes Connoisseurs.

7132 Hotel

Weltberühmt, tiefenentspannend, hoch-
mineralisch: Mit Architektur, Felsen-Therme
und Gastronomie auf Top-Niveau steht das
7132 Hotel für Erlebnisse der sinnlichen Art.

Der Mediziner J.A. Kaiser ging der Quelle 1826 auf den Grund. Er attestierte dem Wasser heilsame Kräfte, die erstmals 1893 zur ‚Kurhaus Therme' gebündelt wurden. 100 Jahre später nahm der Bündner Architekt Peter Zumthor das Renovierungs-Projekt in Angriff und erschuf nicht einfach ein Thermalbad. Er hat aus über 60.000 Platten Valser Quarzit eine Hommage an Vals und die archaische Natur rund um das 5 Sterne Superior Designhotel errichtet. Mit nationalen und internationalen Architekturpreisen ausgezeichnet, zieht der architektonische Meilenstein Reisende aus aller Welt an – und wurde bereits wenige Jahre nach seiner Fertigstellung unter Denkmalschutz gestellt. Im angrenzenden neu errichteten House of Architects, das mit 4 Sternen klassifiziert wurde, wartet das 7132 Hotel mit exklusiven Zimmern auf, die von vier renommierten Architekten designt wurden: Während die Gestaltung des japanischen Architekten und Pritzker-Preisträgers Tadao Ando eine eindrückliche Hommage an die subtile Ästhetik

Organisch geformte Ganzglasdusche von Thom Mayne

Der Wellness-Tempel der Superlative wurde aus 60.000 Platten Valser Quarzit erbaut

Was wir lieben

+ 7132 Der Name steht für die Postleitzahl von Vals. Urgewaltig, wildromantisch, einzigartig.

+ THERMALBAD
Gestaltet aus 60.000 Platten Valser Quarzit, eine Hommage an Vals und dessen archaische Natur.

+ ARCHITEKTUR
Designliebhaber aus der ganzen Welt pilgern hierher, um sich von den Stararchitekten Ando, Kuma, Mayne und Zumthor inspirieren zu lassen.

Im Restaurant 7132 Red werden Klassiker mit Liebe zum Detail serviert

7132 Blue Bar

japanischer Teehäuser ist, schuf Landsmann Kengo Kuma einen behaglichen Kokon, der von der Finesse japanischer Tischlerkunst inspiriert ist und den Gast mit seinen modernen Eichenholz-Paneelen aus der Schweiz sprichwörtlich umarmt. Der US-Amerikaner und Pritzker-Preisträger Thom Mayne sprengt dagegen den Rahmen: Seine Zimmer sind dreidimensional mit einheimischem Holz oder Valser Quarzit ausgekleidet – und die Dusche steht als organisch geformte Skulptur frei im Raum. Peter Zumthor, ebenfalls Pritzker-Preisträger, nutzte für sein Refugium eine Putztechnik aus der italienischen Renaissance – Stucco Lustro – und erschuf damit einzigartige, erfrischend bunte Räume mit handbemalten Vorhängen aus Habotai-Seide.
Bei einem Sprung ins erfrischende Nass hat man die Qual der Wahl. Innenbad oder Außenpool, Feuerbad oder Eisbad, Blütenbad, Quellgrotte, Schwitz- oder Dampfstein? Alles, was einem zum Thema Wasser einfällt, ist im 7132 Hotel zu finden, das seinen Namen übrigens einer Berechnung verdankt: 1918 mg mineralisiertes Wasser pro Liter sind unterm Strich 7132 Prozent Wasserspaß pro Badegast. Wer nicht gerade alle Glieder mineralisieren lässt, der kann im Spa dieselben verwöhnen lassen: Von der Lomi Lomi Behandlung über Anti Aging bis hin zur Lymphdrainage und klassischen Massagen sind im Wellnesstempel 7132 wundervolle Seelenstreichler zu finden.
Silber, Rot oder Blau – die farblich abgestimmten Restaurants des 7132 Hotel offerieren kulinarische Hochgenüsse auf Weltniveau. Head Chef Sven Wassmer und Head Sommelier Amanda Wassmer Bulgin brachten das Restaurant 7132 Silver in Rekordzeit auf die Landkarte internationaler Gourmets – 2 Michelin-Sterne und 18 Punkte von Gault&Millau sprechen für sich. Im 7132 Red wird Bewährtes frisch interpretiert: Chef Ulf Bladt und Maître d'Hôtel Andrea Orgiu servieren hier beliebte Klassiker. Benvenuto in der Pizzeria DAPAPÀ: Hier locken Pizza, Salume und italienische Herzlichkeit von ihrer schönsten Seite! Am Abend lädt dann die 7132 BLUE BAR zum entspannten After-Dinner Cocktail, begleitet von stimmungsvoller Live-Jazzmusik, die unter die Haut geht.

Lage | 107 km vom Flughafen in Zürich entfernt.
Zimmer | 91 Zimmer und Suiten, (25 – 90 m²)
Facilities | Felsentherme mit Heilquelle, 3 Gourmet-Restaurants, regelmäßige Jazz-Events in der Blue Bar, Limousinen-Service, einziges Schweizer Hotel mit eigenem Helikopter

Schnell-mal-weg-Tipp

Must Do: Am Nachmittag mit dem hauseigenen Helikopter einen Panorama-Rundflug über Vals erleben! Wer lieber per pedes unterwegs ist, kann sein Schuhwerk auf 140 km Wanderwegen testen. Fans der Kurzstrecke sind mit der Strecke zwischen Gadastatt und Vals bestens bedient: Von Vals nach Gadastatt fährt man mit der Gondelbahn, dann geht es in Gadastatt ins Bergrestaurant mit Sonnenterrasse, dann weiter am Wanderweg entlang des Maiensäss Moos nach Leis und nach einer Pause im Bergrestaurant Ganni nach Vals. Dauer: 1,5 Stunden.

Die Panoramic Living Suite mit Blick aufs Matterhorn
bietet Platz für vier Personen

Was wir lieben

+ EINMALIG „Ferien bei
Freunden" so der Claim
dieses fantastischen
Chalet-Resorts, und das ist
keine leere Versprechung.
Gastfreundschaft, Service
und die Küche sind
herausragend und familiär.

+ EXKLUSIV Alle sechs
Chalets verfügen über
einen eigenen Spa-
Bereich, der Blick aufs
grandiose Matterhorn ist
im Preis inbegriffen.

+ TERRASSE Der Hotspot
im Sommer wie im Winter.
Zu den schmackhaften
Alpen-Tapas wird ab und
zu auch Livemusik serviert.

Erste Adresse in Zermatt für Après-Ski-Genuss

CERVO Mountain Boutique Resort

Gäste-Chalets mit Wellnessbereichen, Gaumenkitzler mit Gault&Millau-Auszeichnung:
Das Boutique Resort begeistert mit Highlights, die kaum zu toppen sind.

Auch – oder gerade – weil die Schweiz ein kleines Land ist, blicken die Eidgenossen gerne über ihre Grenzen hinaus. Diese Neugier auf die Welt und ihre Bewohner prägt auch das CERVO Mountain Boutique Resort – von innen und außen. Sei es im Umgang mit Gästen oder bei der Suche nach Inspirationen für Küche, Einrichtung und Architektur: Oberhalb von Zermatt wächst die Schweiz über sich selbst hinaus. Die sechs architektonisch innovativen Chalets im Lodge-Stil lassen sich als Ganzes oder in getrennten Einheiten mieten und sind ein Mix aus urigem Schweizer Jagdhaus und trendiger Lifestyle-Hütte. Die insgesamt 36 Zimmer und Suiten bieten mit knisternden Kaminen, modernem Entertainment, eigenen Terrassen oder King-Size-Betten Komfort und Luxus auf höchstem Niveau. inklusive atemberaubendem Ausblick auf das Matterhorn. Im CERVO Mountain Boutique Resort findet jeder Gast die passenden Räumlichkeiten für seine individuellen Bedürfnisse. Das Highlight des Hauses ist die Owner's Lodge: Neben einem Panoramablick genießt man hier auf 240 m² auch den unverwechselbaren CERVO-Lifestyle und -Komfort. Jedes der Gäste-Chalets im CERVO Mountain Boutique Resort verfügt über einen Wellnessbereich. Dank Sauna, Sanarium, Außen-Whirlpool, Massage- und Kübelduschen, Kneippbecken, Massage- und Ruheraum sowie einer Terrasse mit Matterhornblick finden Seele, Geist und Körper Erholung. Den Gaumenfreuden wird im Hauptchalet gefrönt. Das mit 14 Gault&Millau-Punkten ausgezeichnete CERVO Puro präsentiert in stilvollem Ambiente Gerichte mit alpinem Profil und norditalienischem Touch. Das Ferdinand verwöhnt mit traditionell bis extravagant interpretierten Schweizer Spezialitäten. Die Cervo Lounge ist als Treffpunkt beliebt, der mit erlesenen Tropfen und feinen Snacks aufwartet. Das CERVO Mountain Boutique Resort ist die erste Adresse für Après-Ski-Genuss in Zermatt. Auf der großen Sonnenterrasse sorgen raffinierte Drinks, Alpen-Tapas und ein abwechslungsreiches Rahmenprogramm dafür, dass der Spaß abseits der Piste erst richtig anfängt.

Lage | Oberhalb von Zermatt, 10 Minuten vom Bahnhof und 115 km vom Flughafen Bern-Belp entfernt.
Zimmer | 36 Zimmer und Suiten, (22 - 240 m²)
Facilities | Eigenes Spa sowie eine Terrasse in jedem Chalet, Restaurants, Meeting- und Hochzeitsangebot.

Lässigkeit und Lifestyle hoch über Zermatt

Was wir lieben

+ ARCHITEKTUR
Grandios. Eine zeitgemäße Interpretation der klassischen Mountain Lodge hoch über Zermatt.

+ SERVICE Zu Recht mit dem Prix Bienvenu 2017, der Goldmedaille für Freundlichkeit, ausgezeichnet.

+ SPA Alles, was eine Wellnessoase braucht und sogar ein bisschen mehr; In- und Outdoor mit fantastischem Blick aufs Matterhorn.

THE OMNIA

In dieser Mountain-Lodge werden alle Design-Nuancen abgedeckt: THE OMNIA vertieft die transatlantischen Beziehungen mit einem Mix aus amerikanischem Modernismus und europäischen Wurzeln.

Hoch über Zermatt thronend, kuschelt sich diese Design-Symphonie direkt ans Matterhorn und bietet ihren Gästen Luxus, Lifestyle und moderne Lässigkeit von A(nfang) bis Z(ermatt). Der New Yorker Architekt Ali Tayar hat das ursprünglich amerikanische Lodge-Konzept mit seinem europäischen Umfeld in einen harmonischen Einklang gebracht. Äußerlich verweisen regionale Materialien und das handwerkliche Können auf die Tradition des Wallis, der Innenausbau und das Mobiliar ist von der warmen,

Großartige OMNIA Tower Suite

handgefertigten Ästhetik des amerikanischen Modernismus inspiriert. THE OMNIA ist eine zeitgemäße Interpretation der klassischen Mountain Lodge. Das Interieur, der Grundriss und die Größe der 18 Zimmer und 12 Suiten sind so individuell wie ihre Gäste. Vom 24 m² großen Queensize-Zimmer bis zur 110 m² großen OMNIA Roof Suite – alles ist luxuriös und

komfortabel. Offene Kamine, elegante Badezimmer im Erker, Balkone, Whirlpools oder eigene Saunen sorgen für einen unvergesslichen Urlaub. Highlight ist die 90 m² große OMNIA Tower Suite mit zwei Zimmern, Turm-Erker und einem Balkon Richtung Matterhorn. Für einen atemberaubenden Weitblick und nächtliches Sternegucken steht ein Teleskop zur Verfügung. Im Outdoor Whirlpool des Spa taucht man in eine mystische und beruhigende Atmosphäre ein. Die Wellnessoase wartet mit nassem Vergnügen im In- und Outdoorpool auf. Stilvoll schwitzen lässt es sich in der Finnischen Sauna, dem Caldarium, dem Blütenbad oder dem Türkischen Bad. Ein Fitnessraum mit modernsten Geräten von Technogym sowie zwei Räume für Massagen, Yoga und Pilates runden das Erholungsangebot ab.

Im THE OMNIA jubilieren Geschmacksknospen, wenn Executive Chef Hauke Pohl moderne Küche kredenzt, bei der Qualität über allem steht. Pohls Interpretation von guter Küche wurde zu Recht mit 1 Michelin-Stern und 15 Gault&Millau-Punkten geadelt. Im Restaurant mit Loft-Charakter empfängt beeindruckende Architektur, gedämpftes Licht und flackerndes Feuer. Auf der Sonnenterrasse des OMNIA ist man dem Himmel noch näher.

Lage | Hoch über Zermatt mit direktem Blick aufs Matterhorn. Der Flughafen Bern-Belp ist 115 km entfernt.
Zimmer | 18 Zimmer und 12 Suiten, (24 - 110 m²)
Facilities | Restaurant mit 1 Michelin-Stern, In-Room-Dining, Möglichkeiten für Events, Spa, Innen-/Außenpool, Outdoor-Whirlpool.

Kulinarisches rund um Fleisch und Fisch im Alex Grill

Was wir lieben

+ SPA Im Tepidarium entspannen Sie nach römischem Vorbild – das Regenerationsbad ist dank seiner wohltemperierten Strahlungswärme schonend und anregend zugleich.

+ SPORT Squashcourt und neu konzipierte Tennishalle.

+ ESSEN Das Restaurant „Alex Grill" verwöhnt mit schmackhaften Fisch- und Fleischspezialitäten von bester Qualität, direkt auf dem Feuer gebraten.

Chalet-Flair und Erlebniswelt
mit vielen Überraschungen

Hotel Alex

Hinter der urtypisch schweizerischen Fassade versteckt sich ein originelles Innenleben, das mit Brokat, Samt und Schnitzwerk den extravaganten Rahmen zum gelungenen Traumurlaub bildet.

Auf den ersten Blick wirkt das 1960 eröffnete 4-Sterne-Superior-Hotel im Herzen von Zermatt wie eine mit modernen Elementen veredelte Berghütte im klassischen Chalet-Stil. Dahinter verbirgt sich eine Erlebniswelt im Boutique-Stil mit vielen Überraschungen: Gedrechselte Möbel, wertvolle Kunstwerke oder verspielte Design-Details ergeben ein imposantes Gesamtkunstwerk.

Im Tepidarium entspannt man nach römischem Vorbild – das Regenerationsbad ist dank seiner wohltemperierten Strahlungswärme schonend und anregend zugleich. Auch im Sanarium lockt wohltuende Wärme, romantisch das imposante Grottenschwimmbad mit Wandmalereien. Abgerundet werden die Wellness-Möglichkeiten durch ein großes Angebot an Massage- und Beautytreatments. Müde Muskeln werden im neu eingerichteten Fitnessraum mit Technogym-Geräten munter, Sportbegeisterte freuen sich zudem über den

Squashcourt und die neu konzipierte Tennishalle.

Im Alex Grill ist nur das Beste gut genug – die exzellenten Speisen von Chefkoch Frédéric Fischer sind exklusiv aus erlesenen und marktfrischen Zutaten kreiert, die Delikatessen ein kulinarisches Vergnügen. Im Grillieren von Fleisch und Fisch sind Fischer und seine Brigade wahre Meister. Im geschmackvoll eingerichteten Weinkeller Bodega Bacchus lockt Wine & Dine vom Feinsten: Gruppen bis 22 Personen können hier Walliser Spezialitäten, Gourmet-Menüs und erlesene Weine aus aller Welt genießen. Für Strandatmosphäre in den warmen Monaten sorgt die luxuriöse Sonnenterasse mit Garten-Lounge, Sunset-Bar und Restaurant. Einen stilvollen Abend erlebt man im Scottish Corner mit einem Glas Whiskey.

Egal, ob Firmenevent oder Ja-Wort: Das erfahrene Team im Hotel Alex verspricht eine sorglose und perfekt organisierte Veranstaltung, bei der jeder Wunsch erfüllt wird. Für spezielle Anlässe wie Apéros, Weinverkostungen, Gala-Diners im kleinen Rahmen oder Geburtstagsfeiern empfiehlt sich der stilvolle Weinkeller, größere Meetings und Tagungen für bis zu 240 Personen können in den insgesamt sechs Seminarräumen abgehalten werden. Und auch für eine Traumhochzeit ist das Designhotel die perfekte Kulisse: Sei es bei der Auswahl der passenden Kirche, den farblich abgestimmten Dekorationselementen, der Musik oder der Reservierung einer romantischen Kutschenfahrt mit weißen Pferden durch Zermatt – die engagierten Gastgeber kümmern sich um jedes Detail.

Lage | Im Zentrum von Zermatt. Der Flughafen Sion ist 81 km entfernt.
Zimmer | 84 Zimmer und Suiten, (20 – 65 m²)
Facilities | Restaurant Alex Grill, Lounge- und Cocktailbar, Weinkeller, 6 Eventräume, Spa, Tennishalle, Skiraum, Squashcourt und Fitnesscenter.

Was wir lieben

+ LAGE Mitten im Dorf, eingebettet zwischen Designer-Boutiquen, Sportläden und Bäckereien, gehört das Unique schon lange zum Zermatter Hotspot.

+ DESIGN Die Hülle stammt aus 1875. Das Innenleben des drittältesten Hotels am Platz überzeugt durch einen lässig modernen Alpenchic. Der Spa ist klein aber oho.

+ EINMALIG Trendige Bars, Clubs und drei Restaurants bietet das Unique. Kulinarisches Aushängeschild ist das Restaurant P.O.S.T.

Wohnzimmer-Atmosphäre in der Suite

Unique Hotel Post

Unique wie das Matterhorn und einzigartig naturverbunden:
Die Symbiose aus regionalem Material, hundertjährigen Bruchsteinmauern
und geradlinigem Design überzeugt alle Mountain-Lodge-Fans.

Mitten im Herzen von Zermatt gelegen, strahlt das innovative und trendige 4-Sterne-Boutiquehotel im alpinen Stil weit über die Landesgrenzen hinaus und ist ein Sinnbild für Naturverbundenheit, Nachhaltigkeit und Eleganz. Hier genießt man einen Urlaub in grünem Luxus, der mit Qualität, Vielfalt und ungezwungenem Lifestyle begeistert. Das Matterhorn, Zermatts weltbekannter Granit-Monolith, war der Design-Pate für das Unique Hotel Post. Während die Gäste aus aller Welt kommen, wurde für das Haus exklusiv Baumaterial aus der Region verwendet. Edle Naturmaterialien, sandgestrahltes Holz, hundertjährige Bruchsteinmauern und geradliniges, modernes Design vereinen sich in den Räumlichkeiten zu einem frischen und dennoch authentischen Bergerlebnis. Dieses Konzept verspricht seinem anspruchsvollen Publikum umfassenden Komfort und erhält gleichzeitig den einzigartigen Charakter und die Authentizität des renommierten Hauses bewusst aufrecht. Alle Zimmer warten mit einer zeitgemäßen technischen Ausstattung sowie traumhaften Wohlfühlbadezimmern auf. Die Matterhorn Suite ist etwa aufgeteilt auf zwei Etagen und 75 m² Wohnfläche: Das geräumige Badezimmer mit privatem Jacuzzi, das gemütliche Wohnzimmer mit Balkon sowie die private Terrasse überzeugen auch den anspruchsvollsten Gast. Der kleine feine Spa des Designhotels verwöhnt mit Sauna, Dampfbad, großem Jacuzzi und Erlebnisduschen nicht nur den Körper, sondern auch die Seele. Kulinarische Vielfalt offerieren die drei Restaurants im Unique Hotel Post. In urig-modernem Ambiente, umgeben von hundertjährigen Bruchsteinmauern und einem alten Walliser Chalet aus dem Jahr 1772, werden in der Factory saisonale Gerichte, Pizzen und erlesene Weine gereicht. Die Pöstli Stübli verwöhnt die Gäste in elegantem Alpin-Chic mit traditionellen Gerichten der Eidgenossen, das P.O.S.T ist mit seinem Fashion Food der ideale Anlaufpunkt für unkonventionelle Genießer. Zusätzlich bietet das Haus fünf Bars und Clubs. Im Brown Cow Pub werden Touristen und Einheimische in Pub-Atmosphäre verwöhnt. Kubanisches Lebensgefühl wird in der Papa Caesar Lounge bei Cocktails und Zigarren zelebriert. Im Pink spielen internationale Live-Bands, der Loft Club ist der einzige Ü25-Club von Zermatt. Highlight ist natürlich die Broken Bar – die legendäre Disco in den kultigen Kellergewölben lockt seit Generationen die Nachtschwärmer an.

Lage | Umringt von 38 Viertausendern, wenige Gehminuten vom Bahnhof entfernt. Die Distanz zum Flughafen Sion ist 81 km.
Zimmer | 26 Zimmer und Suiten, (25 – 75 m²)
Facilities | Spa, Jacuzzi, 3 Restaurants, 2 Bars, 1 Pub und 2 Clubs, großes Veranstaltungsangebot

Nahe des Hotels befindet sich das Kultur- und Kongresszentrum Luzern (KKL), das vor allem für seinen Konzertsaal und seine hochkarätige Akkustik berühmt ist

Was wir lieben

+ LAGE Das außergewöhnlichste Designhotel ist gerade einen Steinwurf vom weltberühmten Konzertsaal, dem KKL entfernt.

+ DESIGN Leinwandgrößen wohin das Auge blickt. Der französische Stararchitekt und Filmliebhaber Jean Nouvel entführt die Gäste in die Welt des Kinos.

+ ZIMMER Jedes Zimmer erzählt eine eigene Geschichte, die Penthouse-Suiten sind grandios.

Auch auf den Zimmern spielt der Gast die Hauptrolle

The Hotel Luzern

Wer auf einen filmreifen Auftritt wert legt, sollte unbedingt in dieser Hommage an das ganz große Kino nächtigen. Oscarreif!

Stars und Helden unter sich – so lässt sich das wohl außergewöhnlichste Hotelkonzept der Schweiz treffend beschreiben: Der französische Stararchitekt, Pritzker-Preisträger und Filmliebhaber Jean Nouvel bediente sich der Genialität der Schauspieler und Regisseure seiner Lieblingsfilme, um ein Hotel zu gestalten, das einer Traumreise durch die großen Leinwandepen der Kinogeschichte gleichkommt. Mitten am Vierwaldstättersee gelegen und von Bergpanorama und Parks umgeben, könnte die Kulisse für das eigenwillige The Hotel Luzern nicht atemberaubender sein.

Jeder der faszinierenden Räume im The Hotel Luzern ist ein kleines Meisterwerk an Design und Hospitality. Grundriss, Möblierung, Dekor und Stimmung machen jeden Raum zum Unikat. Die großflächige, faszinierende Inszenierung verschiedener Filmszenen an den Decken und Wänden der 30 Suiten und Studios erzeugen eine sinnliche Atmosphäre. Im Gegensatz zur opulenten Decke ist die Möblierung der Räume cool und minimalistisch: Schreibtische, Betten, Nachttische, Fauteuils und Stühle wurden eigens von Nouvel – passend zum themengebenden Filmplot – für The Hotel Luzern geschaffen und sind Teil eines anregenden Gesamtkunstwerks. Alle vertikalen Linien sind mit dunklem Jatoba-Holz betont, die horizontalen in mattem Chromstahl gehalten – für freche Akzente sorgen knallbunte Ledersessel. Einen bewussten Kontrast setzte Nouvel mit den minimalistisch und funktional gestalteten Gängen – so gleicht der Weg zum Zimmer dem Gang ins dunkle Holz, in die weichen Ledersofas und sanften Farben der Filmtheater. Öffnet sich die Tür, hebt sich der Vorhang, das Spiel beginnt, Raum und Zeit verlieren ihre Bedeutung und es wird klar – der wahre Held ist hier der Gast.

Die kreativen Köche im The Hotel Luzern kochen auf Weltniveau. Aus diesem Grund zählen Restaurant, Bar und Lounge zu den angesagtesten Treffpunkten der Stadt. Die von Gault&Millau mit 15 Punkten ausgezeichnete Fusion Cuisine des Restaurant Bam Bou vereint auf charmante Weise französische und asiatische Küche – 2017 steht dem Gourmet-Restaurant allerdings eine Konzeptänderung bevor. Nach 15 erfolgreichen Jahren wird es die beliebten Fusion-Gerichte und die stadtbesten Sushis nicht mehr geben: Neu werden die erfolgreichen Restauranteure Corinna und Ralf Thomas das Bam Bou als Pächter wiedereröffnen – Corinna Thomas als Gastgeberin und Ralf Thomas als Küchenchef – bekannt für seine französisch angehauchte Mittelmeerküche – sie wurden für ihre Topleistungen von Gault&Millau jedes Jahr mit 15 Punkten ausgezeichnet. Zum Start am 1. März 2017 wurde von Jean Nouvel das Bam Bou by Thomas sanft renoviert.

Lage | Im Herz Luzern, 3 Gehminuten vom Bahnhof. Die Distanz zum Flughafen Zürich-Kloten ist 68 km.
Zimmer | 30 Studios und Suiten, (24 – 50 m²)
Facilities | 5 mehrfach prämierte Restaurants, 360° Rooftop Bar, hauseigener Club Brooklyn, Coffee Shop, Seminar- und Eventangebot

THE CHEDI ANDERMATT

Asien trifft Alpenland in einem Designhotel, das auch dieses Jahr wieder mit DeLuxe-Urlaub auf Top-Niveau für Begeisterung sorgt.

Umgeben von malerischer Naturschönheit verbindet das THE CHEDI ANDERMATT den Charme eines klassischen Ski-Chalets mit asiatisch inspirierten Ansätzen zu einem harmonischen Stilmix, der unverwechselbar authentisch und doch extravagant ist. Geprägt von klaren Linien und kunstvollen Design-Details bleibt das Aushängeschild der Schweizer Alpin-touristik auch 2017 eine Klasse für sich.

Die nachhaltige Nutzung von Ressourcen und der Einklang mit der Natur sind das Credo des Hauses. So wird man in einem der 123 exklusiven Zimmer und Suiten von der Ausstrahlung von dunklem Holz, weichen Ledersofas und sanften Farben in eine asiatisch-alpine Wunderwelt entführt. Wandmalereien, unter anderem im Stile Peter Paul Rubens, und Holzvertäfelungen mit eingelassenen Bronzelampen hinter dem Bett lassen einzigartige Blickpunkte entstehen. Diese genießt man in außergewöhnlich bequemen und exklusiven Hästens-Betten, in denen man sich auf Wolke sieben träumt. Alle Zimmer und Suiten verfügen über mindestens 52 m² und gewähren – dank großer Panoramafenster – traumhafte Ausblicke auf die einzigartige Berglandschaft. In den asiatisch inspirierten Luxus-Bädern locken große

Extravagante Architektur inmitten der Bergwelt von Andermatt

Das asiatisch inspirierte
Spa wurde mehrfach
ausgezeichnet

Was wir lieben

+ DESIGN Alpenchic meets Asianstyle und dies in höchster Perfektion.

+ LOBBY Die großzügige Lobby ist super gemütlich und lädt mit gut bestückter Bibliothek und Designbüchern zum Verweilen ein.

+ ESSEN Riesige offene Show-Küche. Die Künste von Küchenchef Dietmar Sawyere finden zu Recht eine Würdigung im Guide Michelin und Gault&Millau.

Internationale Gourmetküche in imposanten Räumlichkeiten

Dunkles Holz und sanfte Farben in Zimmern und Suiten

Badewannen, beheizbare Natursteinböden und separate Regenduschen. Eingehüllt in den feinen THE CHEDI ANDERMATT-Duft, verwöhnt mit den hochwertigen Produkten von Aqua di Parma und sanfter Musik finden die Gäste hier nach stressvollen Tagen ganz schnell ihr Gleichgewicht zurück. Tauchen Sie ein in eine Welt der Ruhe und Entspannung: Auf 2.400 m² bietet THE CHEDI ANDERMATT ein ganzheitliches Spa- und Health-Konzept, welches das 5-Sterne-Haus zu einem der schönsten Wellnesshotels der Schweiz macht. Für Begeisterung sorgen nicht nur die großzügige Bäder- und Saunalandschaft oder das wundervolle Yoga- und Pilates-Studio, sondern auch die tibetanische Relaxation Lounge mit auf den Gast abgestimmten fernöstlichen Treatments. Erfrischung bieten der 35 Meter lange Indoor-Pool und das zwölf Meter lange Außenbecken mit reizvollem Ausblick auf die umliegende Alpenlandschaft. Im The Health Club trainiert man auf höchstem Niveau mit State-of-the-Art Fitnessgeräten von Technogym – für individuelle Beratungen und Challenges

stehen Personal Trainer zur Verfügung. Im mehrfach ausgezeichneten asiatisch-inspirierten The Spa stehen zehn Deluxe-Behandlungs-Suiten bereit, in denen hochqualifizierte internationale Therapeutinnen und Therapeuten massieren und mit feinsten Naturprodukten verwöhnen.

Ein weiteres unvergessliches Highlight im THE CHEDI ANDERMATT ist die Gourmetküche, die ihre Gäste auf eine spannende kulinarische Weltreise entführt: Küchenchef Dietmar Sawyere setzt mit einer Fusion aus östlicher und westlicher Küche ein deutliches kulinarisches Statement – Sushi, Sake und Schweizer Käsespezialitäten aus dem fünf Meter hohen, gläsernen Käsekeller sind hier nur einige der delikaten Höhepunkte. Diniert wird dabei in Räumlichkeiten, die aufgrund ihrer imposanten Dimensionen an eine gastronomische Kathedrale erinnern und beim Verzehr der mannigfaltigen Köstlichkeiten schon manchem Gast ein spontanes und enthusiastisches Halleluja entlockt haben – kein Wunder bei diesen wahrlich göttlichen Genussmomenten.

Lage | In Andermatt, auf 1.447 Metern über dem Meer. In Gehdistanz zum Bahnhof. Der Flughafen Zürich-Kloten ist 125 km entfernt.
Zimmer | 123 Zimmer und Suiten, (52 – 330 m²
Facilities | Ski-Shuttlebus, Ski-Butler, 16 Räume für Events, Spa, 8 Restaurants

Schnell-mal-weg-Tipp

Die Gotthardregion lockt mit tiefen Schluchten, rauschenden Wasserfällen und der Bahn: Wer das Terrain nicht gerade zu Fuß erkunden möchte, der steigt in den Glacier Express, der Zermatt und St. Moritz verbindet und in Andermatt Halt macht. Der Panoramablick auf die Alpen kann so mit der Gourmet-Küche an Bord des Zuges kombiniert werden.

Was wir lieben

+ DESIGN Herrlich.
Wahnsinnig. Verrückt.
Hier wohnt man in einem
Gesamtkunstwerk.

+ ESSEN Durch die offene
Showküche After Seven
kann man Starkoch Ivo
Adam in die Töpfe schauen.
(2 Michelin -Sterne,
17 Gault&Millau-Punkte)

+ SPA Die Schöpfungs-
geschichte aus der Bibel
als Spa-Erlebnis. Mit jedem
Höhenmeter lassen Gäste
mehr vom Stress zurück.
Oben angekommen lacht
die Sonne, leuchtet das
Matterhorn und es warten
Entschleunigung und Ab-
geschiedenheit in lichten
Höhen.

Backstage Hotel Vernissage

Ein Design-Juwel aus der Feder von Künstler Heinz Julen, das Kultur und Sport unter einem Dach vereint: Kino und Kunst auf der einen Seite, Sportgeschäft und Wellness auf der anderen.

Das moderne 4-Sterne-Gesamtkunstwerk ist ein echter Blickfang unter den Traditionshäusern in Zermatt – jedes Einrichtungsstück des von Evelyne Julen geführten Boutiquehotels wurde im Atelier ihres Ehemannes handgefertigt. Neben Chrom und Holz ist Glas das bestimmende Markenzeichen des Design-Juwels, sei es in Form von großzügigen Fensterfronten oder extravaganten Skulpturen.

Neben sieben Doppelzimmern und sechs Deluxe-Doppelzimmern bietet das Backstage Hotel Vernissage sechs zweigeschossige, 45 m² große Cube Lofts mit einer Raumhöhe von 3,70 m – die Glasfronten garantieren einen traumhaften 360°-Panoramablick. Alle Cube Lofts verfügen über einen gemütlichen Wohnbereich mit Sofaecke, einen Arbeitsplatz, eine exklusive Chromstahlbadewanne sowie einen großen Balkon. Noch mehr Grandezza findet man im Backstage Luxury Loft und dem Backstage Luxus Chalet in einem alten Walliser-Haus: Beide sind nur zehn Minuten vom Haupthaus entfernt und lassen Wohnträume wahr werden – Home-Cinema und übers Dach ausfahrbarer Whirlpool sind hier nur zwei der atemberaubenden Highlights. Hoch über Zermatt wurde mit dem Mountain Cottage zusätzlich ein perfekter Ort geschaffen, um richtig abzuschalten.

Das Herzstück mit Hingucker-Potential im Gourmetrestaurant After Seven ist die offene Showküche, in der man Chefkoch Ivo Adam bei der Zubereitung des Essens zusehen kann – die weltgewandte Küche wurde mit 2 Sternen von Michelin und 17 Gault&Millau-Punkten ausgezeichnet. Die Speisekarte besteht aus einer kreativen Mischung von Bodenständigem und Weltoffenem – manchmal exotisch inspiriert, immer marktfrisch und saisonal. Nachmittags verwandelt sich das Fine Dining Restaurant ins Backstage Café: Hier erwärmen hausgemachte Kuchen und Torten,

Friandises und Pralinen, heiße Schokolade sowie beste Tees und Kaffees die Seele – mit Aussicht auf die malerische Bergwelt und den Zermatter Dom. Ein besonderes Highlight neben dem Cine Dinner, bei dem Filme in Begleitung eines feinen Mahls genossen werden, ist auch die Art Gallery – hier vereinen sich Kulinarik und Kunst zum Gemeinschaftserlebnis. Genesis – die Schöpfungsgeschichte aus der Bibel als Spa-Erlebnis: Diese weltweit völlig einzigartige Wellness-Idee hat Heinz Julen für das Backstage Hotel Vernissage realisiert. Treten Sie ein, erleben Sie die Hitze des Kosmos und seien Sie bei der Schaffung des Lichts, der Trennung von Wasser und Luft, der Schaffung von Pflanzen, Planeten und Gezeiten dabei! Die Themen-Relax-Oase verführt an sechs Stationen mit Floating-Becken, Dampfbad, Biosauna, Infrarot-Wärme-Cube und Feuchtigkeits-Oase zum sündhaft guten Regenerieren, im Freiluft-Jacuzzi fallen Schneeflocken langsam vom Himmel. Für ultimative Ruhe und Entspannung sorgt am „siebten Tag" dann der Meditationsraum: Die Gäste ruhen auf dem Wasserbett mit Blick auf Michelangelos Meisterwerk Sixtinische Kapelle. Auch für ein vielfältiges Massage- und Beautyangebot ist gesorgt.

Weltgewandte Küche im Restaraunt After Seven

Lage | In Zermatt nahe Bahnhof und Bergbahnen. Der Flughafen Bern-Belp ist 133 km entfernt.
Zimmer | 19 Zimmer und Cube Lofts, (26 – 45 m²)
Facilities | Themen-Spa, Restaurant After Seven mit 2 Michelin-Sternen und 17 Gault&Millau-Punkten, Café, Kino mit Cine Dinner

Was wir lieben

+ EINMALIG In diesem familienfreundlichen Resort rocken auch die kleinen Gäste. Ein vielfältiges Angebot an Aktivitäten und ganztägige Kinderbetreuung erlauben den Eltern eine echte Alltagserholung.

+ ARCHITEKTUR Eigenwillig, archaisch so wie die Bündner Bergwelt.

+ ESSEN Gleich 7 Restaurants entführen Sie auf eine kulinarische Weltreise. Die Showküche des modernen nooba kreiert vor Ihren Augen wunderbare Spezialitäten aus Thailand, Vietnam und Japan.

rocksresort

Der Flimser Bergsturz stand Pate für das kubische Designhotel aus regionalem Material. Drinnen werden kleine Gäste bestens verwöhnt.

Direkt an der Talstation Laax-Murschetg gelegen, sind die Quader mit ihren 121 exklusiven Appartements wie zufällig verteilte Objekte rund um einen zentralen Platz gruppiert. Architekt Günther Domenig ließ sich für dieses innovative Design-Konzept vom Flimser Bergsturz inspirieren, der vor rund 10.000 Jahren das Gebiet der heutigen Destination Flims-Laax-Falera formte.

Die Wohnräume sind von klaren Formen und edlen, natürlichen Materialien geprägt. Eichenholz oder Textilien in Naturtönen setzen Akzente und schaffen eine warme, einladende Atmosphäre. Das Mini-Spa im Badezimmer wartet mit Dampfbad und einer Regenwalddusche auf. Eine voll ausgestattete Küche rundet das Interieur ab. Kleine Gruppen beherbergt das 55 m² große 4-Bett-Appartement mit zwei Schlafzimmern und maximal fünf Betten. Mittlere Gruppen finden auf

den 89 m² des 6-Bett-Appartments mit drei Schlafzimmern, maximal sechs Betten und zwei separaten Badezimmern Platz. Für größere Gruppen ist das 8-Bett-Appartement ideal, das auf 120 m² vier Schlafzimmer mit maximal zehn Betten und zwei Badezimmern bietet. Mit dem komfortablen, 26 m² großen Doppelzimmer hat das mehrfach ausgezeichnete rocksresort auch für romantische Pärchen-Urlaube das passende Angebot im Programm.

Das international beeinflusste kulinarische Angebot des rocksresort stellt die Gäste nicht selten vor die Qual der Wahl. Das Ristorante Camino verwöhnt mit ausgesuchten Spezialitäten der italienisch-mediterranen Küche. Im Grandis Ustria da Vin locken erstklassige Grillspezialitäten und Raclette vom offenen Feuer, die von einer beeindruckenden Weinauswahl begleitet werden. Das nooba lädt auf eine panasiatische Reise von Thailand über Vietnam bis nach Japan ein. Im Tegia Larnags werden regionale und Schweizer Spezialitäten serviert, die in gemütlicher und stilvoller Atmosphäre frisch zubereitet werden. Die spanische Kochkunst wird in der Casa Veglia zelebriert, während Fastfood-Fans im Burgers auf ihre Kosten kommen. Das kulinarische Highlight des Designresorts ist das Mulania, in dem Chefkoch Sascha Meyer exquisite Gaumenfreuden auf 15-Gault&Millau-Punkte-Niveau in edel-rustikalem Ambiente kredenzt.

Das Restaurant nooba kredenzt panasiatische Gerichte von Thailand über Vietnam bis nach Japan

Lage | Der Flughafen Zürich-Kloten ist 150 km entfernt.
Zimmer | 121 Zimmer, (28 - 120 m²)
Facilities | Airportshuttle, 7 Restaurants und 2 Bars, Dine-Around-Möglichkeiten, verschiedene Shops, Familienangebot, Seminar- und Eventmöglichkeiten.

Was wir lieben

+ AUFGEFALLEN Das wohl außergewöhnlichste Treppenhaus der Schweiz.

+ ZIMMER Moderner und luxuriöser Alpenchic mit atemberaubender Aussicht auf die Bergwelt. Wer die Residenzen bucht, zieht nicht mehr aus.

+ SPA Einziger AWAY® Spa der Schweiz und einer der exklusivsten Rückzugsorte Verbiers. Auf 800 m² der perfekte Ort zum Entgiften, Ausspannen und tanken neuer Energien.

Wagemutige Innengestaltung im W Café

W Verbier

Weltgewandt, wagemutig, wunderbar:
Das W Hotel Verbier vereint Design, Gourmet und Bergpanorama zum Gesamtkunstwerk.

Im W Verbier erlebt man Neues und wird in eine außergewöhnliche Welt entführt, in der die Winter verschneit und dennoch heiß und die Sommer cool sind. Tolle Pistenerlebnisse warten rund um den Place Blanche, den neuen pulsierenden Mittelpunkt von Verbier, Adrenalin auf den aufregendsten Pisten Europas, die fantastischen Aussichten und die glamourösen Nächte – das 5-Sterne-Hotel weiß zu überzeugen.

Als die Top-Adresse des Ortes hält das W Verbier einen spektakulären Aufenthalt inklusive endlosen Bergpanorama-Aussichten bereit: In den luxuriösen, designaffinen Zimmern und Suiten fällt es leicht, zu entspannen und das atemberaubende Bergpanorama der Schweizer Alpen zu genießen. Kilometerlange Ski- und Erlebnispisten sind direkt vor der Tür. Die Innengestaltung der Gästerefugien ist wagemutig – lokaltypische Materialien wie Holz und Stein wurden mit dem modernen Stil der W Hotels kombiniert, sodass fantastische Räume entstehen, die zum Träumen einladen. Einrichtung, hochmoderne Technologie und verspielte Details faszinieren. Mit 800 m² ist das einzige AWAY® Spa der Schweiz der perfekte Ort zum Energie-tanken – im stilvollsten Wellness-Hotel an der Place Blanche in Verbier erlebt man Entspannung pur. Mit einem FIT Fitness-Center, in dem es alles für Training, Yoga oder Pilates gibt, und einem funkelnden WET® Pool – sowohl innen als auch außen – spüren die Gäste nach ihrem Aufenthalt im W Verbier neue Kraft. Sauna, Hamam, Jacuzzi, Aromatherapie sowie zahlreiche Massagen und Schönheitsanwendungen runden das großzügige Angebot ab.

Ausgezeichnet als eines der bistronomischen Restaurants in Verbier verwöhnt die W Kitchen mit pulsierenden Gourmet-Erlebnissen, die frischen, saisonalen Zutaten kommen aus dem sonnigen Herzen der Schweizer Alpen. Im Eat-Hola, Verbiers erster Tapas Bar, wird das spanische Fingerfood neu definiert. Für den Hunger zwischendurch bietet das W Café eine köstliche Auswahl an Snacks in gemütlicher Atmosphäre. Ein gastronomischer Triumph japanischer Aromen ist die Carve Sushi Bar, in der die Aromen des Landes der aufgehenden Sonne mit feinsten lokalen Geschmacksvarianten verschmelzen. Das W Off Piste ist der Place-to-be für Après-Ski, wo ein DJ an den Plattentellern einheizt.

Lage | Am Place Blanche in Verbier. Der Flughafen Genf ist 161 km entfernt.
Zimmer | 123 Zimmer und Suiten, (36 - 199 m²)
Facilities | 6 Restaurants und Bars, AWAY® Spa mit WET® Indoor-/Outdoorpool, Hamam, Jacuzzi, Beauty-behandlungen, Massagen, 3 Veranstaltungsräume.

Das sagenhafte Luxushotel mit der glamourösen Vergangenheit ist ein wahrer Schatz für Kosmopoliten

Was wir lieben

+ ESSEN Das Gourmet Restaurant Ecco besticht durch 2 Michelin-Sterne und das Hide & Seek durch ein auffallend lässiges, frisches Ambiente.

+ EINMALIG Direkt neben dem Hotel führt ein Spazier- und Joggingweg zu Zürichs Hausberg; dem Uetliberg mit schönstem Blick auf die Stadt.

+ SPA Kleiner aber feiner Tagesspa mit allem, was es zur perfekten Erholung braucht. Großzügiger Außenpool.

In den Zimmern: der Charme der 1970er Jahre

Atlantis by Giardino

Das designaffine Hotel mit der langen Celebrity-Gästeliste ist seit 2015 wieder geöffnet.
Draußen berauscht die Natur, drinnen verzaubern Hublot-Suite und dipiù-Spa.

Ende Dezember 2015 war es soweit: Das sagenhafte Luxushotel aus den 1970ern prangt nach der Renovierung erneut am Üetliberg zwischen Natur und pulsierendem Stadtleben – die wiedergeborene Zürcher Hotel-Legende ist ein Schatz für trendbewusste Kosmopoliten. Hier war Muhammad Ali zu Gast, gab Freddy Mercury ein Privatkonzert, nächtigte Sofia Loren. Die Celebrities der Vergangenheit sind noch allgegenwärtig: Patrick LoGiudice goss sie in Wachs und verknüpfte den Glamour aus alter Zeit mit zeitgenössischer Kunst.

Das Atlantis by Giardino war damals schon seiner Zeit voraus: Wo in den 1960ern die Bettenburgen wie die Pilze aus dem Boden schossen, wehrte sich das Atlantis strikt gegen den Massentrend und ging mit nur drei Stockwerken seinen eigenen Weg. Das damals weitsichtige Design wirkt auch heute nicht überholt und ist im gesamten Hotel spürbar: handgefertigte Möbel und gut platzierte Details interpretieren die wilden Siebziger

neu und lassen den Charme von damals wieder aufleben. In der Hublot-Suite ticken die Uhren ein wenig anders: Zum ersten Mal präsentiert sich der Schweizer Uhrenhersteller mit einer eigenen Suite in einem Hotel. Eingerichtet wurde sie vom Schweizer Architektenbüro Studioforma. Auf 68 m² wechseln sich schwarze Spiegel mit großen, im Pop-Art-Stil gemalten Hublot-Uhren ab. Weitsicht und Innovation prägen auch die Küche des Atlantis by Giardino: Die Restaurants Ecco in Ascona und St. Moritz sind bekannt für ihre charaktervolle Mischung aus Virtuosität und Geschmackspurismus – ausgezeichnet mit je zwei Michelin-Sternen. Ecco-Gründer Rolf Fliegauf kombiniert mit seinem Foodkonzept geschickt natürliche Geschmacksnoten saisonaler Zutaten und kreiert so die unverkennbare Aromaküche des Ecco: pointiert, intensiv, unerwartet. In Zürich wird diese nun von Fliegaufs Wegbegleiter und ehemaligem Sous-Chef Stefan Heilemann umgesetzt – ebenfalls ausgezeichnet mit zwei Sternen. Ecco! Das Hide & Seek ist Restaurant und Bar zugleich. Fusion ist hier tonangebend und wird als ein klar strukturiertes Konzept verstanden, als kreatives Miteinander. Europa trifft den Mittleren Osten, der Mittlere Osten trifft Asien. Ein urbaner Puls im Rhythmus der Natur. Im Atlantis by Giardino bewegt man sich genau zwischen diesen Welten und findet seine eigene Mitte. Eins mit der Natur: Was vor der Haustür offensichtlich ist, wird auch im dipiù-Spa gelebt: Die Ingredienzien der Kosmetik-Linie entspringen Kräutern, Reben, Honig und Oliven. Im Spa rückt man mit Ultraschall der Cellulite, den Fältchen und Fettpölsterchen zu Leibe.

Lage | Am Üetliberg-Wald, in direkter Nähe zu Zürichs bekannter Bahnhofstrasse. 14 km vom Flughafen in Zürich entfernt.
Zimmer | 95 Zimmer und Suiten, (30 - 250 m²)
Facilities | dipiù-Spa, Outdoor-Pool, Restaurant Ecco, Hublot-Suite, 3 Veranstaltungsräume

Das Ambiente ist vom lässigen Lifestyle New Yorks inspiriert

Was wir lieben

+ EINMALIG Ein besonderes Highlight sind die von der Farbtherapie inspirierten Beleuchtungskonzepte in den Räumen.

+ ZIMMER Einen spektakulär schönen Ausblick auf Genf und seinen See genießt man auf der 180° Terrasse der SoChic-Suite im achten Stock.

+ DESIGN Arty, cosy, trendy – großartiges New York Feeling!

Das Frühstücksbuffet unterm Glasdach begeistert

Hotel N'vY

Das N'vY hat sich ganz dem urbanen Trendsetting verschrieben und nimmt sich New York zum Vorbild: Chillaxen ist angesagt!

Arty, cosy, trendy – das 4-Sterne-Hotel N'vY zeichnet sich durch sein Erscheinungsbild aus. Im Stadtzentrum von Genf und nur einige Schritte vom See entfernt, lädt diese Oase mit ihrem stilsicheren urbanen Dekor zum Chill-Out ein. Ja zu den Farben, zum natürlichen Tageslicht und zur Technologie, die das Leben erleichtert. Ja zu Sound- und Duft-Design, beide nach Maß und im Dresscode des Personals mit dem Logo der Marke Diesel. Ja auch zu Bars und Restaurant für einen Signature-Drink oder eine kulinarische Pause. Und vor allem: Ja zu Ihren Wünschen!

Standard, Superior, Executive, Family, Junior Suite und Suite – die Zimmer des Hotels sind in sechs Kategorien unterteilt und mit modernen und innovativen Annehmlichkeiten wie Flat Screens, HD-Fernseher, Soundstations und WLAN ausgestattet. Ein besonderes Highlight sind die von der Farbtherapie inspirierten Beleuchtungskonzepte in den Räumen. Der urbane Spirit des Hauses zeigt sich an den Wänden in Form von imposanten, anspruchsvollen Graffitis und an den Materialien der Inneneinrichtung – Metall, glattes Holz, Glas und luxuriöse Stoffe. Satte Farben verleihen dem Inneren des Design-Schmuckstücks eine freundliche, jugendliche Ausstrahlung. Einen spektakulär schönen Ausblick auf Genf und seinen See genießt man auf der 180° Terrasse der SoChic-Suite im achten Stock. Mit ihren 57 m² bietet sie viel Platz samt Badezimmer mit Spa-Produkten, italienischer Dusche und Whirlpool, sowie einer separate Lounge- und Küchenecke.

Das New Yorker Flair des Designhotels spiegelt sich auch im gastronomischen Angebot des Hauses wider. Das Tag's Café gleicht einem echten Manhattaner Bistro und verführt mit kleinen Snacks, Salaten oder Kaffee. Dank WLAN und Steckdosen an den Tischen kann man auch gleich produktiv sein. Im Herzen des Hotels befindet sich die N'vY Bar, die mit ihrer Dekoration an die typisch kalifornischen Häuser erinnert: Die Bar begeistert mit ihrem offenen Konzept, farbenfrohen Beanbags und zeitgenössischen Kunstwerken. Mit den Cocktailkreationen wird hier leicht der Party-Trieb geweckt, am Abend sorgt ein DJ für heiße Rhythmen. Im Mezzanin des Designhotels befindet sich das angesagte Trilby Restaurant, das nach den Trilby-Hüten der männlichen Gäste aus den 1950ern benannt wurde. Hier wird eine erstklassige Gourmetküche geboten, die auch Gäste der umliegenden Hotels anlockt. Für Liebhaber von Rindfleisch lädt die Karte etwa zu einer Entdeckungsreise durch die Welt der edelsten internationalen Rinder ein – sei es das Simmental, das Wagyu aus Kobe oder das Black Angus. Möchten Sie Ihre Freunde neidisch machen? Dann buchen Sie einen Urlaub im Hotel N'vY!

Lage | Urbane Oase im Stadtzentrum von Genf, nur einige Schritte vom See. Der Flughafen Genf ist 6 km entfernt. .
Zimmer | 153 Zimmer und Suiten, (20 – 57 m²)
Facilities | Restaurant, Bar Lounge mit DJ, Konferenz- und Bankettangebot, Fitness, 24h Zimmerservice

Optisch erinnert das Hotel an eine Prunkvilla in der Toskana

Was wir lieben

+ LAGE Das wunderschöne Städtchen Ascona ist nur wenige Gehminuten entfernt.

+ FREIZEIT Mit der hoteleigenen Jacht auf dem Lago Maggiore chillen oder dem Fahrrad die Uferpromenade erkunden.

+ ESSEN Das kulinarische Highlight ist unbestritten das 2-Sterne-Michelin Restaurant Ecco. Executive Chef Rolf Fliegauf orchestriert und kreiert hier eine ausgezeichnete puristische Aromenküche.

Der Außenpool inmitten eines prächtigen Gartens

GIARDINO ASCONA

Südländische Wärme, kombiniert mit edlen Materialien und einem meditativ-üppigen Garten – der Sinnesrausch ist im Lifestyle-Hotel inklusive.

Unvergleichbarer Lifestyle und Genuss, der neue Maßstäbe setzt – das GIARDINO ASCONA kombiniert trendiges Ambiente und südländischen Designtraum. Intensiv, abwechslungsreich und voller natürlicher Perfektion bietet das 5-Sterne-Luxus- und Wellnesshotel im Residenzviertel von Ascona unverfälschte Erholung, die alle Sinne verwöhnt.

Äußerlich erinnert das Designhotel an eine monumentale Prunkvilla in der Toskana, das Interieur ist passend dazu luxuriös und geschmackvoll im Landhausstil eingerichtet. Klare Formen, warme Farben und edle Naturmaterialien – das GIARDINO ASCONA ist ein Hort der mediterranen Lebenslust, der bei seinen Gästen mit chilligen Lounges und einem üppigen Garten punktet. Die Doppelzimmer, Junior Suiten und Suiten des Hauses verwöhnen mit wohltuendem Luxus und bieten wunderschöne Gartenterrassen und Balkone. Die Appartements verfügen über 2,5 Zimmer mit Wohnbereich und Küche. Die

Lage | Der Kurort Ascona liegt am Nordufer des Lago Maggiore. Der Flughafen Mailand ist 120 km entfernt.
Zimmer | 72 Zimmer und Suiten, (25 – 70 m²)
Facilities | Restaurant Ecco Ascona mit 2 Michelin-Sternen, dipiù-Spa, Poolbar, Fitness, Yoga, Eventreihen.

edle 5-Sterne-Ausstattung mit bequemen King-Size-Betten, kostbaren Stoffen und märchenhaften Badezimmern macht den Aufenthalt im GIARDINO ASCONA zu einem unvergesslichen Erlebnis.

Das große dipiù-Spa ist ein Hideaway voller Harmonie zum Wohlfühlen. Hier finden Sie alles, was Herz und Körper begehren: Eine klassische Sauna mit integrierter Lichttherapie, ein großzügiges Smaragd-Dampfbad, eine milde Kräutersauna mit vitalisierenden Aufgüssen, eine Damensauna und nicht zuletzt eine meditative Ruheoase. In der wundervollen Wasserwelt erleben Sie die faszinierende Atmosphäre des hauseigenen römischen Badetempels. Das außergewöhnliche Ambiente und die fast mystische Innengestaltung werden Ihnen erholsame Stunden bescheren. Für die Kleinen steht ein Kinderbecken mit einer Wassertemperatur von 30 °C zur Verfügung. Eingebettet in die üppige Gartenanlage, lockt der Outdoor-Pool mit einer Wassertemperatur von 24 °C. Beautytreatments und ein Fitnessbereich runden das Angebot ab.

In den preisgekrönten Restaurants des Designhotels werden Delikatessen auf Weltniveau serviert. Das Restaurant Ecco Ascona steht für puristische Geschmacksintensivierung einer ausgezeichneten Aromenküche, die täglich von dem mit 2 Michelin-Sternen ausgezeichnet Executive Chefs Rolf Fliegauf neu inszeniert wird. Mediterran inspirierte Kreationen werden im exklusiven Restaurant Hide & Seek-Ascona kredenzt, das sich am romantischen Seerosenteich im Garten des Hotels befindet – ein besserer Platz für romantische Candle-Light-Dinner findet sich schwer.

Südländischer
Charme und
stylischer
Rückzugsort für den
modernen Reisenden

Was wir lieben

+ DESIGN Griechenland lässt grüßen. Das Farbkonzept Türkis und Weiß lässt Sommergefühle aufkommen.

+ EINMALIG Diese moderne Boutiquevilla ist die perfekte Rückzugsoase für Individualisten, welche die Ruhe lieben. Vor der Tür ein herrlicher Spazierweg und Joggingstrecke direkt am Ufer des Lago Maggiore entlang.

+ ESSEN Das Restaurant Lago verwöhnt Genießer mit einer leichten mediterranen Küche und auf der Dachterrasse gibt's die besten Drinks mit herrlichem Blick über den See. Schöner geht nicht.

Mit viel Liebe zu extravaganten Details gestaltet

Boutique Hotel Giardino Lago

Der Lago Maggiore steht im Mittelpunkt des Hotel-Hotspots, der moderne Connoisseure begeistern wird: Wasserski, Wakeboarding, Weindegustation.

Das Boutique Hotel Giardino Lago ist prickelnd, spannend, nobel, natürlich und freundlich: Direkt am Lago Maggiore gelegen, begeistert das 3-Sterne-Superior-Hotel mit Seeblick, Gelassenheit und Lifestyle pur – ein stilsicherer Rückzugsort für den modernen Reisenden. Lebensqualität, Nachhaltigkeit und ein herzlicher Service garantieren unvergessliche Momente in einem perfekten Urlaub.

Schluss mit Anreisestress – wer einen Urlaub im Boutique Hotel Giardino Lago bucht, checkt vor der eigenen Haustüre in den Privatjet der hoteleigenen Flugzeugflotte ein und lässt sich hier in die bequemen Sitze sinken. Während des Fluges werden Sie mit Haubenküche und DIPIÚ Kosmetikprodukten rundum verwöhnt. Urlaub sollte nicht erst im Hotel beginnen – der Weg kann auch schon das Ziel sein. Das Boutique Hotel Giardino Lago ist eine moderne, farbenfrohe Interpretation der Region. Mit Liebe zu extravaganten Details ausgestattet, versteckt sich hinter der natürlichen Fassade des mediterranen Landhauses ein einzigartiges Boutiquehotel, das Bewährtes aufgreift, mit ihm experimentiert und es in puren Lifestyle verwandelt. Stoffe von Designers Guild, Parkett aus geräucherter Eiche und stylische Glaselemente verbinden die Tradition gekonnt mit modernem Wohngefühl. Die 14 Zimmer und eine Suite sind individuell gestaltet und bieten persönlichen Luxus und modernes Zu-Hause-Wohngefühl. Die Räumlichkeiten unterscheiden sich hauptsächlich durch Größe und Lage. Ausgestattet mit anspruchsvollen Annehmlichkeiten wie Flatscreen-TV, iPod Docking Station, WLAN und Pflegeprodukten von dipiù COSMETICS, laden mit südländischem Charme und der unvergleichlichen Seesicht zum Träumen ein.

Freunde des Adrenalins werden das Boutique Hotel Giardino Lago lieben: Canyoning, Fallschirmspringen und Bungee Jumping treiben den Puls hoch, Wasserski und Wakeboarding kühlen die Gemüter wieder ab. Nach so viel Herzklopfen bietet der Spa den richtigen Ausgleich, auch eine Weindegustation oder ein Shopping-Trip nach Ascona sorgen für eine willkommene Abwechslung. Am Abend geht es dann zur einmaligen, 400 m² großen Roof Lounge, einem In-Treffpunkt der Marke young & beautiful, der zum Cocktail gleich den Live-DJ serviert. Davor, danach, dazwischen verführt das Ristorante Lago mit feinsten Tapas und Black Angus Beef aus dem 800 Grad Hochleistungsofen – eine entspannte Atmosphäre, zeitgemäße Architektur und die atemberaubende Aussicht auf den Lago Maggiore inklusive.

Lage | am Lago Maggiore in Minusio, nahe Locarno. Der Flughafen Zürich-Kloten ist 187 km entfernt.
Zimmer | 14 Zimmer und Suiten, (12 – 30 m²)
Facilities | Restaurant, Roof Lounge, Dipiù Spa by Giardino, großes Bankettangebot, regelmäßige Events im Haus

„Wenn es um Kreativität geht, möchte ich etwa den ‚Teufelhof' in Basel als exzellentes Beispiel hervorheben. Ein pfiffiger Hotelier, der Kunst zum großen Thema gemacht hat und ein phantastisches Eventprogramm rundum gestaltet."

JÜRG SCHMID (EHEMALIGER SCHWEIZ TOURISMUS-CHEF)

Was wir lieben

+ KUNST Die Zimmer sind bewohnbare Kunstwerke, die immer wieder neu gestaltet werden.

+ KULTUR Das hauseigene Theater bietet anspruchsvolle Abendunterhaltung.

+ ESSEN In einem Haus der Kunst nennt sich das Restaurant natürlich Atelier, und hier gibt's die besten Kalbskoteletten weit und breit.

Bewohnbare Kunst in allen Zimmern des Hotels

Hier finden teuflisch gute Ausstellungen statt

Der Teufelhof Basel

In diesem Designhotel wohnt man nicht nur inmitten von Kunst,
man kann ihr auch applaudieren: Ein eigenes Theater fördert das Kulturverständnis.

Das Designschmuckstück mit Hotel, Theater, Restaurant Atelier, Restaurant Bel Etage, Bar & Kaffee sowie einem Weinladen liegt mitten in der Altstadt von Basel, in zwei zusammengelegten, historischen Stadthäusern aus dem 18. Jahrhundert. Als beliebter Treffpunkt verbindet das Haus Geschichte und Tradition mit einem kunstvollen, modernen und urbanen Ambiente. Die Wohnräume des Teufelhof Basel befinden sich im historischen Gemäuer des Kunsthotels und im modernen Gebäude des Galeriehotels. Das Kunsthotel verfügt über acht Zimmer und eine Suite, die alle als bewohnbare Kunstwerke eingerichtet sind. In regelmäßigen Abständen von Künstlern neu gestaltet, ist es die Idee, dass die Gäste in der Kunst wohnen – der Gast soll sie in einem neuen Kontext erleben. Die individuellen Noten der Räume stammen aktuell etwa von Dieter Meier, dem Künstlerinnen-Trio Mickry3 oder Julia Steiner. Die 20 Räumlichkeiten des Galeriehotels sind von klaren Formen und Designermöbeln bestimmt, der

weitläufige Komplex dient zudem als Fläche für unterschiedliche Jahresausstellungen, die vom Teufelhof selbst konzipiert und gestaltet werden.
In den vier ineinander übergehenden Räumen des Bel Etage werden die Gäste mit einer saisonalen Gourmetküche verführt, die in historischem und edlem Salonambiente genossen wird. Für das hohe Niveau zeigen sich seit der Eröffnung 1989 Michael Baader als Küchenchef und Aschi Zahnd als zweiter Küchenchef samt ihrer 18-köpfigen Brigade verantwortlich. Das mehrfach ausgezeichnete Restaurant bietet à la carte Gerichte und Menüs mit spannender Weinbegleitung. Im kulinarischen Atelier wird unter der Leitung von Zahnd moderne Weltküche auf Basis schweizerischer und regionaler Produkte gezaubert. Kaffee und Bar des Hotel Teufelhof bieten in Pariser Atmosphäre hausgemachte Kuchen, Desserts und eine große Kaffeeauswahl. Auch die imposante Weinkarte mit 400 Positionen und das große Whisky-Angebot überzeugen – ebenso wie der lauschige Vorgarten.
Für die kulturell anspruchsvolle Abendgestaltung empfiehlt sich ein Besuch im hauseigenen Theater mit Kabarett-Vorstellungen und satirischen Programmen. Unter der Leitung von Katharina Martens und Roland Suter werden vorzugsweise Veranstaltungen von Künstlern gezeigt, die ihre Stücke selber kreieren. Die Förderung regionaler Künstler nimmt in der Spielplangestaltung ebenso einen wichtigen Platz ein. Darüber hinaus sorgen Schwerpunktprogramme und verschiedene Veranstaltungen für eine vielseitige, unterhaltsame Programm-Mischung.

Lage | Inmitten der Basler Altstadt gelegen. Der Flughafen Basel-Mulhouse ist 10 km entfernt.
Zimmer | 33 Zimmer, (13.5 – 38.5 m²)
Facilities | 2 Restaurants, Café, Weinladen, eigenes Theater, Angebot für private und geschäftliche Events, Ausstellungen, Kunstgalerie

Romantische Hotels

Hier klopft das Herz,
hier herrscht die Liebe:
Die romantischen Hotels
begeistern mit dem
perfekten Rahmen für
Verliebte.

Das Restaurant Le Grand Hall wird auch liebevoll der „Catwalk von St. Moritz" genannt

Badrutt's Palace

Das Traditionshaus mit der prominenten Gästeliste bietet einen gediegenen Rahmen für Traumhochzeiten. Prunkvoll!

Mitglied der Leading Hotels of the World, der Swiss Deluxe Hotels und der Swiss Historic Hotels – die Standards im traditionsreichen 5-Sterne-Deluxe-Grandhotel liegen seit der Eröffnung 1896 hoch. Im Zentrum des mondänen Jet-Set-Ortes mit Panoramablick auf die Engadiner Alpen und den glitzernden See gelegen, gilt das imposante und gepflegte Wahrzeichen von St. Moritz als Inbegriff europäischer Hotellerie der Spitzenklasse und begeistert mit luxuriösem Lifestyle inmitten unberührter Natur – wahrlich eine Klasse für sich.

Heiraten, wo schon die Stars logiert haben – das wird im legendären Luxushotel möglich. Persönlichkeiten aus Politik und Wirtschaft, gekrönte Häupter oder Prominente aus Kunst und Musik: An DER Nobeladresse des Skiorts St. Moritz scheint jeder, der Rang und Namen hat, schon einmal gesichtet worden zu sein – Prinzessin Caroline von Monaco, Sängerin Tina Turner und der britische Regisseur Alfred Hitchcock

> „Ich liebe die Mischung aus Grandezza und Intimität."
>
> ALFRED HITCHCOCK (REGISSEUR & STAMMGAST DES HOTELS)

Was wir lieben

+ HISTORIE Wenn Wände Ohren hätten. Hier feierten Gunter Sachs und die griechische Reedersfamilie Niarchos die legendärsten Partys des letzten Jahrhunderts.

+ AUSSICHT So prächtig wie der 1896 erbaute Bergpalast. Der Blick auf den See und die Lärchenwälder im Herbst sind eine Klasse für sich.

+ CHESA VEGLIA Das zum Hotel gehörende wunderschöne alte Bündnerhaus serviert nicht nur die besten Pizzas der Alpenregion, es gilt als Wohnzimmer der Schönen und Reichen und von jenen, die es gerne wären.

Das Le Restaurant ist wie geschaffen für ein Candle Light-Dinner

Männer mit Klasse feiern hier einen Junggesellenabschied mit Stil

sind nur einige der klingenden Namen. Ebenso glamourös wie die Gästeliste sind auch die Säle des Badrutt's Palace, die den idealen Rahmen für eine maßgeschneiderte Märchenhochzeit bieten: Von der historischen Bibliothek bis zum prunkvollen Ballsaal kann hier standesgemäß gefeiert werden.

Im Badrutt's Palace wird das Ja-sagen leicht gemacht: Ein persönlicher Event Manager krempelt für Braut und Bräutigam die Ärmel hoch und sorgt dafür, dass vor, während und nach der Zeremonie selbst die ausgefallensten Wünsche Wirklichkeit werden und inmitten der malerischen Kulisse von St. Moritz das perfekte Ambiente für eine schillernde Traumhochzeit geschaffen wird. Den idealen Rahmen für das Eheversprechen bildet der Madonna Saal, die ehemalige Bibliothek, welche die besondere Aura des Hotels stilecht verkörpert. Zu hölzernen Wandregalen mit Büchern aus der 120-jährigen Palace-Geschichte gesellt sich die imposante Sixtinische Madonna aus der Staffelei von Raffael. Der Madonna Saal lässt sich mit der Veranda East verbinden und hat die Lizenz

für standesamtliche Hochzeiten – hier wartet eine Trauung in einer einzigartigen Atmosphäre, die man so schnell nicht wieder vergisst.

Nach der wundervollen Zeremonie fällt die Entscheidung dann schwer: Steht der Sinn eher nach einem intimen Ambiente im holzgetäfelten Bergeller Stübli aus dem 15. Jahrhundert – dem ehemaligen Esszimmer der Familie Badrutt – oder nach einem rauschenden Fest im multifunktionellen Embassy Ballroom, der im Stil eines pompösen Theaters gestaltet wurde und Raum für bis zu 360 Personen bietet? Natürlich ist eine Hochzeit nur dann vollkommen, wenn es sich nach der Party auch schnell und gut schlafen lässt: Aus diesem Grund ist der Weg zu den 157 Zimmern und Suiten für die Gäste nicht weit. Falls nötig, hilft der Butler auch beim Schuhe ausziehen und macht das Licht aus, bevor er das Zimmer verlässt. Selbstverständlich vergisst er dies gleich wieder – denn Diskretion ist oberste Prämisse. Eines steht also zweifellos fest: Glanzvoller als im Badrutt's Palace kann man den Einstand in die Ehe nicht feiern.

Schnell-mal-weg-Tipp

Leinen los: Das Badrutt's Palace verfügt über ein eigenes Miet-Segelboot, mit dem Gäste über den St. Moritzsee schippern können. Dank der hohen Lage und dem günstigen Malojawind herrscht hier stets ein frischer Segelwind, den sich auch Anfänger um die Nase wehen lassen. Auf Wunsch kann auch ein Skipper vom Hotel angeheuert werden. Für das leibliche Wohl sorgt der Concierge, der ein Picknick organisiert, das auf dem schimmernden See gleich doppelt so gut schmeckt.

Lage | Im Zentrum von St. Moritz beim St. Moritzersee, Flughafen Zürich-Kloten: 200 km.
Zimmer | 157 Zimmer und Suiten, (24 – 280 m²)
Facilities | 8 Restaurants, 3 Bars, King's Club, Embassy Ballroom für 360 Personen, Event Manager, Coiffeur, Wellnes & Spa

Feiern im Belvoir
Saal, danach
Zweisamkeit in der
Belvoir Suite

Was wir lieben

+ EINMALIG Schon einmal ein in Asche gereiftes Ribeye Steak probiert? Das Geheimrezept vom Belvoir Restaurant & Grill ist eine vorzügliche Barbecue-Spezialität, für die sogar die Städter aus Zürich ans linke Seeufer pilgern.

+ SERVICEE Herzliche Atmosphäre dank Martin von Moos und seinem Team. Tadellos und äußerst speditiv.

+ LAGE Schönste Aussicht auf den Zürichsee und die Alpen, wenige Gehminuten vom Hauptsitz der weltbekannten Schokoladenfabrik Lindt & Sprüngli und eine halbe Schiffs-Fahrstunde von der schönen Insel Ufenau entfernt.

Hotel Belvoir

Ein Lifestylehotel aus dem Hause MOKA, das aufgrund professioneller Eventplanung brilliert – hier gibt man den Hochzeitsstress am Eingang ab.

Nur 10 km von Zürich entfernt, wurde das 4-Sterne-Superior-Hotel 2011 auf einer Anhöhe über dem Rüschlikon und dem Zürichsee eröffnet. Wasser, Gletscher und Licht spielen hier gekonnt zusammen: Das futuristisch anmutende Gebäude ist wie eine Eisscholle mit dynamisch verbundenen Teilen konzipiert, ein massiver Betonsockel und Glasfronten bestimmen die Ästhetik – dieses Konzept stammt vom Zürcher Architekturbüro MOKA und verkörpert perfekt den urbanen Lifestyle mit Bezug zur Natur.

Feste begehen in ruhiger Atmosphäre, umgeben von einzigartigem, architektonischen Ambiente und höchster Dienstleistungsqualität – dieser Luxus ist im Hotel Belvoir Standard. Dabei profitiert man vom reibungslos funktionierenden Service, bei dem das Eventteam von der Deko über Menü bis hin zur Musik und der Unterhaltung mit Rat und Tat zur Seite steht. Den geeigneten Rahmen zur Hochzeitsfeier bietet vor allem der Belvoir-Saal, der mit Panoramaaussicht auf den Zürichsee besticht. Auf 300 m² Fläche mit Echtholzparkett und bodentiefer Fensterfront wird jeder Event zu einem unvergesslichen Erlebnis.

In der Zeit der Vorfreude auf das Fest locken die Terrasse und der nur wenige Meter entfernte Park. Und auch sonst bietet das Hotel Belvoir ein beeindruckendes Rahmenprogramm für Zwei. Direkt im Haus sorgen drei elektronisch gesteuerte Bowlingbahnen für willkommene Abwechslung, für Fußballbegeisterte steht das FIFA World Football Museum am Tessinerplatz in Zürich bereit: Eine interaktive, multimediale Erlebniswelt mit Hall of Fame der Weltstars, der Darstellung der FIFA-Geschichte und einer Sportsbar mit Live-Übertragungen für Vereins- und Sportbegegnungen wurden hier ins Leben gerufen. Zusätzlich verfügt das Museum über ein Bistro, einen Museumsshop und eine Bibliothek. Pure Entspannung bietet der 400 m² große Wellnessbereich mit Außen-Whirlpool auf der Terrasse mit Blick ins Grüne, Sauna, Dampfbad und Fitnessraum. Unser Tipp: Energien im körperwarmen Salzwasser des Flosaldrom Schwebebads auftanken. Das Bridal Package bietet ihm und ihr wohltuende Gesichtsbehandlungen, Maniküre und Hot Stone Massage. Der Braut wird zusätzlich noch die passende Hochzeitsfrisur und das Make-Up zum Glas Champagner verpasst.

Mit einer schnörkellosen, modern interpretierten Küche verwöhnt Chefkoch Reto Vögeli die Gäste zum Business Lunch, abends steht Fine Dining in eleganter Atmosphäre auf der Speisekarte – bei schönem Wetter auch auf der bezaubernden Sonnenterrasse. Den perfekten Ausklang des Abends bietet die stylische Belbar & Lounge – auf den roten Barhockern versüßen sich die Gäste mit trendigen Cocktails und einem reichhaltigem Weinangebot die gemeinsame Zeit. Die 60 lichtdurchfluteten Zimmer und Suiten wurden von der Designerin Pia Schmid mit stilvoller Raffinesse, viel Holz und noch mehr Liebe zum Detail gestaltet. Alle Räume sind zum See orientiert und begeistern mit atemberaubendem Ausblick von Balkon oder Terrasse.

Speisen in eleganter Atmosphäre mit Weitblick

Alle Zimmer mit Blick auf den Zürichsee und die Berge

Lage | In erhöhter Lage in Rüschlikon am Zürichsee. 11 km von Zürich entfernt, 22 km vom Flughafen Zürich.
Zimmer | 60 Zimmer und Suiten, (26 – 80 m²)
Facilities | Bowling, Wellness, Schwebebad, Grillrestaurant, 8 Bankett- und Seminarräume, Beautypackage

Was wir lieben

+ EINMALIG Das Kürzel VIP – steht in einem der luxuriösesten Schweizer Hotels für: Very Important Pet. Eigener Hunde-concierge sowie lange Spaziergänge entlang der Uferpromenade halten die Vierbeiner bei bester Laune.

+ ZIMMER Die „Luxe Panorama Suite" ist elegant glamourös. Edle Stoffe, schönste Materialien, alles in dezenten geschmackvollen Erdtönen gehalten.

+ ESSEN Die atemberaubende Aussicht auf Alpen und Genfer Springbrunnen stand wohl Pate bei der Namensgebung der beiden eleganten Restaurants „Windows" und „Observatory".

Britscher Charme und Schweizer Gastfreundschaft

Hotel d'Angleterre

Mit Blick über den Genfer See wird der Hochzeitstag hier zum unvergesslichen Ereignis.
Ein Must für Jet D'Eau Fans!

Das Erlebnis in diesem Traditionshotel startet bereits beim Betreten der prachtvollen Lobby, wird noch übertroffen von der Eleganz der Zimmer und endet im hinreißenden Windows Restaurant. Im Hotel d'Angleterre trifft britischer Charme auf Schweizer Gastfreundschaft und vereint sich in den Zimmern und Suiten zur puren Opulenz. Üppig verzierte Tapeten, Antiquitäten und feine Stoffe verneigen sich vor dem kuscheligen Stil der Engländer, auf der modernen Seite stehen IPod Docking Station, LED TV und IT Support. Mehr Unterstützung erhalten Verliebte von einem extraordinären Zimmerservice, dem Butler und dem Limousinenservice, das man mit der Präsidentensuite gleich mitbuchen kann. Kein Zweifel: Hier gastierten Könige, Diplomaten und Stars – hier könnten auch Sie eine unvergessliche erste Nacht als Ehepaar verbringen.

Windows ist keine Reminiszenz an Microsoft, sondern ein Restaurant mit spektakulären Panoramablicken auf den Genfer See und die Berge. Zur frischen Seeluft serviert der Chef ein Menü, das leicht und köstlich ist, ohne zu kompliziert zu werden. Fisch, Fleisch, Gemüse, Käse-Selektion – alles schmeckt hervorragend und hebt sich aufgrund seiner Bodenständigkeit von vergleichbaren Häusern angenehm ab. Wer etwas mehr Privatsphäre sucht, findet diese beim Private Dining im exklusiven Rahmen des L'Observatoire vue Lac – selbst die Queen wäre hier ‚amused'.

Wenn man in diesem 5-Sterne-Haus den schönsten Tag im Leben plant, bekommt man etwas sehr Außergewöhnliches: Luxus pur! Drei elegante Säle werden angeboten, je nachdem, wie viele Gäste eingeladen werden: 50 - 80 liebe Verwandte kann das Hotel d'Angleterre unterbringen. Der meist gebuchte Saal ist L'Observatoire vue Lac mit bezaubernden Ausblicken auf den Genfer See und den Jet D'Eau. Der Eventplaner berät professionell und gerne: Das Team im Hotel organisiert jedes Detail des Festes und kümmert sich liebevoll um Dekoration, Blumen, Geschenke und Weinauswahl. Champagner und Canapes eröffnen den Empfang, die kulinarische Weiterreise bestimmt ebenfalls das Hochzeitspaar gemeinsam mit den Profis des Hauses. Für Kinder wird ein extra Aperitif serviert und CDs stehen zur Verfügung, damit den Kleinen nicht langweilig wird.

Am besten ist es, die ganze Gesellschaft schläft in einer der wunderschönen, im Grandhotel-Stil ausgestatteten Zimmer und Suiten und lässt bei einem Brunch die Hochzeitsfeierlichkeiten ausklingen.

Lage | Mittten in Genf, direkt am See, mit Ausblick auf den Jet D'Eau. Der Flughafen ist 5 km weit entfernt.
Zimmer | 39 Zimmer und 6 Suiten, $(23 – 110 \text{ m})^2$
Facilities | Butler Service, Limousinenservice, Zigarrenlounge, Privatjet-Catering, Haustiere sind ebenfalls willkommen

Der wohltemperierte Pool sorgt dafür, dass das Hochzeitspaar keine kalten Füße bekommt

Park Hotel Vitznau

Das beste Gesamtpaket in Sachen Romantik: fantastische Aussicht, perfektes Service, geschichtsträchtige Atmosphäre. Passt wie Amor zum Pfeil!

Die 100-jährigen, ganz nach dem Motto „Vergangenheit bewahren, Zukunft gestalten" renovierten Mauern des 5-Sterne-Superior-Hotels umschließen ein Innenleben, das einladender nicht sein könnte: Architektonisch komplett auf den Vierwaldstättersee ausgerichtet, trifft hier Eleganz auf Exzellenz und Wasser wird zu flüssigem Gold gemacht. Im Park Hotel Vitznau stimmt von A-Z einfach alles: Angefangen bei der atemberaubenden Architektur über den außergewöhnlichen Service bis hin zu den berauschenden Blickfängen von See und Berglandschaft. Ein viel besungenes Highlight ist auch der Infinity Pool im Wellnessbereich: Er beginnt als Innenpool und wird zu einem Außenpool mit Traumblick auf Berge und See – einzigartig!

Nobelpreisträger Williams F. Sharpe ist Namenspatron dieser Juniorsuite

Was wir lieben

+ LAGE Das funkelnde Juwel thront direkt am Vierwaldstättersee.

+ SPA Elegant und gediegen. Ein überzeugendes vielfältiges Spa-Angebot und ein beheizter Infinity Pool mit atemberaubendem Blick auf eine der bezauberndsten Gegenden der Schweiz. Schöner geht nicht.

+ EINMALIG Schlicht umwerfend die Weinwelt dieses Märchenschlosses. Für CHF 26 Mio warten exquisite Tropfen aus der ganzen Welt darauf, aus dem Dornröschenschlaf geweckt zu werden.

Drei Private Dining Suiten
bieten den Rahmen für bis zu 16 Personen

Die 47 exklusiven Themenzimmer des Park Hotel Vitznau bieten für jeden Geschmack und Anspruch den perfekten Raum zur Entfaltung. Besonders beliebt sind bei den Gästen die Räumlichkeiten mit Seeblick – in diesen magischen Paradiesen werden unvergessliche Erinnerungen geschaffen und die Kamera-Speicherkarten füllen sich fast wie von alleine. Für Hochzeitspaare eignet sich beispielsweise die Suite ‚Theater in der Josefstadt‘ gut, die mit roten und goldenen Farbtönen das Biedermeier imitiert und besonders Wienern ein Begriff ist: Das Theater in der Josefstadt ist eine bekannte Wiener Institution. Die Hochzeitsnacht in der Suite ist in der Hochzeitspauschale ‚deluxe‘ inbegriffen.

Zur ersten gemeinsamen Nacht als Ehepaar gesellen sich auch Häppchen vom Chefkoch, Aperitif, 5-Gang-Menü, Blumendeko und Hochzeitstorte. Im Park Hotel Vitznau wird zur Hochzeitspauschale eine Hochzeit ganz nach den Wünschen des Paares serviert. Den gediegenen Rahmen dazu bieten unter anderem der luftig helle Panoramasaal, das berauschende Weinkeller Foyer oder die Champagnerbar. Einer feucht-fröhlichen Feier steht nichts im Wege: Der einzigartige, verglaste Weinkeller beherbergt über 30.000 Flaschen. Im Fokus des Gästejubels steht das Restaurant Prisma mit seiner grandiosen Gourmetküche im Glaspavillon – eine Klasse für sich, gekrönt von 180°-Panorama-Aussicht, 1 Michelin-Stern und 16 Punkten von Gault&Millau. Wer es privater möchte, kann in einer von drei Private-Dining-Suiten ein Geschmackserlebnis der Sonderklasse genießen: Bis zu 16 Personen dürfen während dem fulminantem Mahl auch den Köchen in der Showküche über die Schulter schauen.

Kalte Füße? Nicht im Park Hotel Vitznau! Der Wellnessbereich hilft bei der Tiefenentspannung. Der wohltemperierte Infinity Pool, die wohltuende Massage, das strahlende Facial – sie spülen etwaige Bedenken weg und verschaffen einen Ausgleich zum Trubel. In der Private Spa Suite können sich die Verliebten zu Zweit zurückziehen und einen Moment der Ruhe gönnen, um einen schönen Tag vor dem schönsten Tag zu verbringen.

Lage | Direkt am Vierwaldstättersee, eine halbe Stunde von Luzern entfernt. Der Flughafen in Zürich ist 55 km weit weg.
Zimmer | 47 Zimmer und Suiten, (48 – 96 m²)
Facilities | 2 Restaurants, Weinkeller, Infinity-Pool, Fitnessbereich, 10 Seminar- und Banketträume

Schnell-mal-weg-Tipp
In näherer Umgebung warten zahlreiche Wintersportgebiete auf den geneigten Skifahrer. Das Gebiet Klewenalp-Stockhütte erreicht man mit dem Schiff und der Bergbahn. Das Skigebiet Stoos-Muothatal ist 30 Autominuten weit entfernt und begeistert neben den Abfahrten auch mit Hundeschlittenfahrten. Das höchstgelegene Skigebiet befindet sich in Engelberg-Tiltis, wo der Fahrspaß ganzjährig andauert.

Bei Hochzeiten sind die Weingläser mit den Namen der Gäste beschriftet

Was wir lieben

+ EINMAILIG Dieses schmucke Boutiquehotel mit prächtiger Aussicht steht seit 1727 im Herzen von Beckenried und birgt hunderte schöne Trouvaillen aus vergangenen Zeiten. Wer gerne stöbert, findet hier sein Paradies.

+ ZIMMER Gelungene Symbiose aus modern exklusivem Komfort, bestückt mit etlichen Dekor-Details.

+ ESSEN Im „Schlüssel" fühlt man sich sofort kuschelig wohl. Die Spezialitäten aus der Innerschweiz schmecken tadellos.

Die Boutique-Zimmer sind mit freistehenden Badewannen und großen Duschen ausgestattet

Boutique-Hotel Schlüssel

Romantische Auszeiten, liebevoll in Szene gesetzt: Für Fans von Boutique ein wahr gewordener Traum aus der Belle Époque.

Das Schmuckstück aus dem 18. Jahrhundert ist besonders für Fans der Historie, aber auch für Naturfreunde ‚the place to be'. Schon die Ankunft im 4-Sterne-Kleinod ist für Gäste ein Schlüsselerlebnis der besonderen Art: außen die charmante Fassade mit roten Fensterläden, drinnen fühlt man sich sofort zu Hause. Der Empfang ist herzlich, die Gastgeber laden vor dem Einchecken auf einen Apéro im Garten oder der Lobby. Hier werden nicht Gäste bewirtet, sondern Freunde – diese Philosophie ist nachhaltig spür- und erlebbar. Umgeben vom Vierwaldstättersee und der Berglandschaft wird schnell klar: Das Hotel ist der perfekte Ausgangsort für Urlaubsaktivitäten und kuschelige Stelldicheins.

Das kleine Hotel hebt sich wohltuend vom Größenwahn ab und begeistert mit einer geringen Zimmeranzahl. Dafür ist jedes der zwölf Boutique-Zimmer ein individueller Traum: warme Holzböden, feudale Betten, freistehende Badewannen mit Seeblick und

zur Abrundung eine nostalgische Trinkwassersäule – perfekt für Romantiker, die wie einstige Gentlemen und Ladys in einem vergangenen Jahrhundert lustwandeln wollen. Der Gruß an moderne Zeiten kommt in Form von kostenlosem WLAN und kostenlosen DVDs, die regnerische Tage mit gemeinsamen Kuschelmomenten im Zimmer versüßen.

Das historische Ambiente eignet sich natürlich hervorragend für Hochzeitsfeierlichkeiten im gemütlichen Ambiente. 70 bis 100 Gäste können im Boutique-Hotel Schlüssel verköstigt werden, die grandiose Bewirtungsstrategie nennt sich ‚Flying Dinner' und kommt allen Hochzeitsgästen zu Gute, die nicht steif in ihren Sitzen hocken bleiben möchten. In der Weinstube Musik und Tanz frönen, in der Gaststube das ruhigere Gespräch suchen – kein Problem, denn das Essen kommt in Form von Häppchen, Platten oder Süppli im Glas. Die Weingläser sind mit dem Namen der Gäste beschriftet.

Noch mehr gute Ideen hat Hotelbesitzer Dani auch in Sachen Menü: Nach einer Speisekarte wird man hier vergeblich suchen, der Chef bespricht persönlich die Menüabfolge und nimmt auf Sonderwünsche Rücksicht. Göttliche, regionale Delikatessen landen dann auf den Tellern – die Küche ist unkompliziert, wohlschmeckend und der Umgebung geschuldet – Gault&Millau vergab dafür 13 Punkte. Ob Gaststube, Jägerstübli oder Weinstube – eine gemütlich-rustikale Atmosphäre ist in allen Restaurants garantiert. Ein Geheimtipp ist die Spezereihandlung, um Olivenöl und italienische Leckereien zu besorgen.

Lage | In Beckenried, in Gehdistanz zum Vierwaldstättersee, 20 km von Luzern entfernt. 1 Stunde zum Flughafen Zürich.
Zimmer | 12 Zimmer, (20 – 60 m²)
Facilities | Gaststube, Jägerstübli, Weinstube, Spezereihandlung, Garten, Helikopterflug, Romantik-Package

Was wir lieben

+ LAGE Mitten in der Stadt, der See vor der Nase, die wunderschöne Altstadt im Rücken und die weltberühmte Kapellbrücke eine Armlänge entfernt. Besser geht nicht.

+ EINMALIG Jedes der modern ausgestatteten Zimmer erzählt eine eigene Geschichte mit den Gästen vergangener Tage wie zum Beispiel Richard Wagner, Leo Tolstoj oder Roger Moore.

+ BAR Beliebter Treffpunkt, oft sensationelle und spontane Live-Auftritte von herausragenden Musikern.

In der Schweizerhof Bar treffen sich Trendbewusste

Der glanzvolle Zeugheersaal ist die ideale Location für Märchenhochzeiten

ROMANTISCHE HOTELS

Hotel Schweizerhof Luzern

Das Lieblingshotel der Musik-Elite begeistert mit kunsthistorischem Ambiente und heißen Rhythmen. Liebespaare sind vom Zeugheersaal angetan.

Zentral in der Leuchtenstadt gelegen, in nächster Nähe zur historischen Altstadt und dem Kultur- und Kongresszentrum KKL, wurde das traditionsreiche 5-Sterne-Hotel 1845 eröffnet und wird seit 1861 und damit seit fünf Generationen von der Familie Hauser geführt. Kunsthistorisch von nationaler Bedeutung, hat sich das Haus seine ursprüngliche Architektur bewahrt und erstrahlt im Glanz des 19. Jahrhunderts. Dank der umfassenden Renovierungen besitzt es auch eine zukunftsweisende Infrastruktur.

Im Hotel Schweizerhof Luzern trifft sich die Prominenz der Musikszene, um im Sommer im Hotel aufzuspielen. Mit Stolz verweist man auf die Legenden, die hier bereits zur Gitarre gegriffen oder sich ans Klavier gesetzt haben. So stellte hier Richard Wagner 1859 den dritten Akt von Tristan und Isolde fertig, und Blueslegende B.B. King griff 2002 im prachtvollen Zeugheersaal spontan zur Gitarre. Das Haus ist auch als Festivalhotel bekannt, hier gehen Events wie das Blue Balls Festival, das Lucerne Blues Festival, das Zaubersee - Russian Music Lucerne oder das World Band Festival über die Bühne. Die jüngste Ergänzung ist The Retro Festival mit Stars der 1970er und 1980er Jahre.

Das Festival-Flair ist auch in jedem der 101 preisgekrönten Zimmer erlebbar – die Räume erzählen Anekdoten, die Schriftsteller, Musiker oder Schauspieler im Hotel Schweizerhof Luzern erlebt haben. So ist etwa zu erfahren, wie sich Hotelgäste im Jahre 1859 gegen den Lärm des komponierenden Zimmernachbarn Richard Wagner geschützt haben. Oder wie (damals noch nicht ‚Sir') Winston Churchill, 19-jährig, im Jahre 1893 vom elektrischen Licht des Hotels geschwärmt hat. Oder wie die US-Stammgäste Converse auf ihrer Heimreise im Jahre 1970 entführt und wieder freigelassen wurden. Ausgestattet mit Elementen der 101 Legenden wie Zitaten oder Schriften erhalten die Refugien so ihre unverkennbare Handschrift.

Die denkmalgeschützten Veranstaltungsräume offerieren Märchenhochzeiten im opulenten Ambiente: Der Zeugheersaal strahlt im Glanz der Neurenaissance – edler kann man nicht heiraten.

Einmal mit Deep Purple einen Cocktail schlürfen oder mit Jimmy Cliff einen Champagner trinken? Das alles kann in der Schweizerhof Bar passieren, die ist nämlich die „offizielle Bar" diverser Festivals. Hier, wo die Musik-Elite kunstvoll die Tische signierte, treffen sich Trendbewusste der ganzen Stadt. In den warmen Monaten hat man von der Sonnenterrasse aus den Vierwaldstättersee sowie die Luzerner Riviera im Blick – dolce vita at it's best!

Lage | Direkt im Zentrum der Luzerner Altstadt nahe Sites und Shopping. 65 km vom Flughafen in Zürich entfernt.
Zimmer | 76 Zimmer und 25 Suiten, (25 – 65 m²)
Facilities | 6 Seminar- und Bankettsäle, 3 Restaurants, Wellness, Kosmetik, Festivalhotel mit großem Eventprogramm

Luftkur auf 1.800 Metern im
Herzen des Engadins

Was wir lieben

+ EINMALIG Einer der
schönsten Wellness-
Tempel der Welt, vielfach
preisgekrönt.

+ SPA Schwimmen im
Spiegelbild der Berge.
Herrliche Panoramafenster
mit Blick in die Gletscher-
welt der Bernina, das
bezaubernde Val Roseg
und die umliegenden
Arven- und Lärchenwälder

+ DESIGN Der Mix
macht es aus. Die Magie
vergangener Tage gekonnt
kombiniert mit moder-
nem Luxus, einzigartigem
Service und einer
hervorragenden Küche.

Ehrwürdige Aura im alpinen
Märchenschloss

Grand Hotel Kronenhof Pontresina

Betreuung von A-Z: Hochzeitsplaner, Floristin und Chef de Cuisine sorgen für
ein entspanntes Ja-Wort. Zurücklehnen und genießen!

Das 5-Sterne-Superior-Hotel ist ein Haus mit reicher Vergangenheit und vielversprechender Zukunft. Seit 168 Jahren thront die unter Denkmalschutz stehende Grande Dame der Engadiner Hotellerie prachtvoll im Herzen von Pontresina auf 1.800 Metern Höhe. Umhüllt von einer ehrwürdigen Aura der Belle Époque, wird der Zauber eines Märchenschlosses vom traumhaften Blick auf das Val Roseg, den Roseg-Gletscher und die Gletscher der Bernina gekrönt. Seit seiner spektakulären Wiedereröffnung 2007 verbindet das Grandhotel den Charme vergangener Zeiten mit den Annehmlichkeiten des 21. Jahrhunderts. Das Haus ist eines der architektonisch bedeutendsten Alpenhotels des 19. Jahrhunderts und bietet einen unvergesslichen Rahmen für eine Traumhochzeit. Im Grand Hotel Kronenhof Pontresina zu heiraten, heißt herrschaftlich zu heiraten. Umgeben von epochaler Eleganz und romantischem Glamour, werden die Verliebten von Wedding Planner, Floristin und Chef de Cuisine bei der Umsetzung ihrer individuell gestalteten Trauung von A bis Z unterstützt, bevor sie in den prunkvoll restaurierten Räumlichkeiten zurück in die Ära des Neobarock entführt werden.

Auch das kulinarische Angebot steht der einzigartigen Kulisse in nichts nach: Der Chef de Cuisine und sein Team bezaubern mit internationaler Haute Cuisine, rustikalen regionalen Spezialitäten und französischen Gourmeterlebnissen – zu Recht mit 16 Punkten von Gault&Millau ausgezeichnet. Der Master Sommelier sorgt für die ideale Wein-Begleitung, als süße Krönung der Liebe bildet die Hochzeitstorte einen weiteren Höhepunkt des Abends: Ob klassisch oder extravagant, schokoladig oder fruchtig-leicht, der Chef Pâtissier zaubert eine herrliche Überraschung. Für romantische Entspannung nach dem ereignisreichen Tag sorgt der über 2.000 m² große Kronenhof Spa, der ein Wellness-Angebot der Extraklasse bietet – darunter Erlebnis-Bad, Sole-Grotte, Saunen und Fitnessraum. Ein Mix aus Grand-Hotel-Atmosphäre und modernem Komfort mit viel Stil, Klasse und Eleganz bestimmt auch die Gästezimmer des Grand Hotel Kronenhof Pontresina. Das perfekte romantische Refugium unter den 112 im Engadiner Patrizierhausstil eingerichteten Zimmern und Suiten findet das frisch verheiratete Paar in der Valentine Suite: In der stilvollen, 56 m² großen Maisonette umschmeicheln ein separater, von Engadiner Bergfichte bestimmter Wohn- und Schlafraum und ein offen gestaltetes Badezimmer in grauem Marmor. Der Kuschelfaktor ist hoch und wird durch bezaubernde Details wie Rosenblätter verstärkt.

Lage | Zentral in Pontresina auf 1.800 M.ü.M. im Engadin, 6 km nach St. Moritz. Flughafen Zürich-Kloten: 220 km
Zimmer | 112 Zimmer und Suiten, (27 – 74 m²)
Facilities | 2000 m² Spa, Private Spa Suite, Private Dining, Kinderbetreuung, Banketträume, Seminarräume

Traumhochzeiten, wo
einst die Aristokraten
residierten

Villa Principe Leopoldo Lugano

Blühende Gärten, ‚Ja' hauchen, den Blick über den Luganosee schweifen lassen: Für Brautpaare ist die Villa Principe die perfekte Wahl.

D ie einstige Privatresidenz des Adels wird heute von Pärchen frequentiert, die sich im 5-Sterne-Haus der Romantik hingeben wollen. Umgeben von einer üppigen Parkanlage, thront die ehemalige Prinzen-Residenz der Hohenzollern am Collina d'Oro majestätisch über Lugano und beeindruckt mit einer harmonischen Mischung aus italienischem Charme und Schweizer Exzellenz. Das geschichtsträchtige, im Stil der Postmoderne gestaltete Hauptgebäude des 5-Sterne-Boutiquehotels – die Villa – ist einer der elegantesten Hotelkomplexe in Lugano und macht es einem leicht, sich inmitten traumhafter, unberührter Natur in den Wundern luxuriöser Gastlichkeit zu verlieren.

Die prunkvollen Säle, großzügigen Terrassen und blühenden Gärten der Villa Principe Leopoldo bilden den perfekten Rahmen für eine romantische Traumhochzeit, deren Planung und Ausrichtung durch das Personal umfassend unterstützt wird – sogar Künstler für die Rahmenunterhaltung stehen zur Verfügung. An

Prunkvolle Säle, großzügige Terrassen

Was wir lieben

+ EINMALIG Die gediegene Villa oberhalb Luganos diente einst als Privatresidenz des Schwagers von Kaiser Wilhelm.

+ LAGE Von der Collina d'Oro, dem goldenen Hügel, ist die Aussicht auf Lugano traumhaft.

+ ESSEN Dario Ranzas eigenwillige Küche ist hervorragend. Seit bald drei Jahrzehnten verwöhnt der mit 17 Gault&Millau-Punkten ausgezeichnete Chef auch eine Stammkundschaft, die seine Kreationen schätzt..

Helles, antikes Mobiliar in den Suiten

seinem großen Tag wird das Brautpaar bereits vor der eigentlichen Zeremonie mit luxuriösen Arrangements rundum verwöhnt: Die persönliche Hochzeitsbetreuung kümmert sich um jedes kleine Detail, während im exklusiven DOT.Spa individuelle Beauty-Angebote für die strahlende Schönheit der Verliebten sorgen. Unvergesslich ist beispielsweise das Paket ‚Two of us' im Private Spa, das mit Peeling und Entspannungsmassage die Liebe zueinander noch vertieft. Danach folgt im bezaubernden Park oder auf der Panoramaterrasse eine unvergessliche Trauung in prunkvollem Ambiente.

Nach dem Jawort laden die elegant gehaltenen Säle der Villa Principe Leopoldo zum Festschmaus mit Panoramablick. In einem eleganten Ambiente und mit Silberbesteck und antiken Orientteppichen serviert Chefkoch Dario Ranza im Principe Leopoldo Restaurant mit seinem eingespielten Team seit 27 Jahren köstliche Speisen. Gault&Millau vergab für seine Kochkunst 17 Punkte. Zusammen mit der überwältigenden Aussicht auf den See und die blühenden

Gärten der Villa gerät so jede Hochzeit tatsächlich zum Traum aus 1001er Nacht.

Und auch nach den romantischen Feierlichkeiten wartet noch ein Highlight auf das frischgebackene Ehepaar: Als besondere Aufmerksamkeit bietet die Hochzeitsnacht in einer luxuriösen, mit hellem, antikem Mobiliar eingerichteten Junior Suite einen perfekten Einstand.

Lage | Am goldenen Hügel oberhalb von Lugano im Tessin. Flughafen Lugano-Agno, 4 km.
Zimmer | 37 Suiten, (45 – 75 m²)
Facilities | beheizte Außenpools, Tennisplätze, Fitness, Personal Trainer, 6 Veranstaltungssäle, Babysitter, Hochzeitszeremonie im Park

Schnell-mal-weg-Tipp
Nur ein Ölgemälde weit vom Hotel entfernt befindet sich das Kulturzentrum LAC Lugano Arte e Cultura, das mit wechselnden Ausstellungen den Kunstsinn verfeinert. Außerdem widmet sich das Museum auch der Darstellung- und Bühnenkunst sowie der Musik und begeistert mit Theatervorstellungen, Tanz und Konzertreihen. Der Konzertsaal ist komplett mit Holz verschalt und beherbergt 1.000 Sitzplätze.

Orselina ist ein beschauliches Dorf
in den Hügeln über Locarno

Was wir lieben

+ LAGE Orselina ist ein
kleines Dorf in den Hügeln
über Locarno. Hoch
am Hang mit schönster
Fernsicht auf den Lago
Maggiore.

+ DESIGN Perfekte
Symbiose aus Tradition,
zeitlosem Luxus und
einem exklusiven
mediterranen Ambiente.

+ ESSEN Inspiriert von
einer modernen Interpre-
tation der italienischen
Kochkunst zaubert Pietro
Cucco im "Il Ristorante"
meisterhaft ein Feuerwerk
südlicher Aromen.

Il Ristorante di Villa Orselina überzeugt mit einer feinen Küche und exklusiven Weinen

Villa Orselina

Entspannend, atemberaubend, ausgezeichnet: Die Villa Orselina
versprüht Tessiner Charme wie ein exklusives Parfum. Für Brautpaare ein Ja-Sager!

Passt für Hochzeiten wie Cinderella in den verlorenen Schuh: Das 5-Sterne-Boutiquehotel ist schon allein aufgrund der Lage eine Top-Destination für Romantiker. Das Hotel liegt auf leicht erhöhter Lage im entzückenden Dorf Orselina mit einer unvergleichlichen Aussicht auf den Lago Maggiore. Fern vom Lärm und doch nur wenige Minuten von der bezaubernden Altstadt Locarnos entfernt, trennen den Gast nur 50 Meter von der Seilbahn Cardada, die noch mehr Panorama offenbart und von Mario Botta designt wurde. Ebenfalls in unmittelbarer Nähe befindet sich der Wallfahrtsort Madonna del Sasso für die stille Einkehr vor dem rauschenden Fest. Also wahrlich optimale Voraussetzungen für eine Traumhochzeit. In der Villa Orselina stehen 28 großzügig gestaltete Zimmer und Suiten bereit, die mit ihrer individuellen Gestaltung und dem grandiosen Panoramablick auf den See begeistern. In zarten Farbtönen gehalten, verwöhnen die Räume mit integrierten Säulen,

Kaminen und Marmor-Badezimmern. Auch das Wellness- und Sportangebot kann sich sehen lassen: Fitnessraum und Tennisplatz gesellen sich zum herrlichen Außenpool, wo sich das Blau des Himmels im Blau des Wassers spiegelt und gemeinsam mit dem Blick auf den See und die Berge die romantische Einstimmung auf ein gemeinsames Leben bilden. Noch mehr Entspannung findet man in der Indoor-Badewelt und der Saunalandschaft.

Das gesamte Gebäude strahlt ein Ambiente der Eleganz und Exklusivität aus – in der Villa Orselina wird der Traum einer außergewöhnlichen Hochzeit Wirklichkeit. Im zauberhaft anmutenden Garten genießt die Hochzeitsgesellschaft einen köstlichen Aperitif und die traumhafte Atmosphäre: ‚dolce far niente', Lago Maggiore, perfetto! Im großen Bankettraum wird anschließend in luxuriösem und privatem Rahmen ein delikates 5-Gänge-Menü serviert, das die Feier zum unvergesslichen Erlebnis werden lässt. Kleinere Gesellschaften werden im Panoramarestaurant Il Ristorante di Villa Orselina verwöhnt, welches erstklassige mediterrane Küche mit lokalen Einflüssen serviert – begleitet vom passenden Tropfen aus dem erlesenen Weinkeller. Idyllisch in den subtropischen Garten eingebettet und direkt am Pool gelegen, locken im La Pergola italienische Delikatessen und Grillspezialitäten. Ein Besuch der modernen und gemütlichen Panorama-Lounge & Bar verspricht den perfekten Ausklang nach den Festivitäten: Hier warten Snacks, Eisvariationen und Cocktails am offen Kamin – ein idealer Einstand.

Lage | Wenige Minuten von der Altstadt Orselina oberhalb des Lago Maggiore bei der Seilbahn. Flughafen Mailand: 130 km
Zimmer | 28 Zimmer und Suiten, (25 – 135 m²)
Facilities | Panorama-Lounge, Pool, Wellness, Tennisplatz, Konferenzräume, Bietträume

Was wir lieben

+ TERRASSE Die „Sky Terrace" bietet eine 360°-Panoramasicht über das UNESCO Weltkulturerbe Bern und auf die Kuppel des Bundeshauses, dem Herzen der Schweizer Demokratie.

+ ZIMMER Die 120 m² große elegante Presidential Suite offenbart einen Blick ins geschäftige Berner Stadtzentrum.

+ ESSEN Obwohl in der Brasserie „Jack's ausschließlich eine feine französische Küche zelebriert wird, gibt's in dieser romantischen Bilderbuch-Brasserie das stadtbeste Wienerschnitzel. Serviert wird dennoch auf Berndeutsch: „E Guete!"

In der Schweizerhof-Bar werden Drinks und Weltliteratur serviert

Französischer Charme und englisches Understatement durchwehen die ehrwürdigen Hallen

Hotel Schweizerhof Bern & THE SPA

Ein hauseigenes Orchester, ein denkmalgeschützter Ballsaal und ein Luxus-Spa sind im Traditionshaus die Wegbegleiter zur trauten Zweisamkeit.

Mit seiner 150-jährigen Geschichte ist das 5-Sterne-Superior-Haus das traditionsreichste Hotel in Bern – in zentraler Lage. Die einzigartige Altstadt und alle wichtigen Sehenswürdigkeiten befinden sich um die Ecke. Stars wie Sir Peter Ustinov, Grace Kelly oder Albert Schweitzer beehrten die ehrwürdigen Hallen bereits mit ihrer Präsenz. Auch Brautpaare werden ganz nach ihren Wünschen empfangen. Im Zuge des umfassenden Umbaus 2011 wurde die Innenarchitektur des Hauses den modernen Zeiten angepasst, aber auch mit viel Liebe zum Detail auf die Tradition verwiesen – die Kristallluster, die reich verzierten Arbeitstische oder der Kamin sind klassizistische Zeitzeugen und bilden einen charmanten Kontrast zur technisch raffinierten Ausstattung. Das Ergebnis der Frischzellenkur ist ein stimmiges Gesamtbild im Spannungsfeld von Tradition und Moderne. Die ganze Größe des historischen Ambientes entfaltet sich auf der 800 m² großen Bel Etage, auf der schon seit

Anbeginn renommierte Persönlichkeiten ihre Feste zelebrieren. Das Herzstück ist der 350 m² große Salon Trianon, der ein atemberaubendes Gefühl vermittelt: Der Ballsaal bietet mit Deckenstuckaturen, imposanten Marmorsäulen und ehrwürdigen Kronleuchtern den Rahmen für eine unvergessliche Feier. Der Saal verfügt über Tageslicht, einen separaten Eingangsbereich und ist mit moderner technischer Infrastruktur ausgestattet – hier wird eine romantische Hochzeit für bis zu 190 Personen Wirklichkeit.

Das Brautpaar kann sich in der Hochzeitsnacht kostenlos in einer der luxuriösen Junior Suiten entfalten. Hier werden die Gäste von einer Mischung aus französischem Charme und englischem Understatement empfangen. Für Entspannung sorgt THE SPA: Der einzige luxuriöse Spa der Stadt Bern zählt zum illustren Kreis der Leading Spas und vereint in harmonischer Atmosphäre auf 500 m² Fläche Verwöhn-Pool mit Sprudelliegen und Massagedüsen, Finnische Sauna, Hamam, Erlebnisduschen und Ruheraum.

Lage | Im Zentrum von Bern, direkt beim Bahnhof, Sights und Altstadt in Gehweite. Flughafen Bern-Belp: 10 km
Zimmer | 99 Zimmer und Suiten, (28 – 120 m²)
Facilities | Sky Terrace, Cigar Lounge, Brasserie, 800 m² Ballsaal, Seminarräume, Florist, THE SPA, Pool, Sauna, Hamam

Was wir lieben

+ SPA Beeindruckende Architektur aus kraftvollem Quarzit. Der 2.800 m² große Spa lässt keine Wünsche offen. Der Innenpool im Glaspavillon ist besonders schön, wenn es draußen schneit. Im Sommer lockt ein romantischer Naturteich.

+ EINMALIG Der Ballsaal im Jugendstilpavillon inmitten der zauberhaft angelegten Parkanlage ist eine Klasse für sich.

+ ESSEN Gleich vier ausgezeichnete Restaurants stehen in großartigem Ambiente zur Auswahl.

Weiches Bergquellwasser im Naturschwimmteich

ROMANTISCHE HOTELS

Waldhaus Flims

1.100 Meter über dem Meer sprüht die Romantik Funken: Das Waldhaus ist ein Kleinod der Belle Époque. Hier sagen Hochzeitspaare stilsicher „Ja".

Atempause vom Heiratsstress: In luftiger Höhe wirkt das Klima besonders beruhigend auf Puls und Herz. Seit 1877 thront das Traditionshaus über der Bündner Bergwelt und vereint ein Stück Kunstgeschichte mit Schweizer Hotelgeschichte. Der Aufstieg in den illustren Kreis der „Leading Hotels of the World" war nur eine Frage der Zeit. Das 5-Sterne-Superior-Hotel bietet seinen Gästen Romantik, Luxus und Wellness in ihrer natürlichsten Vielfalt – inmitten des größten Hotelparks der Schweiz.

In Schmaus und Braus dinieren und dabei noch ein Stück spannende Hotelgeschichte erfahren: Das Waldhaus Flims bietet Fans von Kultur und Kulinarik im Hotelmuseum ein Dinner der Extraklasse – Belle Époque und petites histoires inklusive. Nach dem mehrgängigen Menü sollte man einen Blick in die Wandelgänge werfen – hier glitzert die ausladende Kristallsammlung mit den schneebedeckten Gipfeln der Signina-Berggruppe um die Wette.

Im Mai 2014 war das Waldhaus Flims gar Hauptdrehort für „YOUTH – La Giovinezza", einem Film von Oscar-Gewinner Paolo Sorrentino. Stars wie Michael Caine, Harvey Keitel, Rachel Weisz oder Jane Fonda gaben sich hier die Klinke in die Hand.

Wer es noch exklusiver haben möchte, bucht gleich das gesamte Hotel für die Hochzeit. Um den großen Rahmen etwas übersichtlicher zu gestalten, können auch erfahrene Eventplaner eingesetzt werden. Das Restaurant The Grand vereint Gemütlichkeit mit architektonischen und kulinarischen Leckerbissen aus aller Welt. Besonders wirkungsvoll ist das Gourmetrestaurant Epoca, in dem zum edlen Stilmix Holz-Glas-Chrom die bewährte Mischung Regional und Saisonal serviert wird. Nicht minder beeindruckend: Der 2.800 m² große Wellnessbereich rückt dem Stress des Alltags mit Innenpool – im Glaskubus mit Aussicht – beheiztem Außenerlebnisbad, Erdsauna und Bioschwimmteich mit Bachlauf zu Leibe.

Lage | Auf 1.100 M.ü.M. nahe des Caumasees. Zürich: 1,5 Autostunden, Zürich-Kloten: 140 km
Zimmer | 152 Zimmer und Suiten, (26 – 250 m²)
Facilities | 4 Restaurants, Spa, Hochzeitsplaner, über 10 Veranstaltungs- und Banketträume, Standesamtliche Trauung

Queensize-Bett und freistehende Badewanne in der Silvana Suite

Was wir lieben

+ LAGE Atemberaubend in unmittelbarer Nähe zum märchenhaften Caumasee mit seinem türkisfarbenen kristallklaren Wasser.

+ ESSEN Gediegen elegant. Wohl den schönsten Ausblick liefert die Jugendstilveranda.

+ SPORT Flims hat alles, was es zu einem perfekten Winterurlaub braucht. Im Sommer eine der wunderschönsten Wandergegenden.

Schon Albert Einstein und Marie Curie verbrachten hier ihre Sommerfrische

Schweizerhof Flims, Romantik Hotel

Sie haben die Wahl: romantische Kirche oder Ja-Wort in der Gondelbahn?
Rafting-Tour oder Kutschenfahrt? Der Schweizerhof macht's möglich.

Im 1903 erbauten 4-Sterne-Hotel vereinen sich Fin de Siècle, Belle Époque und Jugendstil zu einem romantischen Crescendo. Schon Albert Einstein, Kaiserin Zita und Marie Curie nutzten das Haus für ihre Sommerfrische. Im Sommer warten Naturspektakel wie das imposante UNESCO-Weltnaturerbe Tektonikarena Sardona, im Winter begeistern 235 Pistenkilometer und herrliche Winterwanderwege – und zu jeder Jahreszeit lockt das Versprechen einer wahr gewordenen Traumhochzeit.

Zur Trauung stehen romantische Kirchen oder das Standesamt in einem kleinen Schloss mit malerischem Garten bereit. Herrlich verträumt liegt die Kirche St. Remigius in Falera: Hoch über der Surselva eröffnet sich von dort aus eine weite Sicht ins Tal über den Rhein und die Bündner Berge. Sie möchten sich das Ja-Wort erhabener geben? Dann heiraten Sie in der modernen Gondelbahn auf dem Weg von Laax zum Crap Sogn Gion auf 2.228 Metern Höhe: Begleitet von traumhafter Aussicht fährt man in den Sonnenuntergang und schließt einen unvergesslichen Bund fürs Leben in luftiger Höhe. Auf Wunsch werden am Berg oder zurück im Tal Apéro, Nachtessen und weitere Festivitäten organisiert.

Die Umgebung des Schweizerhof Flims, Romantik Hotel, bietet bei der Hochzeit ein abwechslungsreiches Rahmenprogramm: Direkt vor der Haustür liegt der Caumasee, der mit seiner einmalig grün-blauen Farbe besticht. Wie wäre es also mit einer Ruderbootfahrt zur einsamen Insel? Oder doch lieber eine romantische Kutschenfahrt durch den Flimserwald zur Rheinschlucht, dem Grand Canyon der Schweiz? Für abenteuerlustige Hochzeitspaare empfiehlt sich eine rasante River Rafting Tour auf dem Rhein. Das Paar kann seiner Phantasie freien Lauf lassen – das Romantik-Hotel hilft gerne bei der Organisation des Rahmenprogramms.

Den perfekten Schmaus nach dem Eheversprechen serviert das hauseigene Restaurant Belle Époque. In bezauberndem Fin de Siècle-Ambiente mit Murano-Leuchter an der Decke und farbigen Glaselementen, die für faszinierende Lichtspiele sorgen, werden bis zu 100 Gäste mit erlesenen Delikatessen verwöhnt. Michael Locher und sein Küchenteam sorgen für das leibliche Wohl, helfen bei der Zusammenstellung und Auswahl des Festmenüs und gehen auf individuelle Wünsche ein. Das Highlight in den warmen Monaten sind die Jugendstil-Veranda und der malerische Garten mit Springbrunnen. Nach den Feierlichkeiten empfiehlt sich noch ein Schlummertrunk an der Bar, bevor das erschöpfte Paar in die Kissen eines der 48 Zimmer und Suiten sinkt. Unser Tipp: Das große Erkerzimmer Turm Deluxe mit seiner herrlichen Panoramasicht auf die Berge – hier wird die Hochzeitsnacht wahrlich zur Nacht der Nächte.

Lage | In Flims Waldhaus, der Flughafen Friedrichshafen ist 147 km entfernt
Zimmer | 48 Zimmer und Suiten, (13 – 35 m²)
Facilities | Gartenlounge, historisches Separeé, Dinner mit Privatbutler, Ziviltrauungen, Bankettträume, Wellness & Yoga

„Eine wirklich gelungene Renovation, ohne kitschigen Alpenchic, aber edel-alpin und sehr gemütlich! Die Eckbank mit rundem Tisch und Stuhl hat mir in meinem Zimmer besonders gefallen – und natürlich der Balkon mit Aussicht auf Saanen, Gstaad und die Berge."

INGE JUCKER (REISEJOURNALISTIN, AUTORIN UND BLOGGERIN)

Was wir lieben

+ ZIMMER Edel, modern, zeitlos. In den geschmackvoll eingerichteten Zimmern fühlt man sich sofort wie zu Hause, einfach noch besser.

+ EINMALIG Eigenes Käsechalet vor dem Huus (Haus) das Hüüsli. Hier dreht sich alles um regionale Käseprodukte. Zudem werden ein ausgezeichnetes Fondue und Raclette serviert

+ BAR Die Bar ist nicht nur optisch ein Hingucker. Tolle Whisky- und Gin Sammlung.

HUUS Hotel Gstaad

Eingebettet zwischen den thronenden Gipfeln der Berner Alpen liegt das HUUS Hotel Gstaad an einem sonnenverwöhnten Hügel des Nobelortes.

Das Motto ist klar definiert: „Sympathisch, bodenständig, mit einem Hauch von Luxus – das ist unser Stil. Huus bedeutet „Haus" oder „Zuhause", das heißt, wir möchten, dass sich unsere Gäste vom ersten Moment an in unserer alpinen Urlaubsoase wie zu Hause fühlen."

Der Kontakt mit der Natur ist allgegenwärtig, nicht nur, wenn man aus dem Fenster auf die Schweizer Alpen blickt. Im ganzen Haus dominieren dunkle, erdige Farben, die aber keinesfalls erdrückend wirken, sondern gemütlich, kuschelig und heimelig. Ein wenig erinnert das Ambiente bisweilen an einen englischen Club. Die Chalet-Romantik wird in den Zimmern und Suiten noch potenziert: Natürliche Stoffe, Boxspringbetten und extra für das Hotel entworfenes Inventar verwöhnen das Auge und wiegen den Gast in einen erholsamen Schlaf. Dafür sorgt auch der traumhafte Ausblick auf die Landschaft: Die Berner Alpen stehen als Wächter der Entspannung in unmittelbarer Reichweite. Hier ist man goldrichtig, um eine romantische Hochzeitsfeier in atemberaubender Naturkulisse zu begehen. Blühende Wiesen oder weicher Schnee, der zum Hochzeitskleid paßt wie Frau Holle zu ausgeschüttelten Kissen – das Rundherum alleine ist die Anreise wert. Zusätzlich verwöhnt werden Braut und Bräutigam von einem perfekt geschulten Team aus Eventplanern, während Hochzeitsfotografen den großen Tag perfekt ins Bild setzen. Die passenden Geschmacksexplosionen aus der Küche verstärken die prickelnden Gefühle, die beim Blick auf die Alpen aufkommen. Die kann man nicht nur sehen, sondern selbstverständlich auch erleben: Hochzeitspaaren wird ein ‚Abenteuer inklusive'-Paket angeboten, das ihren Adrenalinspiegel testet, bevor die geruhsame Zeit zu zweit beginnt. Der Berg-Concierge weiß die Details, zu buchen sind etwa

Skitouren, Heißluftballon-Fahrten oder Canyoning. Nach einem Tag in freier Wildbahn lässt es sich befreit schmausen: Das La Vue offeriert Köstlichkeiten aus der Alpenregion. Im HUUS Gstaad Restaurant wird man mit einem großartigen Frühstück verwöhnt und an der Bar passt sowieso alles. Im Stollen werden Tapas serviert, und im HÜÜSLI dreht sich alles um Käse – in Form von Fondue oder Raclette. Und selbst die Kleinsten freuen sich schon über ein eigenes HUUS Kids Restaurant.

Traditonelles aus der Alpenregion im La Vue

Die geräumigen Doppelzimmer sind perfekt für reisefreudige Paare

Lage | In Gstaad, 1050 m.ü.M. im Berner Oberland. Der Flughafen Bern ist 76 km weit entfernt.
Zimmer | 136 Zimmer und Suiten, (18 – 61 m²)
Facilities | 3 Restaurants, ein Kinderrestaurant, sieben Tagungsräume, Hochzeitsplaner, Berg-Concierge

„Das ist das einzige Hotel auf der Welt, in dem ich nachts um 1 Uhr meine Hosen zum Bügeln und mein Hemd zum Waschen geben kann und schon zwei Stunden später ist alles fertig."

HENRY KISSINGER (EHEMALIGER US-AUSSENMINISTER)

Kunst von Ikonen –
Andy Warhol
lässt grüßen

Was wir lieben

+ ARCHITEKTUR
Stararchitekt Sir Norman Foster ist hier das Cityresort von Weltklasse meisterlich gelungen.

+ SPA 4.000 m²
Luxus pur, und das im zwinglianischen Zürich. Eine einzigartige Oase der Ruhe mit grandiosem Blick auf Stadt und See.

+ ESSEN Die Fantasie und Kreativität von Heiko Nieder kennen keine Grenzen. Dafür wurde der Deutsche mit 2 Michelin-Sternen und dem Titel „Schweizer Koch des Jahres 2017" belohnt. Das Restaurant Saltz wurde von Künstler Rolf Sachs gestaltet.

Im Spa werden auch Schwimmtechnik-Workshops angeboten

The Dolder Grand

A Wedding at the Grand bietet absolute Perfektion auf allen Ebenen:
Limousine, Galadinner, Hairstylist – alles vom Feinsten.

In privilegierter Lage mit Panoramablick auf Zürich, den See und die Alpen gelegen, blickt das 5-Sterne-Deluxe-Grandhotel auf mehr als 100 Jahre Historie zurück. Das ehemalige Curhaus von 1899 präsentiert sich heute als Hotel der Extraklasse, das Tradition mit modernem Zeitgeist vereint und schon so illustre Gäste wie Winston Churchill oder Michael Jackson begeisterte. Neben der Kunstsammlung – die mehr als 100 Werke von Ikonen wie Andy Warhol oder Salvador Dalí umfasst – sind hier auch die Hochzeiten extravagant.

A Wedding at the Grand – mit diesem Angebot hat The Dolder Grand für den schönsten Tag des Lebens das perfekte Gesamtpaket zusammengestellt. Die Hochzeitsplaner wissen dabei ganz genau, worauf es ankommt: absolute Perfektion und umfassende Unterstützung. Die beginnt nicht erst beim exklusiven 4-gängigen Galadinner, sondern schon vor der Trauung: Seien es Dekoration, Catering oder Limousinen-Transfers – für alles wird gesorgt. Unser Tipp, um am großen Tag einen ebenso großen Auftritt hinzulegen:

Das Wedding Spa Special. Die Braut freut sich über eine exklusive Brautfrisur und ein Braut-Make-up gemäß ihren Wünschen, dem Bräutigam wird mit perfekter Frisur und dezenter Beautybehandlung der letzte Schliff verliehen. Für den gediegenen Hochzeitsempfang empfiehlt sich der 400 m² große ovale Ballroom: Das imposante Kuppeldach lässt sich in unterschiedlichen Farben beleuchten, der Parkettboden lädt zu rauschenden Ballnächten ein und die mit Alcantara ausgekleideten Wände sorgen für eine exzellente Akustik. Das Foyer bietet Platz für den entsprechenden Empfang, der auch auf die zugehörige Terrasse ausgedehnt werden kann.

Kamin, Sauna, Aussicht auf die Berge, die Stadt und den See – alle Zimmer und Suiten im The Dolder Grand eignen sich perfekt für gelungene Flitterwochen. Einige der Räume laden zu einer Zeitreise ein – von Klassik bis Rock 'n' Roll, von skulpturaler Eleganz bis Cinecittà: Die Top Suiten in den oberen Etagen wurden bei ihrer Gestaltung von den Rolling Stones oder Herbert von Karajan inspiriert.

Lage | Wenige Minuten vom Zentrum Zürichs. Flughafen Zürich-Kloten: 14 km
Zimmer | 56 Zimmer und 60 Suiten, (34 – 390 m²)
Facilities | Butlerservice, 400 m² Ballroom, Hairstylist, Eventplanung, Gourmetküche, 4.000 m² Spa, Limousinenservice, Autoverleih

Von der Queen Victoria-Suite sieht man direkt auf Luzern und den Vierwaldstättersee

Was wir lieben

+ LAGE Das 1888 im Stil eines Märchenschlosses errichtete Hotel gehört zu den Wahrzeichen Luzerns und hat den allerschönsten Blick auf das Seebecken und die Alpen.

+ EINMALIG Eine eigene Mini-Standseilbahn befördert die Gäste von Luzerns Hausberg direkt in die Stadt.

+ ESSEN Das elegante Restaurant versprüht vor allem abends mit allerschönstem Blick auf die Leuchtenstadt pure Romantik.

Ursprünglich war das Schloss
an Neuschwanstein angelehnt

Château Gütsch

Fröhliches Herzklopfen für zwei Personen: Am besten Platz der Stadt begeistert
das Boutiquehotel mit Geschichte und illustren Hochzeitslocations.

Das im Mai 2014 wieder eröffnete 4-Sterne-Hotel verzaubert den Gast bereits bei der Ankunft mit einer extra Portion Historien-Charme, der Romantikern auf halbem Weg entgegen kommt. Die andere Hälfte kommt in Form von spektakulären Panoramablicken über die Altstadt von Luzern, den Vierwaldstätter See und die Berge.

Ursprünglich an das Schloss Neuschwanstein angelehnt, legte Designer Martyn Lawrence Bullard bei der Renovierung dieses Prachtstücks aus der Belle Époque viel Wert auf die gediegene Farbgestaltung der großzügigen Räumlichkeiten, gleichzeitig faszinieren Details wie der Deckenstuck und das wunderschöne Parkett. Und die Lage? Auf dem gleichnamigen Hügel, aber dennoch nah am Zentrum – eine kurze Anreise für Hochzeitsgäste aus der Stadt.

Das Château Gütsch verfügt über 27 epochale Zimmer und Suiten. Beim Betreten fällt das Augenmerk auf das individuelle Design der Räume, vor allem die Mischung aus verschiedenen traditionellen, lokalen Farbnuancen und Mustern vermitteln eine luxuriöse Einzigartigkeit. Gepolsterte Himmelbetten, schmiedeeiserne Doppelbetten oder mit feinstem Leinen bezogene französische Schlittenbetten aus den Zeiten von Louis XVI. sorgen für ein exklusives Schlaferlebnis. Das Highlight ist die pompöse Queen-Victoria-Suite, die mit antikem Himmelbett und freistehender Badewanne, gemalten Tapeten sowie einer großzügigen Terrasse begeistert, die vom höchsten Punkt des Schlosses einen unvergleichlichen Panoramablick auf die gesamte Umgebung garantiert.

Das hauseigene Restaurant Château Gütsch kredenzt seit über 120 Jahren eine leichte mediterrane und regionale Küche. Dabei kann man zwischen dem außergewöhnlichen Ambiente im Inneren, der oberhalb des Restaurants gelegenen Galerie und der wunderschönen Sonnenterrasse mit herrlichem Ausblick wählen. Ein Abstecher in die Gütsch Bar ist schon wegen des in preußisch-blau gehaltenen Raumes und seiner mit Blattgold veredelter Decke empfehlenswert.

Der in Blassblau getauchte Rittersaal und der unterteilbare Panoramasaal bieten die Möglichkeit, in extravagantem Rahmen Hochzeiten und Veranstaltungen auszurichten. 45 bis 80 Hochzeitsgäste finden in den beiden Räumlichkeiten Platz, wer noch mehr liebe Gesichter um sich scharen möchte, mietet das Restaurant und schafft Raum für bis zu 110 Personen. Perfekt abgestimmt auf den Gusto des Paares ist das Hochzeitsmenü – dafür sorgen die Eventplaner des Hotels.

Lage | Zwar am Hügel Gütsch, aber dennoch nicht weit von der Luzerner Altstadt entfernt. In Reichweite liegt das Natur-Museum.
Zimmer | 27 Zimmer und Suiten, (24 – 73 m²)
Facilities | Garten/Park, 2 Veranstaltungsräume, 1 Restaurant, Romantik-Zimmer, Lesezimmer

Wellness Hotels

An der Quelle des Wohlbefindens: Wellnesshotels verjagen in Windeseile jeden Alltagsstress und führen sanft zur inneren Mitte zurück.

In der großzügigen
Wellnesslandschaft bleiben
keine Wünsche offen

Grand Resort Bad Ragaz

Das Grand Resort Bad Ragaz versetzt seine
Gäste mittels eigener Thermalquelle in einen
36,5 Grad warmen Zustand der völligen
Entspannung.

Die Erfolgsgeschichte des vielfach aus-
gezeichneten Grand Resort Bad Ragaz
begann 1242 mit der Entdeckung einer
Thermalquelle in der Taminaschlucht – die
wohltuende Wirkung des weltberühmten
Thermalwassers bildet bis heute die Grundlage von
Europas führendem Wellbeing & Medical Health
Resort. Inmitten einer wildromantischen Bergwelt
erlebt man eine abwechslungsreiche Kombination aus
Luxushotellerie, Wellbeing und Medizin auf höchstem
Niveau - ergänzt von einem reichhaltigen Angebot an
Sport, Kulinarik und Kultur.

Das Herzstück des 5-Sterne-Resorts bildet die vielfach
ausgezeichnete Wellnesslandschaft: Bestehend aus
dem 36.5° Wellbeing & Thermal Spa und der zum
Resort gehörenden Tamina Therme umfasst diese
Oase der Revitalisierung europaweit nahezu konkur-
renzlose 12.800 Quadratmeter und zählt zu Recht
zum illustren Kreis der „Leading Spas of the World".
Hier wird Wellness als Wellbeing – ganzheitliches
Wohlbefinden – neu definiert. In der großen, stilvollen
Wasserwelt tauchen die Gäste in das wohltuende
Ragazer Thermalwasser ein, dessen Heilwirkung
Paracelsus bereits im 16. Jahrhundert bestätigt hat.
Zusätzliche Erholung bietet die großzügige Sauna-
landschaft mit dem weltweit ersten Kräuterdampfbad
mit Swarovski-Kristallen. Für Abkühlung sorgt das

Was wir lieben

+ ESSEN Starkoch Andreas Caminada begeistert Gourmets im IGNIV mit 1 Michelin-Stern.

+ SPA Mit 12.800 m² zu Recht eines der „Leading Spas of the World". Wer es extravagant und ungestört liebt, genießt im Private Spa den Luxus vollkommener Privatsphäre.

+ SPORT Als einziges Hotel der Schweiz verfügt es über zwei eigene Golfplätze.

Im Private Spa lässt sich der Luxus ganz ungestört genießen

farbumspielte Tauchbecken, Ruhe findet man in der traumhaften Wintergarten-Lounge. Ergänzt wird das erstklassige Angebot durch Massagen, Wellness- und Beautybehandlungen, ein eigenes Spa-Menü für Kinder und das international renommierte Medizinische Zentrum für Diagnostik, Prävention, Therapie und Rehabilitation.

Wer es extravagant und ungestört liebt, genießt im Private Spa den Luxus vollkommener Privatsphäre: Auf 100 m² lassen eine Whirlwanne, eine Sauna mit Champagner-Cooler, ein Dampfbad, eine Erlebnisdusche, eine Entspannungslounge, ein Home Cinema, ein eigener Treatment- und Dining-Bereich sowie eine Gartenterrasse keine Wünsche offen. Und auch Sportbegeisterte kommen voll auf ihre Kosten: Von Wandern und Nordic Walking über Reiten, Deltasegeln und Abenteuer-Trekking bis hin zu Winterwanderungen und Skifahren werden alle Ansprüche bedient. Fans der motorisierten Fortbewegung freuen sich über die im Zimmerpreis enthaltenen Harley-Davidson-Motorräder oder einen Porsche. Und noch

ein Highlight: Das Grand Resort Bad Ragaz verfügt als einziges Hotel der Schweiz über zwei eigene Golfplätze, die das Herz jedes Golfers einen Schlag aussetzen lassen.

Für die kulinarische Stärkung sorgen insgesamt sieben Restaurants, in denen man sich auf eine von Gault&Millau ausgezeichnete kulinarische Weltreise begibt, die einen in alle geschmacklichen Himmelrichtungen entführt – vom Bison aus Kanada über Sushi aus Japan bis hin zum Zander aus dem Bodensee. Das Juwel des 5-Sterne-Resorts ist das IGNIV by Andreas Caminada, das mit dem erfrischenden und jungen Konzept einer hochstehenden und produktnahen Küche mit Sharing Dishes begeistert. Weitere Höhepunkte bieten das Restaurant Bel-Air mit seiner internationalen Spa Cuisine und japanischen Küche und das Restaurant Namun, das mit thailändischen und chinesischen Kreationen nach Fernost entführt. Im Golf Restaurant verwöhnt Robert Hubmann den Gaumen mit hochwertigen saisonalen Gerichten auf höchst kreative Weise.

Lage | In der Region von Bad Ragaz. Der Flughafen Zürich-Kloten ist 110 km entfernt.
Zimmer | 267 Zimmer und Suiten, (35 - 600 m²)
Facilities | 7 Restaurants mit 1 Michelin-Stern und insgesamt 58 Gault&Millau-Punkten, Seminarangebot, 12.800 m² Spa

Schnell-mal-weg-Tipp

Passend zum Thema sind auch die Ausflugstipps nahe am Wasser gebaut: In der Tamina Quellschlucht können Besucher die Kraft des Wassers hautnah erleben. Ein 450 Meter langer Weg führt über einen Stollen ins Felseninnere, am Thermalwasserbrunnen vorbei bis zur Quellwasser-Grotte. Ebenfalls empfehlenswert ist der Chapfensee oberhalb von Mels, der an die Rocky Mountains erinnert und ein Paradies für Biker und Wanderer ist.

Das Traditionshaus am Genfer
See ist in einen vier Hektar großen
Park eingebettet

Beau-Rivage Palace Lausanne

Das opulente Luxushotel beherbergt seit 1861
illustre Gäste am Genfersee und verleitet mit
dem topmodernen Cinq Mondes Spa zum
Abstecher ins neue Jahrtausend.

Ohne einen Tag Stillstand seit seiner
Eröffnung begrüßte das 5-Sterne-Deluxe-
Hotel im Lauf der Jahre viele Berühmt-
heiten im Quartier Ouchy – Victor Hugo,
Coco Chanel oder Nelson Mandela sind
nur einige der klingenden Namen. Vor der prächtigen
Alpenkulisse verbindet das Traditionshaus die groß-
zügige Architektur des Art Deco und des Neobarock
mit einem Touch Moderne und besticht mit bester
Lage, bester Küche und dem besten Spa – zahlreiche
Auszeichnungen von Gault&Millau, Michelin oder
Forbes sprechen für sich. Wer hier wohnt, ist von
Superlativen umgeben.
Pierre-Yves Rochon schwelgt im Luxus und setzt die
Tradition in Bewegung. Er bereicherte schon diverse
Nobelhotels mit seiner Neuinterpretation des franzö-
sischen Klassizismus, die nur einen Hauch am Rokoko
vorbeischrammt und dabei gern ein, zwei goldene
Figurinen mitnimmt. Im Beau-Rivage Palace Lausanne
wird dies perfekt durch die – allein wegen ihrer
Größe majestätischen – Suite Impériale verkörpert:
Im luxuriösen Empire-Stil gehalten, tummeln sich auf
140 m² eindrucksvolle Parkettböden, goldene Spiegel,

Was wir lieben

+ EINMALIG
Bedeutendster Weinkeller
Europas. Mehr als 3.000
Referenzen und 75.000
sorgfältig gelagerte
Flaschen. Schatzhü-
ter ist Thibaut Panas,
mehrfach ausgezeichneter
Sommelier.

+ SPA Der High-End Spa
„Cinq Mondes" lässt keine
Wünsche offen. Fantastisch
der großzügige Außenpool,
eingebettet im schicken
Park mit grandioser See-
und Bergsicht.

+ ESSEN Nebst dem
Sterne-Tempel von
Anne-Sophie Pic punktet
auch das japanische
„Miyako".

Der Spa bietet insgesamt acht Wellnessräume

goldene Armaturen und Wandbespannungen aus weißgoldener Seide. Privater Check-in, 80 m² Terrasse, Whirlpool und Produkte von Bvlgari im Badezimmer – hier ist alles, was glänzt, wirklich Gold.

Eingebettet in eine vier Hektar große Parkanlage, liegt das Hotel direkt am Genfersee und verwöhnt seine Gäste auch im Haus mit der Kraft des Wassers – das 1.500 m² große Cinq Mondes Spa wartet mit 20-Meter-Außenpool und 18-Meter-Innenpool auf. Abgerundet wird das sprudelnde Angebot durch Whirlpool, Sauna, Hamam und den Spaziergang im tropischen Regen. Wer den See vermisst, kann vom Fitness Center jederzeit einen Panoramablick darauf werfen. Danach empfiehlt sich eine der zahlreichen wohltuenden Massagen und Behandlungen, die völlige Tiefenentspannung versprechen. Das romantische Highlight ist der Wellnessraum Félicité à Deux – hier warten japanisches Doppelbad, Hamam, zwei Massageliegen und ein privater Garten auf verliebte Pärchen. Connoisseure aufgehorcht: Das Beau-Rivage Palace Lausanne hat Anne-Sophie Pic sein Gourmet-

Restaurant anvertraut. Da sie auch weiterhin in Valence (Frankreich) tätig ist, legt die mit 3 Michelin-Sternen ausgezeichnete Köchin die Umsetzung ihrer Kreationen in die Hände von Kevin Gatin. Das Restaurant ist mit 2 Michelin-Sternen und 18 von 20 Gault&Millau-Punkten ausgezeichnet. Im nahegelegenen Hôtel Angleterre & Résidence befindet sich das L'Accademia: eine sich allzeit durch frische, sorgfältig vom Küchenchef ausgewählte Produkte auszeichnende Küche. Ein aufmerksamer Service und eine gute Auswahl italienischer Weine machen das Restaurant zu einer unumgänglichen Adresse für guten Geschmack in Lausanne. Ein absolutes Highlight ist auch das Schiff Montreux: Das älteste auf dem Genfersee verkehrende Dampfschiff ist nicht nur ein schwimmendes Museum, es birgt auch ein wahrhaft vorzügliches Restaurant für kulinarische Kreuzfahrten. Mit seinem Reichtum von mehr als 3.000 Referenzen und 75.000 sorgfältig gelagerten und ruhenden Flaschen ist der Weinkeller des Hauses unbestritten einer der bedeutendsten in Europa.

Lage | Eingebettet in einen Park am Genfersee in Ouchy. Der Flughafen Genf ist 60 km entfernt.
Zimmer | 134 Zimmer und 34 Suiten, (28 – 140 m²)
Facilities | Restaurant mit 2 Michelin-Sternen und 18 Gault&Millau-Punkten, Restaurantschiff, Weinkeller, Cinq Mondes Spa

Schnell-mal-weg-Tipp

19 km vom Hotel entfernt befindet sich ‚Chaplin's World by Grevin', eine Erlebniswelt auf den Spuren von Charlie Chaplin. Der ehemalige Wohnsitz des Künstlers wurde in ein Museum verwandelt, das mit Möbeln und Memorabilien bestückt ist. Besucher des Studios werden in die Zeit des Stummfilms zurückversetzt und können Hollywood zu Chaplins Zeiten interaktiv erleben. Ein Abstecher ins Café-Restaurant The Tramp rundet den Besuch ab.

Im Spa kann man die Bandbreite der fernöstlichen Heilkunst erleben

Was wir lieben

+ EINMALIG Hier trifft sich am Davoser WEF die Welt, Hier wird Geschichte geschrieben. Bereits Albert Einstein logierte im 1875 erbauten Hotel.

+ ZIMMER Historisches Flair, Noblesse, charmanter Chic und moderner Komfort.

+ CARIGIET BAR Gemälde des Bündner Kunstmalers Alois Carigiet schmücken die Decke der Bar. Carigiet ist vor allem als Illustrator des Kinderbuches Schellen-Ursli bekannt.

Stilvolle Carigiet-Bar mit Deckengemälde

Steigenberger Grandhotel Belvédère

Sie müssen mal wieder durchschnaufen? Das Steigenberger Grandhotel Belvédère im Luftkurort Davos sorgt für gediegene Atempausen zwischen Entspannung und Begeisterung.

I n 1.560 Metern Höhe gelegen und 2013 glanzvoll zur Belle Époque zurück renoviert, begeistert das 5-Sterne-Hotel im Herzen von Davos mit der Noblesse eines traditionellen Grandhotels, die harmonisch in Einklang mit der Moderne gebracht wurde. Das 1875 erbaute Haus überzeugt auch mit exzellentem Business-Service inmitten der Schweizer Bergwelt.

Ein legendärer Skiort, ein legendäres Luxushotel: Im Steigenberger Grandhotel Belvédère können Tagungsgäste innovative Ideen entfalten und werden dabei mit perfektem Service verwöhnt. Ein Blick auf die Referenzliste zeigt: Was gut genug für den G-8 Gipfel ist, bietet auch für Veranstaltungen den perfekten Rahmen. Das Hotel verfügt über fünf helle Tagungsräume für bis zu 250 Personen und eignet sich für kleine Seminare ebenso wie für Großveranstaltungen. Eine Gehminute entfernt befinden sich zudem 34

Räume für bis zu 5.000 Personen im Kongresszentrum. Alle Räumlichkeiten bieten modernste Präsentationstechnik, Konferenz-Experten des Hauses erleichtern die Arbeit und schaffen mittels Sekretariatsservice den perfekten Workflow.

Wellness wird im Luftkurort Davos seit vielen Jahrzehnten groß geschrieben. Der Belvédère Spa wartet mit einem umfangreichen Wellnessangebot auf. Ob ein paar kräftige Schwimmzüge im Pool mit Gegenstromanlage oder Erholung im Whirlpool - hier bleiben keine Gästewünsche offen. Finnische Sauna, Dampfbad und separate Damensaunen sorgen für gediegenes Schwitzen, Liegestühle laden anschließend zu einem Blick auf die schneebedeckten Alpen ein. Abgerundet wird das umfangreiche Angebot durch Massagen und Schönheits- sowie Wellnessbehandlungen.

Auch für das kulinarische Wohl ist bestens gesorgt: Das neu renovierte Gourmetrestaurant Belvédère bietet täglich ein exquisites Mehrgangmenü aus regionalen und internationalen Spezialitäten. Im rustikalen Romeo & Julia lassen sich im Winter herzhafte Fonduekreationen genießen, für den kleinen Hunger oder ein feines Abendessen steht das Bistro Voilà offen. Bei schönem Wetter lädt die Sonnenterrasse zu kühlen Drinks oder Kaffeespezialitäten. Den perfekten Ausklang des Abends erlebt man stilvoll mit edlen Tropfen im Ambiente der Carigiet-Bar, deren Decke ein Gemälde des Bündner Künstlers Carigiet ziert.

Lage | An der Promenade von Davos. Die Distanz zum Flughafen Zürich-Kloten beträgt 150 km.
Zimmer | 126 Zimmer und Suiten, (21 – 68 m²)
Facilities | 2 Restaurants, Bar, hoteleigene Dischmalhütte, Belvédère Spa, großes Tagungsangebot, Green Meeting-Standard

Im Ustria Miracla vereint sich mediterrane Küche mit Bündner Cuschina

Was wir lieben

+ DESIGN Grandios kuscheliges, stilvoll designtes und einzigartiges Luxushotel. Hier fühlt man sich sofort wohl.

+ SPA Kleiner, aber höchst feiner Bergspa mit spektakulärer Optik. Viel Tannenholz und roher, ungeschliffener Valser Quarzit bewirken eine einmalig naturverbundene Atmosphäre.

+ ESSEN Virtuos kombiniert Gault&Millau-Punkte-Chef Rudolf Möller mediterrane Küche mit der Vielfalt der traditionellen Bündner Cuschina.

Hotel LA VAL bergspa hotel brigels

Im Bergspa jauchzen die Glückshormone! Valser Quarzit und Tannenholz umrahmen den Wellnesstempel, während Sauna, Dampfbäder und Whirlpool die Tiefenentspannung fördern.

Ein exklusives Refugium im Bündner Stil, das sich unter der wärmenden Sonne Brigels authentisch und harmonisch in die atemberaubende Schönheit der wildromantischen Bergwelt einfügt? Da sagen wir nur: sehr gerne! Jenseits ausgetretener Pfade im Herzen der Surselva, bietet das gediegene Wellnesshotel ein zweites Zuhause voller Esprit und Vitalität – hier wird gefeiert, was das Leben schön, bunt und lebenswert macht. Hier macht man Urlaub, der ganz unter einem Motto steht: Viva la vita!

Zum LA VAL bergspa hotel brigels muss man einfach Ja sagen: Ja zu den bestickten Kissen, den Lampen in Form eines Geweihs und dem offenen Feuer. Ja zur Kaminsuite und der hochwertigen Holzverkleidung. Ja zu Fell, Naturstein und Stoff in edelster Ausführung. Ja zum heimeligen Ambiente und dem grandiosen Ausblick auf das Alpenpanorama. Ja zu diesem kuscheligen, stilvoll designten und außergewöhnlich einzigartigen Luxushotel. Die 33 modernen und gemütlichen Zimmer und Suiten laden zum Wohlfühlen und Entspannen ein: Hier genießt man die einmalig urige und authentische Einrichtung im Bündner Stil mit modernster Ausstattung für allen erdenklichen Komfort – in den herrlich bequemen Betten ist ein glücklicher, tiefer Schlaf garantiert. Was dem 500 m² großen Bergspa an Quadratmetern fehlt, macht er durch seine spektakuläre Optik wieder wett: Hier sorgen natürliche Materialien wie altes Tannenholz und roher, ungeschliffener Valser Quarzit für inneren Ausgleich und stärken das Wohlbefinden in einer naturverbundenen Atmosphäre. Zusätzlich bleibt noch Platz für Kräutersauna, Finnische Sauna, Erlebnisduschen, zwei Dampfbäder und ein 31 Grad warmes Wellnessbecken mit integriertem Whirlpool – alles zusammen liebevoll gestaltet. Neben den zahlreichen Entspannungsmöglichkeiten locken zudem Massagen und klassische Wellness- und Kosmetikbehandlungen. Ein kleiner, aber feiner Fitnessraum rundet das Wellnessangebot ab.

Die Liebe zum erdverbundenen Detail sieht man überall im LA VAL bergspa hotel brigels. Im von Kerzenlicht durchfluteten Restaurant Ustria Miracla warten kulinarische Hochgenüsse: Küchenchef Rudolf Möller und sein Team verwöhnen mit Fine Dining der besonderen Art und machen dem Namen des Restaurants alle Ehre. Virtuos wird erlesene mediterrane Küche mit der Vielfalt der traditionellen Bündner Cuschina verfeinert. Die Küche mit ausgewählten, hochwertigen Produkten aus der Region wurde auch von Gault&Millau goutiert. Die Bar da Rubi ist das Herz und der zentrale Treffpunkt des Hotels für den Espresso am Morgen, den Aperitif vor dem Essen, den Digestif danach oder einen Schlummertrunk. Eingerahmt vom Highlight des Hauses – dem begehbaren Weinschrank, Arc de Brigels genannt – versetzt die Bar in die richtige Stimmung für den Genuss erlesener Tropfen und geistreicher Essenzen. Stilvoll eingerichtet mit der Hausbibliothek und einem Kamin bietet die Smoker's Lounge den Genuss edler Rauchwaren aus aller Herren Länder – der perfekte Abschluss eines genussvollen Tages.

Quarzit und altes Tannenholz für Naturverbundenheit

Lage | In Brigels auf rund 1.300 Metern Seehöhe in der Region Surselva. Der Flughafen Lugano-Agno ist 174 km entfernt.
Zimmer | 33 Zimmer und Suiten, (21 – 75 m²)
Facilities | Vielseitiger Bergspa, Restaurant, Bar, Smoker's Lounge, Business- und Hochzeitsangebot

Was wir lieben

+ LAGE Im Bündner Bergdorf Tschiertschen scheint die Zeit stehen geblieben zu sein. Enge Gassen, typische Holzhäuschen und eine romantische Kirche prägen das Bild. Nostalgiker werden begeistert sein.

+ EINMALIG Schon was von GOURMEDness gehört? Unter diesem Namen bietet das Hotel herausragende Kulinarik, vereint mit Spa-Anwendungen und Angeboten zu Gesundheit und Fitness.

+ SERVICE Ungezwungene und echte Gastlichkeit in einem kleinen, aber feinen romantischen Hotel.

Die Suiten liegen direkt unter den Dachschrägen und bieten Platz für vier Personen

Im Panorama Restaurant kommen Produkte aus der Region auf den Tisch

Romantik Hotel The Alpina Mountain Resort & Spa

Seit seiner zweijährigen Renovierung erstrahlt das Gründerzeit-Juwel in neuem Glanz.

Auf der einen Seite zärtliche Rückführung, auf der anderen Seite eine Verbeugung vor modernen Ansprüchen: Der malaysische Unternehmer Ah Khing Teo erweckte The Alpina Mountain Resort & Spa in Graubünden aus seinem Dornröschenschlaf und hauchte ihm ein Luxus-Upgrade ein. Der entstandene Stilmix aus Jugendstil und zeitgenössischem Alpinschick schlägt gekonnt die Brücke von den 1920ern bis ins neue Jahrtausend, 2017 feiert das Haus am Schanfigger Höhenweg sein 120-jähriges Jubiläum. Das Romantik Hotel The Alpina Mountain Resort & Spa – 10 km von Chur entfernt – gilt unter Kennern als Geheimtipp. Das Haus von 1897 mit 27 Zimmern und Suiten, zwei Restaurants, Bar und exklusivem Spa liegt an der Skipiste und wurde im Stil der Goldenen Zwanziger Jahre, in denen das Hotel eine Blütezeit erlebte, liebevoll restauriert. Seit Ende 2015 ist das Walser-Dorf Tschiertschen um 20 Zimmer und sieben Suiten reicher, die mit Eichenholzboden und Nespresso-Maschine ausgestattet sind. Gäste übernachten hier mit gutem Gewissen: Das traditionsbewusste Haus fördert mittels Geothermie die Energiebilanz und hält den ökologischen Fußabdruck gering.

Während sich die Sonne über die Berge senkt und die letzten Wintersportler die Bretter abschnallen, lockt der Shan-Spa mit Wohlfühl-Momenten rund um den Globus: Thaimassage, Finnische Sauna und Heilkräuter aus der Bergwelt sind die Zutaten zum Sinnes-Festival, der Via Mala Gewitterpfad macht die Dusche zum sturmumtosten Erlebnis. Ursprünglichkeit und Tradition stehen auch bei der Kulinarik im Mittelpunkt. Für die Gourmetmenüs werden alte Kochtechniken neu entdeckt. 15-Punkte-Haubenkoch Antonino Messina und Slow-Food-Ambassador Lukas Pfaff zaubern aus „from nose to tail"-Fleischstückchen herrliche Gerichte mit verlockenden Geschmacksnoten auf den Tisch. Man genießt die Kreationen im Panorama Restaurant oder im stilvollen Romantik Restaurant La Belle Époque. Ebenfalls auf der Menükarte: asiatische Gerichte von Asia Koch Tony Leung.

Im Bergdörfchen Tschiertschen auf 1.350 Metern Seehöhe scheint die Zeit stehen geblieben zu sein. Es empfiehlt sich eine Schneewanderung auf einen der Berge rund um das Dorf oder eine der Ski-Abfahrten durch Wälder an den zahlreichen Skiliften. Die Pisten auf dem naturbelassenen Gelände sind hervorragend präpariert.

Den Abend lässt man am besten bei einem Erlebnisfondue auf der Panoramaterrasse unter freiem Sternenhimmel ausklingen.

Lage | Am Schanfigger Höhenweg auf 1.350 Metern Höhe, 10 km von Chur gelegen. Der Flughafen Zürich-Kloten ist 136 km entfernt
Zimmer | 20 Zimmer und 7 Suiten, (12 – 34 m²)
Facilities | 2 Restaurants, Smoker's Lounge, Shan Spa, erstes Hotel mit GOURMEDness.

Die Bergoase von Stararchitekt
Mario Botta ist ein Reich der
Sinne auf 5.000 m²

Tschuggen Grand Hotel

Ein Glanzstück der Architektur: Der 5.000 m² Spa aus der Feder von Mario Botta bringt den Stein des Berges in perfekten Einklang mit der Kraft aus der Mitte.

Mitten in der Bündner Bergwelt wetteifert das beeindruckende 5-Sterne-Hotel mit der Schönheit der Natur und begeistert durch unaufdringlichen Luxus, gelebte Eleganz sowie eine farbenfrohe und immer wieder überraschende Inneneinrichtung. Das harmonische Zusammenspiel von Licht und Raum, Form und Farbe, Neuem und Beständigem spielt die Hauptrolle in Carlo Rampazzis architektonischer Inszenierung, die mit atemberaubendem Ausblick auf die Bergwelt und einem preisverdächtigen Gästeservice glänzt, der einen perfekten Urlaub in dieser einzigartigen, alpinen Oase garantiert.

Das Tschuggen Grand Hotel ist der ideale Ausgangspunkt für einen erlebnisreichen Tag auf der Skipiste. Damit Schneebegeisterte die 150 Höhenmeter nicht zu Fuß überwinden müssen, verfügt das Hotel über eine eigene futuristische Bergbahn – den Tschuggen Express. In einer Gesamtfahrzeit von weniger als zweieinhalb Minuten lassen sich die 225 schneesicheren und zusammenhängenden Pistenkilometer der Skigebiete Arosa und Lenzerheide bequem erreichen und dabei den Blick auf tief verschneite Berggipfel im Winter oder auf sattgrüne Alpenwiesen im Sommer genießen. Wir sagen: Zwei Fäustlinge hoch für diese grandiose Idee!

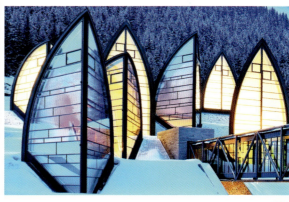

Was wir lieben

+ ARCHITEKTUR Der 5.000 m² Wellnessbereich ist eine Bergoase der Sinne, ein grandioses Glanzstück aus der Feder des Tessiner Stararchitekten Mario Botta.

+ SPA Das Spa Menu des Luxushotels ist vielfältig. Nebst allen Musts auch Medical Wellness, ästhetische Dermatologie bis hin zu Botoxbehandlungen

+ ESSEN Gleich 4 Restaurants auf Top Niveau. Mit 1 Michelin-Stern ausgezeichnet, bietet das elegante La Vedetta eine alpine Gourmetküche vom Feinsten.

Die Tschuggen Suite verfügt über zwei Sonnenloggias

Ein Tag auf der Piste beansprucht den Körper – die Tschuggen Bergoase bietet den perfekten Ausgleich zum Sport. Im 5.000 m² großen, von Stararchitekt Mario Botta designten Wellnessbereich genießt man auf vier Etagen Entspannung pur in stylishem Ambiente. Das verwendete Material setzt sich aus Duke White Granit aus den Alpen, Aroser Fels und kanadischem Ahornholz zusammen. Die imposanten Lichtsegel sowie die Verbindungsbrücke sind aus Glas. Die imposante Wasserwelt begeistert mit Innen- und Außen-Relaxpool mit verschiedenen Attraktionen sowie Schwimm- und Sportbecken – auch ein Kleinkinderpool ist vorhanden. Die Sauna-welt verwöhnt mit Privatsauna für Damen, Chill-out-Lounge mit Feuerstelle, Relaxbereich, Bergsauna mit Schneeterrasse, Biosauna, Dampfbad, Eis- und Duschzone. Zudem locken Kneippzone, Aroser Felsgrotte, zwölf individuell gestaltete Behandlungs-räume sowie ein voll ausgestattetes Fitness-Center. Das Highlight für Paare sind die beiden 70 bzw. 100 m² großen Privat Spa Suiten – hier lockt eine wundervolle und romantische Zweisiedlerei! Nach der völligen Tiefenentspannung mit duftenden Ölen, erfrischenden Peelings und Relaxbädern kann man den Gaumen in den sechs Restaurants mit abwech-selnd internationaler, moderner Küche und urig-authentischen Gerichten aus der Schweiz verwöhnen lassen. Das gastronomische Highlight neben dem coolsten Fondue von Arosa im Tschuggen Iglu Dorf ist das La Vetta: Auf 1.800 Metern Höhe ist die hohe Kunst der modernen, aromenreichen Gourmetküche eingezogen – 1 Michelin-Stern und 16 Gault&Millau-Punkte sprechen für sich. In einer ungezwungenen und dennoch eleganten Atmosphäre sorgen Küchen-chef Uwe Seegert, Souschef Leopold Ott und ihr Team für kreative und verführerische Gaumen-freuden, welche sie nach den Wünschen der Gäste zusammenstellen. Fein auserlesene Gerichte mit erstklassigen Produkten fügen sich harmonisch zu einem alpinen Gourmetmärchen zusammen, in dem ein Kapitel zu nationalen und internationalen Weinraritäten natürlich nicht fehlen darf.

Lage | Inmitten der Bündner Bergwelt, direkt an den Ski-pisten von Arosa. Die Distanz zum Flughafen Zürich-Kloten beträgt 150 km. **Zimmer** | 94 Zimmer und 34 Suiten, (19 – 140 m²) **Facilities** | Restaurant mit 1 Michelin-Stern und 16 Gault&Millau-Punkten, 5.000 m² Spa, Hochzeitsangebot

Schnell-mal-weg-Tipp
Nur wenige Autominuten vom Hotel entfernt befindet sich Europas höchstgelegener Golfplatz mit 18 Löchern. Als Gast des Tschuggen Hotels profitiert man vom kostenlosen Shuttle zum Golfplatz, der auf 1.800 Metern über dem Meeresspiegel mit fabelhaften Aussichten auf die Aroser Bergwelt glänzt. Diesen Ausblick genießen Golfer auch auf der Terrasse des Clubhauses, das mit guter Küche und Alpen-panorama Auge und Gaumen verwöhnt.

„When you walk into a hotel room and close the door, you know there is a secret, a luxury, a fantasy. There is comfort. There is reassurance."

DIANE VON FURSTENBERG
(MODESCHÖPFERIN)

Refugien voll mit exklusiven Materialen

Was wir lieben

+ DESIGN Modern und einer luxuriösen Yacht nachempfunden. Ein gelungenes Zusammenspiel von Glas, Teakholz und KRION.

+ THE VIEW Einmal an Bord, kann man sich der prachtvollen Aussicht nicht entziehen. Alle 18 Luxus-Suiten haben Privatterrassen mit Blick auf den Luganersee.

+ SERVICE Kein lästiges Koffer auspacken mehr. Ein Butler sorgt dafür, dass der Urlaub bereits bei der Ankunft beginnt.

THE VIEW Lugano

Zwischen Traum und Realität: Das Boutiquehotel oberhalb von Lugano begeistert mit zeitgenössischem Design, atemberaubender Aussicht und einer wundervollen Wellness-Oase.

Mit seiner erhöhten Lage spielt der Ausblick eine zentrale Rolle im THE VIEW Lugano – das Hotel oberhalb des Luganosees eröffnet eine neue Welt der Entspannung. Das Hoteldesign ist einer luxuriösen Yacht nachempfunden: Teakholz und KRION vermitteln den Eindruck einer Kreuzfahrt über das glitzernde Seewasser.

Wasser spielt auch die Hauptrolle im edlen und modernen Spa: Hamam, Jacuzzis, Kneippbecken und der kontemporär designte Pool tragen ihr Scherflein zur Entspannung bei. Wer ernsthaft in Erholung versinken möchte, bucht eine Aromatherapie-Massage oder lässt sich beim Rundum-Paket gleich von Kopf bis Fuß revitalisieren. Die gleiche Liebe zum luxuriösen Detail findet man auch in den Gästerefugien, die mit viel Raffinesse und Kreativität entworfen wurden: Die Auswahl der exklusiven Materialien, die verwendet werden, um die Räume zu schmücken, wie die marinen Teakholzböden und die einzigartige Designeinrich-

tung kommen alle zusammen, um eine vollkommen luxuriöse Umgebung zu schaffen. Details wie eine Auswahl an feinen Satin-, Leinen- oder Baumwoll-Bettwäsche, Goosedown-Bettdecken und Duftkissen ergänzen den persönlichen Service, den man an Bord einer Luxusyacht erwarten würde.

Die Zubereitung von Lebensmitteln ist eine jahrhundertealte Kunst, die durch die Jahre überliefert und neu erfunden wurde, um ein echtes sensorisches Erlebnis zu werden. Das Restaurant des THE VIEW Lugano nutzt die frischesten Zutaten für all seine Delikatessen und bietet eine akribisch ausgewählte Getränkekarte: Spezialbiere und italienische, Schweizer und französische Weine sind das Symbol ihrer sorgfältig ausgewählten und anspruchsvollen Vielfalt. Die innovativen Speisen von Küchenchef Mauro Grandi sind mediterran – mit einer Prise orientalischer Küche – und von seinem Wissen über lokale, saisonale Produkte beeinflusst. Fähigkeit, Präzision und Phantasie sind Grandis wichtigste Zutaten, um elegante Gerichte erster Güte in einzigartiger zeitgenössischer Weise zu kreieren.

Ein Service zum Verlieben: Einfach ankommen und den Rest macht der Butler. Auspacken, einpacken, Mini-Bar mit Extrawünschen auffüllen, aufwecken, Schuhe polieren. Die Gäste fokussieren derweil auf die Regeneration. Etwa in der Bar des charmanten Boutiquehotels: Modern und elegant in ihrem Design, locken erfrischende Cocktails und feinstes Fingerfood. Dienstag bis Sonntag sorgt zudem der hauseigene Pianist für anspruchsvolle Zerstreuung.

Lage | Nur wenige Minuten vom Zentrum Luganos entfernt. Die Distanz zum Flughafen Lugano-Agno beträgt 6 km.
Zimmer | 16 Suiten, (50 – 105 m²)
Facilities | Restaurant, Spa, Fitness, Massagen, Beautybehandlungen, Butlerservice, Angebot für Events

„Wir haben alles den Ansprüchen eines junges Publikums von Geschäftsleuten, Akademiker und Künstlertypen angepasst. Ich wollte keine verstaubte Fünfstern-Atmosphäre in meinem Hotel. Ich habe mir mit dem Lenkerhof einen Bubentraum erfüllt."

JÜRG OPPRECHT (BESITZER DES LENKERHOF)

Lenkerhof Gourmet Spa Resort

Spa, Kunst und Kulinarik in perfekter Harmonie: Die Kunst kommt vom Eigentümer, die Kulinarik von Stefan Lünse und das Wasser aus sieben Quellen.

Das 5-Sterne-Superior-Hotel im Berner Oberland ist ein zeitlos schönes Design-Juwel, das mit unkonventionellem, stilvollem Ambiente, unkomplizierter Herzlichkeit bei allen Begegnungen und einem nahezu konkurrenzlosen Angebot im Wellness-Bereich aufwartet. Eine bewusste, revitalisierende Auszeit ist garantiert.

Nachdem das reichhaltige Frühstücksbuffet einen perfekten Start in den Tag beschert hat, empfiehlt sich ein Lunch im Oh de Vie, das Köstliches aus Spanien auftischt und neben Tapas auch Klassiker wie Club Sandwiches und den Lenkerhof Burger kredenzt. Die schönste Aussicht haben Gäste im Bühlberg, wo neben Schweizer Gaumenfreuden eine traumhafte Aussicht auf das Bergpanorama geboten wird.

Stilvolle Harmonie ist im Lenkerhof Gourmet Spa Resort allerorts spürbar

Was wir lieben

+ SPA Die Badetradition
im Lenkerhof Gourmet Spa
Resort ist 350 Jahre alt und
wird imposant verkörpert
durch die hauseigene
Schwefelquelle, die den
34 Grad warmen Außen-
pool heizt.

+ DESIGN Zeitlos schönes Design-Juwel, das
mit unkonventionellem,
stilvollem Ambiente und
unkomplizierter Herzlich-
keit auftrumpft.

+ ESSEN Das Highlight
stellt ein Dinner à la carte
im Spettacolo dar, orchestriert von Stefan Lünse
und ausgezeichnet mit 16
Gault&Millau-Punkten.

Der Wellnessbereich wartet mit einer Schwefelquelle auf

Die jungen Gäste werden im Kleinen Prinz mit beliebten und gesunden Kindergerichten umsorgt. Das kulinarische Highlight stellt ein Dinner à la carte im Spettacolo dar, in dem Stefan Lünse seine mit 16 Gault&Millau-Punkten ausgezeichneten Kochkünste zur Schau stellt und die Gäste jeden Abend mit einer originellen Auswahl aus 16 Gerichten verwöhnt. Als perfekten Absacker bietet sich die Bar des Lenkerhof Gourmet Spa Resort an. Hier lassen die Gäste den Tag mit einem Gläschen Wein oder köstlichen Cocktails vor dem flackernden Kamin revue passieren. Die Badetradition im Lenkerhof Gourmet Spa Resort ist 350 Jahre alt und wird imposant verkörpert durch die hauseigene Schwefelquelle, die den 34 Grad warmen Außenpool heizt. Der luxuriöse, mehrfach ausgezeichnete Wellnessbereich des 7 sources-Spa bietet eine große, weitläufige Saunalandschaft, einen 28 Grad warmen Innenpool und ein modern ausgestattetes Workout- & Fitness-Center. Die Einzelzimmer, Doppelzimmer und Familienzimmer werden von einem freundlichen, hellen Design bestimmt. Alle

Räume verfügen über einen Blick auf das imposante Wildstrubelmassiv und sind, bis auf die Einzelzimmer, auch mit Balkon ausgestattet. Die Wohn- und Schlafbereiche der luxuriösen Suiten punkten mit hohen Decken, großen Fensterfronten und Badezimmern, die teilweise mit Dampfbadkabinen und Whirlbadewannen ausgestattet sind.

Schnell-mal-weg-Tipp

Tradition und Brauchtum werden im Simmental bewusst gepflegt. Zu den Höhepunkten des Bergsommers gehören das Lenker Älplerfest, der Alpabzug in St. Stephan und der Bauernmarkt in Boltigen. Im Winter begeistern gut präparierte Pisten die Freunde des Skisports: Betelberg, Metsch, Bühlberg, aber auch die Wintersportarena Adelboden-Lenk sind die Aushängeschilder der Skiregion.

Lage | Mitten in der Bergwelt des Simmentals. Der Flughafen Bern-Belp ist 85 km entfernt.
Zimmer | 80 Zimmer und Suiten, (25 – 80 m²)
Facilities | 3 Restaurants, 1 Kinderrestaurant, Weinkeller, Cigar Lounge, Schwefel-Außenpool, Kinderbetreuung.

Das Erlebnisbad wird
mit prickelndem
Quellwasser gespeist

Was wir lieben

+ EINMALIG Trans-
formation für Körper, Geist
und Seele. Das Hotel Hof
Weissbad ist das einzige
zertifizierte Zentrum für
moderne Mayr-Medizin in
der Schweiz.

+ DESTINATION Am
Fuße des Alpsteins mitten
im urigen Appenzeller-
land, das mit seinen
sanften Hügeln, kantigen
Felsen, silbernen Quellen
und moosbewachsenen
Plätzen seit jeher Gäste
von nah und fern anlockt.

+ SPORT Innen-
und Außenbad mit
prickelndem Quellwasser.

Am Fuße des Alpsteins wird die moderne
Mayr-Medizin praktiziert

Hotel Hof Weissbad

Heilfasten, Thalasso-Peelings und Erlebnisbad: Das Gesundheitszentrum im Appenzellerland
regt das Gesundheitsbewusstsein an und kredenzt die ganze Palette des Wohlbefindens.

Verschmitzt, weltoffen und herzlich – das
4-Sterne-Superior-Hotel am Fuße des
Alpsteins knüpft als Aufenthaltsort im
Dienste der Gesundheit und des Wohlbefindens mit einem sagenhaften Angebot
an die Tradition des Appenzellerlandes an. Ein langer
Spaziergang fördert die Verdauung, so sagt man. Im
luxuriösen Wellnesszentrum kann man genau das
tun: Hinaus an die frische Luft, rein in die Natur, hoch
in die Appenzeller Bergwelt, die mit sanften Hügeln,
kantigen Felsen und silbernen Quellen Gäste von nah
und fern anlockt.

Das Hotel Hof Weissbad ist das einzige zertifizierte
Zentrum für moderne Mayr-Medizin in der Schweiz.
Der Österreicher Franz Xaver Mayr ging einst davon
aus, dass Milch und Semmeln die geeigneten Mittel
seien, um den Darm anzuregen und Krankheiten
vorzubeugen. Die F.X. Mayr-Kur hilft bei chronischen
Leiden, sogenannten Zivilisationskrankheiten und
unterstützt die Prophylaxe. Die optimalerweise auf

zwei bis drei Wochen Dauer ausgelegte Kur setzt den
Fokus auf Entgiftung und Entschlackung – inklusive
einer wohltuenden Bauchmassage.

Entspannung pur genießt man im Innen- und Außenbad mit prickelndem Quellwasser. Im Sommer lädt
das tiefblaue Nass zu erfrischenden Schwimmzügen
ein, im Winter verzaubern Dampfwolken das Wellen-
spiel. Aufbereitet wird das 33 Grad warme Wasser, wie
übrigens der Großteil des gesamten Warmwasserver-
brauchs, von der hoteleigenen Erdsonden-Wärme-
pumpe. Zum Schwitzen locken in der Saunawelt
Tepidarium, Finnische Sauna, Türkisches Dampfbad
und Infrarot-Kabinen, für Erfrischung sorgen
Frigidarium, Erlebnisduschen und Frischluft-Tretbad.
Bewegliche Gelenke, ein leistungsfähiges Herz und
effektiv arbeitende Muskeln, das alles lässt sich im
Fitnesscenter – auch unter Anleitung eines Personal
Trainers – an hochmodernen Geräten trainieren.

Auf der anderen Seite der Nahrungskette befindet sich
die Hof-Käserei, die knapp am Ziel Entschlackung vorbeischrammt und ein grandioses Appenzeller Käsefondue nach hauseigenem Rezept kredenzt. Kurgäste
sollten sich nicht zu nahe ran wagen, die Diät könnte
dadurch gefährdet werden! Auf 1.000 Quadratmetern
finden sich im Kräutergarten dafür wohltuende Heilkräuter und Ruhe. Weiter geht es zum Waldlehrpfad,
vorbei am Weissenbach hinauf zum traumhaften
Aussichtspunkt. Und wer dann komplett tiefenent-
spannt ins Hotel zurückkehrt, der darf sich noch vom
Etagenbuffet einen Tee gönnen, um für den nächsten
Kurtag gerüstet zu sein.

Lage | In einem 4 Hektar
großen Park am Ufer des
Genfersees in Ouchy. Der
Flughafen Zürich-Kloten ist
98 km entfernt.
Zimmer | 82 Zimmer und
4 Junior-Suiten, (20 – 50 m²)
Facilities | 5 Restaurants mit
16 Gault&Millau-Punkten,
Käserei, Medical Spa, hauseigene Klinik

Was wir lieben

+ DESIGN Purer Luxus im Lodge-Stil und trotzdem ursprünglicher, traditioneller Alpen-Charme. Die individuell eingerichteten Zimmer und Suiten sind inspiriert von fremden Ländern und lassen den Gast für ein paar Tage in eine exotische Welt eintauchen.

+ SPA Fantastischer CINQ MONDES Spa. Im Außenpool schwimmt man buchstäblich zwischen Himmel und Bergen.

+ LAGE Das Hotel liegt an der Spitze des Skigebietes und ist von einer spektakulären Landschaft umgeben.

Nach dem Skifahren in der Bar entspannen

LeCrans Hotel & Spa

Ein afrikanisches Zimmer, französische Küche und draußen die Berge von Valais: Das kuschelige Berghotel ist der Globetrotter unter den Chalets und begeistert mit dem CINQ MONDES Spa.

Einhundert Meter von der Piste und nur wenige Schritte vom absoluten Glück entfernt, garantiert das einst als kleine Familienpension gegründete 5-Sterne-Hotel in Crans-Montana heute puren Luxus im Lodge-Stil und versprüht zugleich immer noch seinen ursprünglichen Charme. Im Mittelpunkt im LeCrans Hotel & Spa steht die Landschaft: Das Hotel liegt an der Spitze des Skigebietes, umgeben von einer spektakulären Landschaft und ist eine Oase der Ruhe und Raffinesse. Die individuell eingerichteten Zimmer und Suiten sind inspiriert von fremden Ländern und Kulturen und lassen den Gast in eine exotische Welt eintauchen. Wer afrikanisches Wüstenflair genießen möchte, bucht das Deluxe Zimmer Kilimandjaro – hier wird die Decke über dem Bett von Wüsten-Zweigen geziert, traditionelle sandfarbene Samtdecken aus Kasai schmücken die Wände und afrikanischer Federschmuck dient als Accessoire. Dass sich hinter den großen Fenstern zur Terrasse ein Winterwunderland auftut, erscheint fast

surreal. Modernster Flatscreen über dem Whirlpool, Springbrunnen im Wohnzimmer und offener Kamin vor dem King-Size-Bett – in den edlen Räumen bleiben keine Wünsche offen.

Umgeben von Stein, Holz, Wasser und Stille bietet der modern konzipierte CINQ MONDES Spa ein einzigartiges Erlebnis in einer Umgebung, in der jeder Moment zu einer Reise zum Mittelpunkt des Wohlfühlens wird – gekrönt von einer atemberaubenden Sicht auf die Berge des Valais. Ein Highlight ist der beheizte Außenpool: Hier schwimmt man buchstäblich zwischen Himmel und Bergen. Auch Innenpool und Jacuzzi sorgen für Erfrischung, für gesundes Schwitzen empfehlen sich das Dampfbad, der Hamam und die Sauna. Sportbegeisterte kommen im Fitnessstudio mit hochmodernen Trainingsgeräten auf ihre Kosten. Das hauseigene Restaurant LeMontblanc – ausgezeichnet mit 1 Michelin-Stern und 17 Punkten von Gault&Millau – verwöhnt mit traditionellen Wildmenüs aus heimischen Zutaten, französischen Delikatessen und verführerischen Nachspeisen. Hier wird man etwa mit Aufmerksamkeiten wie Zuckerwatte zum Kaffee überrascht. Das Personal bietet königlichen Service. Beste nationale und internationale Weine werden direkt aus dem Weinkeller an den Tisch serviert, durch die große Glasfront des Restaurants scheinen die Walliser Berge zum Greifen nahe. Wer der Natur noch ein Stückchen näher sein möchte, kann auch bei Minusgraden auf der komfortablen Terrasse des LeCrans Hotel & Spa kuschelig speisen – denn sie ist künstlich beheizt.

Lage | In Crans-Montana, eingebettet in die Valaiser Alpen. Entfernung zum Flughafen Genf: 180 km.
Zimmer | 15 Zimmer und Suiten, (25 – 100 m²)
Facilities | Restaurant Le Mont Blanc mit 1 Michelin-Stern und 17 Gault&Millau-Punkten, Vinothek, Hochzeitsangebot, Spa

Der Nescens Spa wirkt Dank
der Anti-Aging-Medizin wie ein Jungbrunnen

Was wir lieben

+ SPA Der Nescens Spa überzeugt durch seine einzigartige Palette an Angeboten. Stärkung der Gesundheit und Prävention stehen dabei im Vordergrund. Ein Wellnessparadies auf 5.500 m².

+ ZIMMER Praktisch. Die hellen und modernen Bel Air Junior Suiten verfügen über einen direkten Zugang zum Wellness Bereich.

+ ESSEN Gleich zwei Restaurants buhlen um die Gunst der Gäste. Das Quaranta mit einer hervorragend italienischen Küche tutto fatto in Casa und das La Terrasse mit tollen mediterranen Gerichten.

Mediterrane und französische Küche in den Restaurants

Victoria-Jungfrau Grand Hotel & Spa

Das glanzvolle und geschichtsträchtige Grandhotel liegt seit 160 Jahren zu Füßen des Jungfrauenmassives und schmeichelt mit dem 5.500 m² großen Spa Körper und Geist.

Privathaus, Pension, Grandhotel: Das traditionsreiche Haus blickt auf eine lange, bewegte Geschichte zurück. Prachtvoll am alleegesäumten Höheweg, zu Füssen des ewig weißen Jungfraumassivs gelegen, vermittelt das 5-Sterne-Hotel auch heute noch das Gefühl, als säßen Marc Twain oder der Kaiser von Brasilien auf der säulenbestückten Terrasse. Was 1856 mit dem Kauf der Pension Victoria begann, entwickelte sich zu einem der großen Grandhotels in Europa, das seit 160 Jahren seine Spitzenposition in der Luxushotellerie behauptet und die Gäste durch seine Beständigkeit genauso wie durch die innovativen, richtungweisenden Zeichen begeistert, die das Haus immer wieder setzt.

Wenn man ein Zimmer oder eine Suite des Victoria-Jungfrau Grand Hotel & Spa betritt, spürt man: Hier ist Platz zum Wohnen und Wohlfühlen. Für Gäste, die in die Welt des Victoria-Jungfrau Spa eintauchen wollen, wurden die Bel Air Junior Suiten geschaffen: Sie verfügen über einen direkten Zugang zum umfangreichen Wellness-, Fitness- und Beauty-Angebot. Klare Linien im Interieur auf rund 65 m² lassen Sie Ihre Mitte finden, der Balkon eröffnet den Blick ins Grüne. Die großzügig geschnittenen, modernen und hellen Räume sorgen für ein absolutes Wohlfühl-Ambiente. Dazu gehören das eigene Dampfbad und die private Sauna ebenso wie die Doppelbadewanne mit Blütenblättern und Kerzenlicht.

Der Spa Nescens des Victoria-Jungfrau Grand Hotel & Spa ist eine ganzheitliche Wellnessoase mit einer einzigartigen Palette an Angeboten, die in einem eleganten, von der Natur umgebenem Ambiente für Wohlbefinden und Genuss sorgt. Ob man sich von Stress zu befreien, ein körperliches Wohlbefinden erreichen, die Figur optimieren oder die Effekte des Alterns verlangsamen möchte, der Spa Nescens bietet die allerbesten Möglichkeiten dafür. Das wunderschöne Hallenbad, die Sonnenterrasse im Sommer, die weitläufige Saunawelt und das Fitnesscenter laden zur ultimativen Entspannung ein. Zusätzlich gibt es die Möglichkeit, an vielen Fitnesskursen wie Yoga, Stretching, Zumba, Wassergymnastik oder Outdoor-Aktivitäten kostenfrei teilzunehmen. Das von Gault&Millau mit 15 Punkten prämierte Restaurant La Terrasse erinnert an eine Orangerie in Südfrankreich, die saisonal wechselnde Speisekarte ist von mediterraner und südfranzösischer Küche inspiriert, nimmt aber auch regionale Köstlichkeiten auf, die von einer umfangreichen Weinkarte ergänzt werden. Feine Kreationen der italienischen Küche warten im Restaurant QUARANTA uno (14 Gault&Millau-Punkte) und die Bar mit feinen Drinks zum Tagesausklang.

Lage | In Interlaken gelegen. Der Flughafen Bern-Belp ist 55 km entfernt.
Zimmer | 224 Zimmer und Suiten, (21 – 247 m²)
Facilities | 2 Restaurants (15 bzw. 14 Gault&Millau-Punkte), Zerrasse, Bar, Bistro, Vinothek, Meeting- und Konferenzangebot, 5.000 m² Nescens Spa

Der erfrischende Indoor-Pool im Kempinski The Spa

Was wir lieben

+ SPA 2.800 m² Wohl-fühloase mit einem über-wältigenden Spa-Angebot.

+ SPORT Die Lang-laufloipe des Engadiner Skimarathons vor der Haustür, die Seilbahn in das weitläufige Ski- und Wandergebiet Corviglia gleich gegenüber.

+ ESSEN Das mit 1 Michelin-Stern und 17-Gault&Millau-Punkten ausgezeichnete Restau-rant Cà d'Oro lockt mit mediterranen Delikates-sen und das Les Saisons wartet mit den saftigsten Steaks aus aller Welt auf.

Die Enoteca besticht durch die Menükarte

Kempinski Grand Hotel des Bains

In St. Moritz werden Wellnessträume Wirklichkeit: Im Kempinski The SPA wird die Weisheit der Natur zum totalen Ausgleich benutzt – Gletscherwasser und Granit bescheren Wohlfühlmomente.

Direkt an der Mauritiusquelle, dem Ursprung von St. Moritz, lockt das 5-Sterne-Grandhotel Gäste aus aller Welt mit Glamour und entspannter Atmosphäre. Das Resort verfügt über anspruchsvolle Annehmlichkeiten wie sechs Veranstaltungsräume, einen Kids Club, eine Ski-Schule und ein Casino – hier wird jedem Gast ein perfekter Urlaub geboten.

Das Winterwunderland Engadin und St. Moritz, traditioneller Treffpunkt des Jetsets – mag ein Argument sein, im 5-Sterne-Grandhotel einzuchecken. Die Langlaufloipe des Engadiner Skimarathons vor der Haustür, die Seilbahn in das Ski- und Wandergebiet Corviglia gleich gegenüber – das vielseitige Angebot ist definitiv ein Argument, hier zu nächtigen. Traumhafte Suiten, preisgekrönte Haubenküche und ein Wellnesserlebnis lassen keine Wünsche offen: Ja, hier möchte ich buchen, hier möchte ich bleiben!

Einfach eintauchen und erleben, wie sich die natürlichen Elemente und Produkte der Alpen anfühlen. Der 2.800 m² große Kempinski The Spa begeistert mit minimalistischem, von den europäischen Jahreszeiten inspiriertem Design. Gletscherwasser, Bergeller Granit und Engadiner Hölzer schaffen eine Oase des Rückzugs. Aromagrotte, Kräutersauna und Alpiner Kneippgarten bieten Entspannung in unverfälschter Atmosphäre, Massagen und Beautybehandlungen runden das Angebot ab. Der beheizte Innenpool erfrischt vor dem Frühstück, nach dem Skifahren oder während des Sonnenbades, zum Schwitzen laden Finnische Sauna, Biosauna, Steinsauna und Laconium ein. Müde Muskeln werden im Fitnesscenter rund um die Uhr wieder fit gemacht. Perfekt dazu ein Glas aus der berühmten Mauritiusquelle, der schon Paracelsus eine heilende Wirkung zugesprochen hat.

Nach dem Wellness-Erlebnis verzaubert das mit 1 Michelin-Stern und 17 Gault&Millau-Punkten ausgezeichnete Restaurant Cà d'Oro mit mediterranen Delikatessen. Das Grand Restaurant Les Saisons lässt mit den besten Steaks aus aller Welt und einer beeindruckenden Weinauswahl das Wasser im Mund zusammenlaufen. In der Enoteca besticht die Menükarte durch einfache, perfekt zubereitete Produkte. Bei Mathis Foods Affairs - dem Gourmet-Partner auf der Corviglia des Kempinski Grand Hotel des Bains - treffen Prominente mit Wintersportlern und Wanderfreunden, Familien und Genussmenschen aller Art zusammen. Ein Highlight ist der Zimmerservice – dieser tischt auch spätabends noch Engadiner Leckerbissen auf, die mit dem Ausblick auf die Berge einen kulinarischen Einblick in das Land gewähren.

Lage | Gegenüber der Seilbahn Corviglia. Der Flughafen Zürich-Kloten ist 208 km entfernt.
Zimmer | 184 Zimmer und Suiten, (20 – 320 m²)
Facilities | Restaurant Cà d'Oro (1 Michelin-Stern und 17 Gault&Millau-Punkte), 4 Veranstaltungsräume, 2.800 m² Kempinski The Spa

Die beiden Restaurants des Le Mirador erfreuen Gourmets mit Terrassen und toller Fernsicht

Was wir lieben

+ **LAGE** Hoch oben am Mont-Pelerin ist die Aussicht schlicht atemberaubend.

+ **SPA** Der Givenchy-Spa ist nur einer von zwei in ganz Europa.

+ **ZIMMER** Die Suite Mirador lässt das Herz jedes Connoisseurs höher schlagen.

Im Spa wird man mit Produkten von Givenchy verwöhnt

Le Mirador Resort & Spa

Das moderne Luxushotel hat sich bestens auf dem Mont Pelerin platziert und begeistert Wellnessfans mit Naturkulisse und Givenchy-Spa. Noblesse oblige!

Das 5-Sterne-Hotel befindet sich im Herzen der Weinberge des Lavaux, einem UNESCO-Weltkulturerbe. Eines der herausragendsten Merkmale des Hauses ist seine privilegierte, erhöhte Lage mit grandiosem Blick auf den Genfersee und die Alpen. Auch die Anbindung begeistert: Die Standseilbahn nach Vevey liegt direkt neben dem Hotel – als Highlight stellt das Haus Fahrkarten für Besichtigungstouren zur Verfügung. Als besonderes Extra wartet ein exklusiver V.I.P-Service mit Abholung per Limousine und Helikopterrundflügen auf.

Die luxuriösen Zimmer und Suiten des Wellnesshotels bieten viel Raum und einen Balkon oder eine private Terrasse mit atemberaubendem Ausblick. Hier ist auch der Ausgangspunkt für eine Entdeckungstour in einer der fantastischsten Regionen der Schweiz: das Lavaux, seit 2007 Teil des UNESCO-Weltkulturerbes. Das Hotel befindet sich in zentraler Lage in der idyllischen Ortschaft Chardonne und ist nur unweit vom berühmten Château de Chillon in Montreux oder vom kürzlich eröffneten Chaplin-Museum in Vevey entfernt. Auch Lausanne mit seiner Altstadt und dem malerischen Ufern in Ouchy ist leicht zu erreichen. In der nahen Umgebung laden Wälder und Felder zu ausgedehnten Spaziergängen ein.

Eine persönliche Oase der Ruhe bietet das Wellnesscenter des Hauses. Der Givenchy-Spa, einer von nur zwei in Europa, bietet eine breite Palette an Kuren und Massagen aus den vier Ecken der Welt, die unerreicht sind in der Region Vevey, Montreux, Lausanne und Umgebung. Im Kosmetikbereich punkten die exklusiven Pflegeprodukte von Givenchy. Der Wellnessbereich mit Pool und Panorama-Terrasse, Sauna, Dampfbad und Jacuzzi ist einer der schönsten Erholungsorte am Genfersee. Die mehr als 60 Trainingsgeräte und täglich wechselnden Kurse mit professionellen Trainern ermöglichen in entspannter Umgebung Fitness, Entschlackung oder Gewichtsabnahme.

Alle Restaurants des Le Mirador Resort & Spa haben herrliche Terrassen mit Blick auf den Genfersee und die Alpen. Eingebettet im Herzen des Lavaux, im Zentrum der Schweizer Riviera zwischen Lausanne und Montreux, in den Höhenlagen von Vevey auf dem Mont Pelerin, bieten sie einen Panoramablick auf den Wasserspiegel des Genfersees und die Dents du Midi. Die Küche des Restaurants Le Patio aus lokalen Produkten der Waadt, des Wallis, Freiburgs und des Oberlandes erfreut Gourmets. Bar und Lounge-Terrasse laden auf sowohl einen Cocktail während des Sonnenbads als auch einen Kaffee am Kamin ein.

Lage | Zwischen Lausanne und Montreux über Vevey auf dem Mont-Pèlerin. Flughafen Genf: 50 km
Zimmer | 63 Zimmer und Suiten, (28 – 266 m²)
Facilities | 2 Restaurants, Bar mit Terrasse, einer von zwei Givenchy-Spas in Europa, eigenes Medical Centre, Veranstaltungsräume.

Hotels am See

Nah am Wasser gebaut
und dennoch die pure
Lebensfreude: Unsere
Hotels am See haben die
Lage zum Motto erhoben
und begeistern mit
Seeblick.

Eden Roc

Drei Häuser, farbharmonisch vereint: Das Eden Roc ist edel, bunt und voller Ideen. Hier dominiert eine heitere Gelassenheit.

Wer das 1971 erbaute und ganzjährig geöffnete Hotel Eden Roc in Ascona betritt, ist beeindruckt von der großzügigen Empfangshalle: Glänzende Marmorböden unter einer sanft gewölbten Palazzo - Decke mit antiken italienischen Lustern und einladenden Sitzgarnituren machen die Lobby zum zentralen Punkt des drei Häuser umfassenden Hotels. Bereits hier entdeckt man die für das ganze Haus so typischen, überraschenden Farbharmonien und die außergewöhnlichen Accessoires, die sich im ganzen Haus fortführen. „Das kleine Paradies" umfasst in den beiden Haupthäusern drei Grand Suiten, 34 Suiten und 42 Deluxe-Doppelzimmer mit Blick auf den Lago Maggiore oder das faszinierende Tessiner Bergpanorama. In punkto Design hat der Gast im Hotel Eden Roc die Qual der Wahl: Im linken Flügel des Hotels befinden sich die vom Schweizer Interior Designer Carlo Rampazzi sehr lebhaft eingerichteten Zimmer, die durch ungewöhnliche Farbkombinationen, ausgefallene Formen und edelste Materialien beeindrucken und überraschen. Wer ein eher ruhigeres Design bevorzugt, findet im rechten Flügel seine Linie. Hier hat der Innenarchitekt zurückhaltender agiert, jedoch ebenfalls mit Stoffen, Accessoires und Mustern ein ansprechendes und junges Ambiente geschaffen. Darüber hinaus verfügt das 5-Sterne-Hotel über 16 maritim-jugendlich gestaltete Zimmer in der mit einer Passarelle verbundenen Eden Roc Marina und erweitert damit seine Kapazität auf insgesamt 95 Zimmer und Suiten. Alle Räume bieten einen Balkon oder eine weitläufige Terrasse, damit man rund ums Jahr die strahlende Sonne des Tessins genießen kann.

Herrlicher Blick auf den Lago Maggiore und das Bergpanorama

Ansprechendes Ambiente von modern, individuell bis klassisch-elegant

Was wir lieben

+ LAGE Am schönsten Küstenstreifen des Lago Maggiore mit Privatstrand und Sicht auf das liebliche Tessiner Bergpanorama.

+ EINMALIG Eigene Luxusjacht zur Erkundung des Lago Maggiore mit exklusiven Rundfahrten.

+ SPORT Zwei Außenpools, hoteleigene Wasserskischule, Wakeboard, Segelschiffe für die Kinder und 18-Loch-Golfplatz in der Nähe.

Im La Casetta pflegt man den südlichen Lebenstil

Paradiesische Ruhe, ein privater Badestrand, ein Panorama-Bootssteg und das weitläufige Gartengelände mit zahlreichen Liegemöglichkeiten – das sind nur ein paar der Gründe, weshalb viele Gäste das Hotel während eines Kurzurlaubs am Lago Maggiore nahezu gar nicht verlassen. Dazu bietet das 5-Sterne-Haus einen 2.000 m² großen Wellnessbereich, den Eden Roc Spa, mit einer vielseitigen Wasserwelt sowie einem großen Saunabereich und sieben individuell gestalteten Behandlungsräumen. Für die Gestaltung des wundervollen Entspannungsrefugiums diente Interior Designer Carlo Rampazzi die Natur im Tessin, genauer gesagt die Blütenvielfalt und die Farben des Lago Maggiore als Inspiration.

Im La Brezza – mit 17 Gault&Millau-Punkten prämiert – serviert Salvatore Frequente mit seinem sizilianischen Temperament leichte, pfiffige, mediterrane Küche, während er die Gäste im idyllischen, historischen Seehaus La Casetta, direkt am Seeufer, mit frischen Pastagerichten und Gegrilltem aus See und Meer verwöhnt. Legerer geht es im mit 14 Gault&Millau-Punkten ausgezeich-

neten Restaurant Marina zu, wo er mit Esprit und Leidenschaft hausgemachte Pasta und Spezialitäten aus Fisch und Fleisch kredenzt. Das Restaurant wurde von Stararchitekt Carlo Rampazzi im Retrostil der Siebzigerjahre umgestaltet und lockt mit seiner entspannten Außenlounge. Im klassischen Restaurant Eden Roc, mit insgesamt 15 Gault&Millau-Punkten, schwingt der Walliser Cyrille Kamerzin mit seiner raffinierten und völlig neu interpretierten französischen Küche das Zepter.

Schnell-mal-weg-Tipp

Die Lage am Lago macht Ausflüge zum Wassersport: Die Isole di Brissage kann beispielsweise mit dem hauseigenen Kajak erreicht werden. Nur mittels Wasserweg erreichbar ist die Grotto Descanso, die in äußerst romantischem Ambiente lokale Spezialitäten auftischt. Ein Bootsausflug mit dem Hotelboot bringt Gäste zu den Borromäischen Inseln, wo unter anderem auf der Isola dei Pescatori ein Mittagessen mit grandioser Aussicht auf den Palazzo Borromeo angeboten wird.

Lage | Mitten in Ascona im Tessin am Lago Maggiore. Der Flughafen in Mailand ist 1,5 Stunden, Zürich-Kloten 3 Stunden entfernt.
Zimmer | 58 Zimmer und 37 Suiten, (24 – 65 m²)
Facilities | 4 Restaurants, Spa, Wassersport, Bootsverleih, Beach-Barbecues, Tagungs- und Banketträume.

Die Panorama Terrasse liegt direkt am Ufer des Vierwaldstättersee

Was wir lieben

+ ARCHITEKTUR Ein Schlösschen in floralem Jugendstil, eine gestrandete Perle direkt am Ufer des Vierwaldstättersee.

+ DESIGN Historische Elemente in gelungener Symbiose zu dem schlichten und klaren Innendesign.

+ TERRASSE Eine der schönsten Terrassen mit einer atemberaubenden Aussicht. Bereits Richard Strauss und Hermann Hesse ließen sich von diesem Ausblick inspirieren.

Das damalige Seehotel Vitznauerhof wurde im Jugendstil erbaut

Hotel Vitznauerhof

Jugendstil und Minimalismus am Vierwaldstättersee – der Vitznauerhof besticht mit Eleganz und Sens Lounge direkt über dem See.

Mitten im Herzen der Zentralschweiz, in Seelage am Fuße der Rigi gelegen, begeistert das denkmalgeschützte Boutiquehotel mit seinem Flair: Das architektonische Meisterstück in floralem Jugendstil setzt bezaubernde Akzente und verwöhnt mit viel Charme und Komfort. Bereits 1901 erbaut, bot das Hotel Vitznauerhof seinen prominenten Gästen, etwa Hermann Hesse und Richard Strauss, schon damals luxuriöses Ambiente auf höchstem Niveau. Heute erstrahlt das Haus in neuem Glanz: renovierte Zimmer und Suiten in schlichtem, klarem Design, raffiniert kombiniert mit historischen Elementen. Tradition und Moderne bilden eine perfekte Symbiose. Das Hotel Vitznauerhof inszeniert einen überraschenden Auftritt: Während die Fassade aufwendig im Jugendstil renoviert wurde, wird das Innere des Hauses von minimalistischem Design bestimmt. Die 53 modernen, lichtdurchfluteten Zimmer und Suiten bestechen durch offene Raumstrukturen, klare Linien und elegante Farbgebung – die monochromen Schwarz-Weiß-Kontraste akzentuieren die hellen Pastelltöne und begeistern auf ganzer Linie. Highlights sind die traumhafte Aussicht auf Vierwaldstättersee und Alpen sowie die Sens Lounge, wo man regionale Küche und exotische Kreationen auf der Terrasse oder auf einer kleinen Insel im See genießen kann. Die Bar begeistert Design-Connoisseure mit einem extravaganten Luster über der Theke, Freunde des blauen Dunstes werden in stilvoller Atmosphäre mit edlen Zigarren und erlesenem Whisky verwöhnt. Auch der Spa ist sehenswert und wartet mit Sauna, Dampfbad, Erlebnisdusche, Relaxraum und Außenwhirlpool auf. Eine kulinarische Sensation ist die Gastronomie des Hotel Vitznauerhof: Antipasti wird im Gartenrestaurant Panorama serviert, das Restaurant Sens verwöhnt mit Fischspezialitäten, das Restaurant Inspiration verführt zu gesunder Küche ganz ohne Verzicht.

Lage | Direkt am Ufer des Vierwaldstättersees, am Fuße der Rigi, Flughafen Zürich-Kloten: 55 km
Zimmer | 53 Zimmer und Suiten, (19,5 - 71 m²)
Facilities | Kulinarik über dem Wasser, Fumidor, Sauna, Wassersport, Seminarräume, Banketträume

Was wir lieben

+ EINMALIG Die Qualitätsprodukte wie Risotto, Getreide für Pasta, Obst und Gemüse, aber auch Wein werden selbst produziert.

+ ESSEN Das „Locanda" Barbarossa mit 1 Michelin-Stern gehört zu den Höhenflügen der Tessiner Gastronomie.

+ LAGE Auf einer Halbinsel im Delta von Ascona direkt am Lago Maggiore, eingebettet in einen 110.000 m² lauschigen Hotelpark mit schöner Einfahrt zum Anwesen. Da kommen unverzüglich Feriengefühle auf.

Leben wie auf einem lombardischen Landsitz

Castello del Sole

Das geschichtsträchtige Haus am Lago Maggiore bietet Ruhesuchenden ein einzigartiges Ambiente: Privatstrand, Obstgarten, südländischer Charme.

Ein Haus mit Geschichte: 1532 wird das Castello del Sole von Francesco Orelli erbaut und als Unterschlupf für die Anhänger der neuen protestantischen Lehre genutzt. 1756 wird es erstmals als ein bauliches „Kleinod" erwähnt, um 1900 als einfache Osteria mit sechs Gästezimmern betrieben und in den folgenden Jahrzehnten zu einem exklusiven Hotelanwesen ausgebaut. Das Charakteristische dieser unvergleichlichen Anlage konnte bis heute beibehalten und mit zeitgerechtem Luxus ergänzt werden.

Das Haupthaus des Castello del Sole bietet zwei Suiten, 15 großzügig gestaltete Junior-Suiten und 43 in mediterranen Farben gehaltene Zimmer. Von Balkon oder Terrasse aus überblickt der Gast die malerische Parkanlage bis zum Ufer des Lago Maggiore. Im Suiten-Pavillon Locarno – einem Atriumbau mit Rosengarten und einer kreuzgangähnlichen Kolonnade – vermitteln die hohen Wohn- und Schlafräume der elf Junior-Suiten mit 78 m² und zwei Luxus-Suiten mit

145 m² – inklusive Wohnloggia von mindestens 20 m² – die exklusive Lebensqualität eines lombardischen Landsitzes. Der Suiten-Pavillon Ascona ist ebenfalls ein Atriumbau und steht für Ruhe und Erholung. Die hohen Wohn- und Schlafräume der vier Junior-Suiten mit 108m², der zwei schönen Luxus-Suiten mit 158m² und der zwei, in ihrer Art einzigartigen, Duplex-Suiten mit 201 m², bieten einen unvergesslich luxuriösen Aufenthalt.

Der Spa- und Beautybereich lädt die Gäste in eine lichtdurchflutete, 2.500 m² große Welt aus Wasser, Düften und Dämpfen mit Schwimmbad, Saunen, Kneippweg und Dampfbad ein. Aktive Genießer freuen sich über den Fitness- und Gymnastikraum. Vom Aperitif-Canapé bis zum Strandsnack, vom Fisch- und Sushi-Buffet bis hin zum Gourmetdinner – das Restaurant Parco Saleggi verwöhnt mit einem Angebot, das so vielfältig ist wie die Bedürfnisse der Gäste. Im Gourmetrestaurant Locanda Barbarossa verwöhnt Küchenchef Mattias Roock anspruchsvolle Gaumen auf höchstem Niveau. Im eleganten Tre Stagioni erfüllt Daniele Sardella, Maître d'hôtel, bei diskreter Pianomusik mit viel Freude jeden Gästewunsch. In der raffiniert gestalteten Bar Bassa Selim oder im Innenhof Cortile Barbarossa serviert Chef de bar Erwin Zeitlmeier Cocktails und After-Dinner-Drinks. Die Wohnlobby und Kaminhalle mit individuellen Sitzgruppen aus edlen italienischen Stoffen, das Kaminfeuer und der Blick in den beleuchteten Hotelpark sind Inbegriff für das einzigartige Relais & Châteaux-Ambiente – ein perfekter Ausklang für den Tag.

Lage | Mitten in Ascona im Tessin, direkt am Strand des Lago Maggiore. Flughafen Lugano-Agno: 46 km.
Zimmer | 37 Zimmer und 41 Suiten, (24 – 201 m²)
Facilities | 150 Hektar großer Garten, Kinderbetreuung, Kinderzirkus, Privatstrand, Strandrestaurant, Wassersport, Spa

MONTREUX-PALACE

Was wir lieben

+ DESTINATION

Montreux gilt als Perle der
Schweizer Riviera. Zum
Montreux Jazz Festival
pilgern im Sommer
Musikfans aus aller Welt.

+ ARCHITEKTUR

Architektonisches Juwel
mit wundervollem Ballsaal.
Wer seinen Prinzen oder
seine Prinzessin gefunden
hat, findet im „Le Petit
Palais" den perfekten
Hochzeitspalast.

+ SPA 2.000 m²
Entspannungszone im
„Willow Stream Spa" mit
allem, was ein Luxusresort
ausmacht.

Heimeliges Kaminfeuer im Luxus-Palast

Fairmont Le Montreux Palace

Das prestigeträchtige Hotel an der Schweizer Riviera begeistert Gäste mit Luxus-Spa und atemberaubender Aussicht.

Kennen Sie das? Sie kommen aus dem Urlaub nach Hause und alles wirkt ein wenig... blass und langweilig. Denn dort, wo Sie gerade für Ihre wohlverdiente Auszeit waren, war alles so... perfekt. Dieses Gefühl überkommt einen, wenn man von einem Aufenthalt im Fairmont Le Montreux Palace heimkehrt. Der Luxus-Palast lässt einen so schnell nicht mehr los.

Das Fairmont Le Montreux Palace ist eines der prestigeträchtigsten und größten Hotels an der Schweizer Riviera. Zu Recht ist das einzigartige 5-Sterne-Luxushotel am Genfer See Mitglied von Leading Hotels of the World und Suisse Deluxe Hotels. Umgeben von einem traditionellen, eleganten Ambiente und dem persönlichen, aufmerksamen Service ganz im Schweizer Stil schwelgt man hier nicht nur im Luxus - man ölt sich im 2000 m² großen Willow Stream Spa mit Luxus ein, man (Thalasso-)badet im Luxus, man schwebt im Luxus - beim Wolkenblumen-Peeling genauso wie im großzügigen Outdoor-Pool und dem voll ausgestatteten Fitnesscenter, beides mit atembe-

raubendem Ausblick auf das malerische Alpenpanorama. Luxus perlt auf der Zunge beim Champagner Cocktail in der gediegenen Funky Claude's Bar des Fairmont Le Montreux Palace. Man riecht ihn schon am Eingang zu den Gourmetrestaurants MP's Bar & Grill und La Brasserie du Palace. Luxuriös ist auch der reichhaltige Sonntagsbrunch. Das Montreux Jazz Café wiederum lockt mit reichhaltiger Musikkultur. Und auf der großzügigen Sonnenterrasse des Petit Palais genießt man Ruhe und Entspannung mit bezauberndem Blick über den malerischen Genfer See.

In den 236 hellen Zimmer und Suiten des Fairmont Le Montreux Palace wurden die klassischen architektonischen Details liebevoll erneuert, wobei der Schwerpunkt auf Raum und Licht liegt: Die Refugien begeistern mit Aussicht auf das glitzernde Seewasser und die malerische Natur. In den weitläufigen Suiten ist der Luxus nicht aufdringlich, sondern nobel und zurückhaltend und mit Liebe zum Detail, ob im Badezimmer aus Marmor, in den hohen, lichtdurchfluteten Räumen oder auf der eigenen Sonnenterrasse.

Lage | An der Schweizer Riviera von Montreux am Ufer des Genfer Sees, Flughafen Genf: 90 km
Zimmer | 236 Zimmer und Suiten, (20 - 110 m²)
Facilities | 3 Restaurants, Spa, Fitnesscenter, Konferenzzentrum, Tagungs- und Bankett- räume, Babysitting

Im O'terroirs ist der Sonntagsbrunch besonders beliebt

Was wir lieben

+ LAGE Nur wenige Schritte von der 1000-jährigen Altstadt Neuenburges entfernt.

+ ESSEN Die ausgezeichnete lokale Küche im O'terroirs wird auch von Gault&Millau mit 16 Punkten geehrt.

+ AUFGEFALLEN Die Gegend um Neuenburg gilt als bestes Anbaugebiet für Schweizer Weine. Im „O'Terroirs" werden die Weine auch per Glas angeboten und vor-und fürsorglich steht der Chauffeur bereit.

Privatesuite mit eigenem Hamam

Beau-Rivage Hotel Neuchâtel

Der kleine Zeiger steht auf Gastronomie, der große Zeiger auf Erholung:
Das Luxushotel ist präzise eingetaktet und punktet mit Aussicht auf den See.

Nur wenige Schritte vom Herzen der Uhren-Hauptstadt und dem weitläufigen Seeufer entfernt, liegt direkt an der Esplanade du Mont-Blanc ein 5-Sterne-Superior-Hotel, das sich voll und ganz dem Wohlbefinden seiner Gäste verschrieben hat. Das hochkompetente Team wartet mit gepflegtem, diskretem Service auf und verwandelt den Aufenthalt in eine einzigartige Erfahrung, die die höchsten Erwartungen übertrifft – hier stehen wirklich alle Zeiger auf Urlaub. Alfred Borel war ein Schweizer Politiker, der aus Neuenburg stammte. Die gleichnamige Suite ist das Herzstück des Beau-Rivage-Hotels: Hier nächtigt man auf luxuriöser 107 m² Fläche, umgeben von Kunstschmiedearbeiten und einer venezianischen Dusche mit Wasserfall- und Tropenregenfunktion.

Jedes der 66 großzügig geschnittenen Zimmer, Junior Suiten und Suiten ist im Stil von affiniertem Modernismus eingerichtet. Hosenpresse und Nespresso-Kaffeemaschine gehören in vielen Zimmern zum Standard. Einige Räumlichkeiten sind auch mit Balkon oder Terrasse ausgestattet, damit man einen besseren Blick auf die Möwen über dem Neuenburger See genießen kann. Andere Zimmer verzaubern mit ihrem Ausblick auf die Alpen oder die Esplanade du Mont-Blanc. Zur Foie Gras genießt man gern ein gutes Glas Wein. Wer einst allerdings nicht in einer der modernen Suiten des Beau-Rivage Hotel Neuchâtel nächtigte, musste hierbei oft auf den edlen Tropfen verzichten, um wieder sicher nach Hause zu kommen. Diese trockenen Zeiten sind jetzt vorbei: Das O'terroirs Limousinen Service stellt einen Chauffeur zur Verfügung, der den Gast von zu Hause abholt und nach einem feudalen Gourmetmenü auch wieder dort absetzt – Santé! Aber auch ohne Huldigung an Bacchus lohnt sich der Abstecher ins Restaurant: O'Terroirs erhielt im sehr anspruchsvollen Restaurantführer Gault&Millau 2017 einen 16. Punkt. Damit werden die Kreativität des talentierten bretonischen Küchenchefs Eric Mazéas, der das Restaurant seit bald sieben Jahren leitet, sowie die sorgfältige und aufmerksame Arbeit der Mitarbeiter in Küche und Service gewürdigt.

Wo Besucher den besten Blick auf den Neuenburger See und den Berg erhaschen können? Zunächst einmal bieten natürlich die Suiten des Beau-Rivage Hotel Neuchâtel einen unvergleichlichen Ausblick. Diesen hat man auch in der Veranda-Bar mit der kolossalen Glasfront – hier wird die spektakuläre Aussicht von stilvoller Piano-Musik begleitet. In der Lake-Side Lounge, einer der schönsten Terrassen in Neuenburg, wird zum Panoramablick auf den See auch der Blick auf die Spaziergänger der Esplanade freigegeben.

Lage | Direkt an der Esplanade am Neuenburger See in Neuchâtel. Flughafen Colombier: 57 km.
Zimmer | 66 Zimmer und Suiten, (32 – 107 m²)
Facilities | Limousinen-Service, Private Chef, Weinkeller, 7 Säle für Bankette und Seminare, Privatsuite mit Hamam

Die Eden Lobby Bar bietet eine Auswahl von über 160 erlesenen Tropfen

BAR

Was wir lieben

+ TERRASSE Die neue Sky Bar auf dem Dach garantiert Seebrise in den Haaren und grandiosen Blick auf die Stadt.

+ LAGE Zentral und ideal für Sportskanonen. Vor der Tür führt eine Jogging-strecke am Seeufer zur größten Parkanlage der Stadt mit eindrücklicher Tinguely Skulptur. Gegenüber des Hotels die schönste Badeanstalt der Stadt, das Seebad Utoquai.

+ DESIGN Gediegen und luxuriös für Liebhaber der ursprünglichen Hotellerie.

Lichtdurchflutete Räume und Seeblick

EDEN AU LAC Zürich

Der Garten Eden unter Zürichs Hotels verwöhnt Gaumen und Geist gleichermaßen: mit Austern, Ausblick und Abenteuern per Eventmanagement.

Urlaub in diesem 5-Sterne-Hotel inmitten des Lifestyle-Quartiers Zürich-Seefeld bedeutet Urlaub im Kulturdenkmal. Denkwürdig ist aber nicht nur der neubarocke Bau, sondern auch das unverwechselbare Angebot: Von der Babyparty über den Barmixkurs bis hin zum Afternoon Tea wird jeder Moment stilecht zelebriert – das Hotel bietet ein edles, geschichtsträchtiges Ambiente für ein modernes Jet-Set-Publikum. Seit mehr als einem Jahrhundert lassen sich Geschäftsleute, Kunstliebhaber, Gourmets, Feriengäste oder Stars schon in diesem Traditionshotel verwöhnen. Nicht umsonst nennt man das EDEN AU LAC auch den Garten Eden unter allen Hotels in Zürich. Das kleine Luxushotel im Herzen der Stadt punktet mit Privatsphäre und Diskretion sowie einem malerischen Ausblick auf den Zürichsee. Die traumhafte Dachterrasse der Skybar des EDEN AU LAC Zürich lockt im Sommer mit frisch geöffneten Fines de Claire Austern, Trüffelfondue und Teppanyaki-Grill zu entspannter Lounge-Musik. Im Winter werden zur funkelnden Lichterkulisse der Stadt Wärmflaschen gereicht und

Fondue kredenzt. Zu kalt? Dann zieht man sich in die edle Atmosphäre des von Gault&Millau ausgezeichneten Restaurant EDEN zurück, das sich in stilvollem Ambiente der klassischen Küche verpflichtet hat und mit einer kleinen, kulinarischen Sensation aufwartet: Seit über 70 Jahren wird ein Degustationsmenü serviert, das die Bandbreite der Gourmetküche in kleinen Häppchen serviert und schon Aga Khan begeisterte. Perfekt ist eine Reise vor allem dann, wenn man sie mit jemandem teilen kann,. Oder auch mit mehreren Personen, etwa den besten Freunden. Das EDEN AU LAC Zürich bietet gerade für größere Gruppen ein unvergessliches Erlebnis, das jede Menge Action und Abenteuer verspricht: Ein eigener Eventmanager bucht Helikopterflüge, Schatzsuchen oder Casino-Abende – no risk, but all of the fun! Nach dem erlebnisreichen Tag kehren die Abenteurer heim in edles Jugendstil-Dekor und lichtdurchflutete Räume: Die Deluxe-Suiten des EDEN AU LAC Zürich begeistern mit großzügigem, separatem Wohnbereich. Auf der obersten Etage mit Seeblick gelegen, bieten diese Refugien mit 57 bis 68 m² viel Platz zum Wohlfühlen.

Lage | In Zürich Seefeld am Zürichsee. In Gehdistanz vom Opernhaus und Sechseläutenplatz. Zürich-Kloten: 10 km.
Zimmer | 50 Zimmer und Suiten, (22 – 68 m²)
Facilities | Sky Bar, Eventräume, Seminarräume, Incentives, Weinspezialitäten, Gourmetküche

Edles Jugendstil-Dekor

Was wir lieben

+ ARCHITEKTUR
Opulent, hinreißend. Ein epochales Meisterwerk aus der Belle Époque mit traumhafter Aussicht auf den Lac Léman.

+ ZIMMER So schön wie die Belle Époque – historisch anmutende Gemälde, Spiegel mit Goldrahmen und feinste Stoffe in romantischen Pastelltönen sind die Zeitzeugen dieser ruhmreichen Epoche.

+ ESSEN Das kleine, charmante Les Saisons verbindet altmodische Pracht mit modernem Design.

Meisterhaft zubereitete Speisen in edlem Ambiente

Grand Hôtel du Lac Vevey

Die ältere Dame am Genfer See wurde runderneuert und erstrahlt wieder im Glanz der Belle Époque – als epochales Meisterwerk.

Vom Schweizer Architekten M. Ernest Burnat 1868 kreiert, leuchtet das 5-Sterne-Hotel am Ufer des Genfer Sees nach seiner Renovierung wie ein Juwel. Auch die Liste berühmter Gäste ist lang – Barone und Baronessen, Generäle, Prinzessinnen, Bischöfe und sogar Ritter waren schon hier. Sie kamen aus Russland, Neuseeland oder Asien. Sie flüchteten ins Hotel, sie überdauerten zwei Weltkriege und wurden auf Gedenktafeln verewigt. Wer sich hier ein Stückchen Luxus gönnt, befindet sich in bester Gesellschaft. Die ‚ältere Dame am See' hat sich einer Schönheitsoperation unterzogen und erstrahlt wieder im alten Glanz. Pierre Yves Rochon hat sich ein Beispiel an der ursprünglichen Architektur genommen und die 50 Räumlichkeiten des Grand Hôtel du Lac Vevey wieder in die Zeit zurückversetzt, als die Époque noch belle war – historisch anmutende Gemälde, Spiegel mit schweren Goldrahmen und feinste Stoffe sind die Zeitzeugen dieser ruhmreichen Epoche. Auf der modernen Seite findet man behindertengerechte Zimmer, Pfle-

geprodukte von L'Occitane und bestens ausgestattete Seminarräume – mit Sicht über den Hafen von Vevey, den Genfer See und das Alpenpanorama inklusive. Exzellent – dieses Wort charakterisiert den Service im Grand Hôtel du Lac Vevey treffend. Kein Wunsch bleibt unerfüllt. Highlight: Für den perfekten Schlaf bietet das 5-Sterne-Hotel ein exklusives Kissenmenü an. Abgerundet wird das Angebot von einem Limousinen-Service oder einem Sonnenbrillenreinigungsservice am Pool. Wer selbst den Kochlöffel schwingen möchte, kann das im Rahmen eines Workshops tun. Für Entspannung sorgt im Grand Hôtel du Lac Vevey das Dr. Burgener Switzerland Care & Spa. Zur Verfügung stehen ein Schwimmbad, Fitnessraum, Türkisches Bad, Sauna sowie Behandlungen und Massagen. Für Stärkung sorgt Sterne-Küchenchef Thomas Neeser im Les Saisons: In eleganter Atmosphäre mit meisterhaft zubereiteten Delikatessen, begleitet von einer großen Auswahl an Schweizer Weinen. Im Restaurant La Véranda begeistert die Terrasse mit Traumaussicht. Die orientalische Lounge wurde von Tausenundeiner Nacht inspiriert.

Lage | Am Ufer des Genfer Sees in Vevey, 1, 5 km vom Zentrum von Vevey entfernt. Flughafen Genf, 88 km.
Zimmer | 50 Zimmer und Suiten, (19 m² - 110 m²)
Facilities | Konferenzräume, Bankették, Sauna, Pool, Babysitter, Limousinen-Service.

Die Räume versetzen in die Belle Époque

Das Hotel vereint
Renaissance-Stil
mit Loire-Romantik

Was wir lieben

+ ZIMMER Wer hier
schläft, wacht als König
auf. Sämtliche Zimmer
sind im Empire-Stil eingerichtet, die Badezimmer
aus italienischem Marmor.

+ EINMALIG Die Ritz Suite
mit einer Höhe von 3,5
Metern, ausgestattet mit
edelsten Stoffen und einer
traumhaften Sicht auf See
und den Pilatus.

+ TERRASSE Den
Hornsignalen der alten
Dampfschiffe zuhören und
die Passanten an einer der
schönsten Uferpromena-
den beobachten.

Luxuriöses Traditionshaus nahe der Luzerner Altstadt

Grand Hotel National Luzern

César Ritz und Auguste Escoffier vereinten mit dem Grandhotel National Luzern Noblesse und Grandezza zu einem einzigartigen Denkmal.

Die Lage ist einzigartig – das 5-Sterne-Hotel liegt im Zentrum der berühmten Leuchtenstadt Luzern: Inmitten einer spektakulären Landschaft findet man hier einen inspirierenden Schauplatz für den perfekten privaten oder geschäftlichen Aufenthalt im Herzen der Schweiz. Neben Auguste Escoffier, dem Erfinder der Grande Cuisine, setzte sich auch César Ritz – das Synonym für Hotellerie erster Klasse – mit dem luxuriösen Traditionshaus ein monumentales Denkmal: Die beiden Gründerväter schufen ein Hotelerlebnis, das weltweit seinesgleichen sucht. Das legendäre 5-Sterne-Grandhotel ist zwar unmittelbar am Ufer des Vierwaldstättersees in Luzern beheimatet, könnte aber genauso gut in Paris oder Mailand stehen. Auf eine glanzvolle, fast 150-jährige Tradition zurückblickend, vereint es den Stil der Renaissance mit Loire-Romantik zu einem einzigartigen Cocktail aus Noblesse und Grandezza. Dieses stolze Denkmal unter den Prachthäusern war immer schon mondän, nach dem Umbau verfügt es auch über die Ausstrahlungskraft der Moderne und

begeistert mit technischer Raffinesse. Wir ziehen demütigst den Hut vor dieser perfekten Balance von Kultiviertheit und zeitgenössischen Akzenten. Es würde kaum auffallen, wenn der Mann im Café César, der sich hinter seiner Zeitung verschanzt, Zylinder, Monokel und Schnurrbart tragen würde. Diese Pracht, diese ruhmreichen Geister sind im Grand Hotel National Luzern immer noch spürbar. Auf der anderen Seite ... ist das Grand Hotel National Luzern keineswegs ein verstaubtes Relikt. Die von Holz und hellen Farben bestimmte Pool-Etage mit Sonnenterrasse bietet wohltuende Entspannung in modernem, behaglichem Design-Ambiente – Lymphdrainage, Aroma-Öle und Fußreflexzonenmassage inklusive. Auf der Seeterrasse des Restaurants National wird zur innovativen, von Gault&Millau mit 13 Punkten ausgezeichneten Küche von Nathalie Jost der atemberaubende Blick auf den See serviert. Fazit: Dem Grand Hotel National gelingt gekonnt der Balanceakt zwischen der Bewahrung einer stolzen Historie und den Zugeständnissen an die Zukunft – es ist für die Ewigkeit gerüstet.

Lage | Im Zentrum von Luzern, in Gehweite von der Altstadt, Flughafen Zürich-Kloten: 60 km.
Zimmer | 41 Zimmer und Suiten, (20 – 140 m²)
Facilities | Ballsäle, Eventplaner, 4 Restaurants, Bar, Coffee Shop, 7 Konferenzräume, Swimming Pool, Sauna, Fitnesspark

Was wir lieben

+ ARCHITEKTUR Die herrschaftliche Villa aus dem 19. Jahrhundert wurde meisterhaft zu einem eleganten Hotel umgebaut.

+ LAGE Traumhaft tropisch, inmitten eines wunderschönen Palmen-Parks. Nur durch die Ufer-straße vom Luganersee getrennt.

+ EINZIGARTIG Die Kaminhalle erinnert an herrschaftliche Zeiten. Teure Gobelins, italienische und flämische Meister zieren die hohen Wände.

Grand Hotel Villa Castagnola

Malerisches Stilleben am Ufer des Luganersees: Das Hotel beherbergt
tropische Flora im Garten und afrikanisches Dekor in den Suiten.

Die prächtige Anlage war einst das Zuhause einer russischen Adelsfamilie und wurde 1885 in ein Hotel umgebaut. Heute ist das herrliche, am Ufer des Luganersees gelegene 5-Sterne-Superior-Hotel ein Wohlfühlrefugium in einem privaten, subtropischen Park, und begeistert mit ruhiger Atmosphäre, Eleganz, sowie diskretem und zuvorkommendem Service. Die 78 Zimmer sowie 32 Suiten und Junior-Suiten des Grand Hotel Villa Castagnola wurden individuell gestaltet, bieten modernen Komfort auf höchstem Niveau und sind nach Süden ausgerichtet – ein traumhafter Blick von Balkon, Terrasse oder Veranda auf See und Park ist garantiert. Die Räumlichkeiten bewegen sich (kolonial)stilsicher zwischen riesigen Wandteppichen und indischen Kommoden, zwischen tropischer Flora im Garten und Elementen der afrikanischen Fauna in den Suiten. Gelungen! Andere Hotels haben einen begehbaren Kleiderschrank, das Grand Hotel Villa Castagnola hat einen begehbaren Kamin. Der Stolz des Bankettsaals lässt auch noch genügend Platz für ein Klavier, eine Jagdgesellschaft

Versteckte romantische Winkel für Paare

oder eine Hochzeit. Die kann auch im Hotelpark in einer Kapelle aus dem 17. Jahrhundert gefeiert werden. Versteckte, romantische Winkel für die Verliebten gibt es genug: Zwischen Palmen und privatem Lido mit Terrasse direkt am See oder zwischen Relax Corner und Indoorpool kann man seinem Schatz einen Kuss stehlen.

Das direkt am See gelegene Restaurant Galerie Arte al Lago ist ein echter Hingucker: In den zwölf Jahren seines Bestehens hat es nicht nur vielzählige Ausstellungen internationaler Künstler gesehen, es begeistert auch mit ausgezeichneter Küche – 1 Michelin-Stern und 16 Gault&Millau-Punkte sprechen für sich. Als Augenschmaus werden fangfrische Spezialitäten aus dem See und eine unvergleichliche Aussicht auf denselben serviert. Das neue Restaurant La Rucola bietet unter dem Motto „Fresh & Easy Dining" leichte und leckere Mahlzeiten in angenehmem Ambiente. Das Menü wurde von Küchenchef Christian Bertogna kreiert, der auch für das Restaurant Le Relais verantwortlich ist, das mit 15 Gault&Millau-Punkten und großzügiger Sonnenterrasse begeistert. Malerisch!

Lage | Am Ufer des Luganersees, 10 Minuten vom Stadtzentrum Luganos entfernt. Flughafen Lugano-Agno: 8 km.
Zimmer | 42 Zimmer und 32 Suiten, (23 - 100 m²)
Facilities | Private Terrasse am See, Hallenschwimmbad, Biosauna, Dampfbad, Seerestaurant, privater Park

177

„Inspirationsquelle auf dem Wasser – im Palafitte Hotel erlebt man den schönsten Sonnenaufgang vom Bett aus mit einem atemberaubenden Blick auf den Lac Neuchâtel."

SABINE HAUPTMANN (LEITERIN KOMMUNIKATION MÖVENPICK SCHWEIZ AG & CHEFREDAKTEURIN DES HIGHCLASS-MAGAZINS „THE PEARLS OF SWITZERLAND")

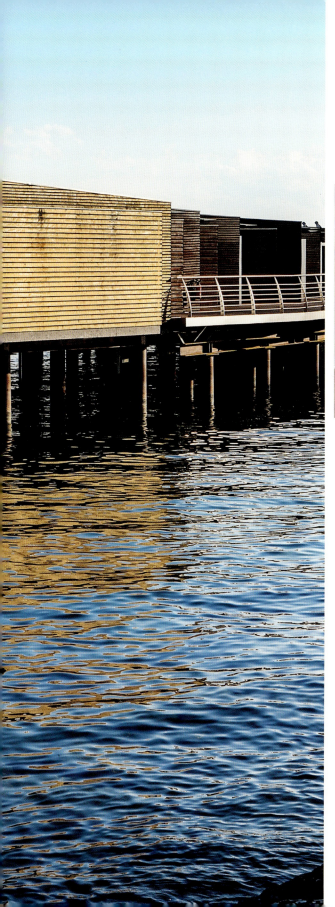

38 Pfahlbauten und Terrassen direkt über dem See

Hôtel Palafitte

Die Malediven waren gestern. Heute beweist das Hôtel Palafitte, dass die Pavillons über dem Wasser auch in der Schweiz gebaut werden können.

im Rahmen der Schweizerischen National ausstellung im Jahr 2002 erbaut, ist das Hôtel Palafitte immer noch ein einzigartiges Schauobjekt am Neuenburger See. Die Pavillons auf Pfählen direkt über dem Wasser mit der atemberauben-den Aussicht gehören zum einzigen 5-Sterne-Hotel Europas, das auf einem See gebaut wurde. Das Hotel begeistert mit seiner innovativen Neuinterpretation der traditionellen Stelzenhäuser aus dem Indischen Ozean und versetzt seine Gäste in eine einmalige Lage: Wohnen über dem See, im Gleichklang mit dem See. Ein einzigartiges Urlaubserlebnis wartet.
Die spektakulären Behausungen des Hôtel Palafitte sind nicht nur einzigartig, sie sind auch sehr edel eingerichtet. Aufgeteilt auf den Seepavillon und den Uferpavillon, bieten die insgesamt 38 Pfahlbauten auf ihren 70 m² Fläche ein wahres Paradies zur Entfaltung. Zimmerservice, Jacuzzi, Pflegeprodukte aus der Reihe

Grandioser Ausblick
ist hier inkludiert

Was wir lieben

+ EINMALIG Das Plätschern des Sees direkt im Ohr. Gilt als das einzige Hotel Europas, das 24 seiner insgesamt 40 Pavillons auf Stelzen errichtet hat.

+ ZIMMER Unbedingt einen der Overwater-Bungalows wählen. Garantiert Südseefeeling in der Schweiz.

+ LAGE Unmittelbar am Ufer des wunderschönen Neuenburgersees, wenige Kilometer von Neuchâtel entfernt.

Technische Raffinesse und schmuckvoller Rahmen für Events

L'Occitane oder eine Nespresso-Kaffeemaschine sind nur einige der Highlights. Die Räumlichkeiten verfügen über Bad, Bürobereich und eine private Terrasse mit Abstieg zum See. Tipp: Aufstehen, drei Schritte machen, eintauchen. Danach ein Glas Champagner auf der eigenen Terrasse genießen und das Prickeln am Gaumen mit der seidenglatten Ruhe des Sees kombinieren. Näher kann man dem perfekten Urlaub nicht mehr kommen.

Genuss ist in Neuchâtel allgegenwärtig. Der Geruch von Suchards Schokolade und würzigem Blauschimmelkäse liegt im ganzen Kanton in der Luft, außerdem ist Neuchâtel die Quelle des Absinth, dem mystischen grünen Künstlergetränk.

Auch im Hôtel Palafitte hat man sich dem Genuss verschrieben. Unter der Leitung von David Sauvignet werden im La Table de Palafitte – umsäumt vom Naturpanorama und nur durch eine Glaswand davon getrennt – saisonale Delikatessen aus marktfrischen, regionalen Zutaten kredenzt. Der Sonntagsbrunch lässt jegliche Restmüdigkeit verschwinden, die Bar mit Kamin und Absinthfontäne entzückt und der gemütliche Rauchersalon mit seiner großem Zigarrenauswahl und Seeblick lässt so manchen Besucher zu Begeisterungsstürmen hinreißen. Die lukullischen Genüsse können die Gäste auch auf der großzügigen Sonnenterrasse des modernen Restaurants einnehmen. Egal, wo man sich niederlässt – der Blick auf das malerische Panorama ist überall gleichermaßen schön und atemberaubend.

Das Palafitte bildet auch den schmuckvollen Rahmen für Meetings und Konferenzen. Für größere Veranstaltungen empfiehlt sich der Saal Chasseral für 80 Personen. Zwei Pavillons wurden zusammengelegt und bilden nun mit technischer Raffinesse ein harmonisches Ganzes. Für einen kleineren Personenkreis ist der Saal Chaumont ausgerichtet – hier können bis zu 40 Personen Innovationen erarbeiten. Das Rahmenprogramm liegt nahe: Wer nach einem Tag im Seminar nach weiterer Inspiration sucht, findet sie sicher im oder am Wasser des Neuenburger Sees. Wir garantieren: Hier gibt es keine Haie.

Lage | An den Ufern des Neuenburgersees, wenige Minuten vom Zentrum entfernt. Flughafen Bern-Belp: 50 km
Zimmer | 38 Pavillons, (68 m²)
Facilities | 1 Restaurant, 1e Bar, Veranstaltungs- und Seminarräume, kostenlose Parkplätze

Schnell-mal-weg-Tipp

5 km vom Hotel entfernt befindet sich das Schloss Neuenburg, das im 12. Jahrhundert errichtet wurde und heute den Verwaltungssitz des Kantons beherbergt. Der Rundgang führt zunächst durch den westlichen Teil der Burganlage, die als Profanbau in der Schweiz einmalig ist. Gleich daneben befindet sich die Stiftskirche aus dem 12. Jahrhundert, die mit einem bemerkenswerten Südportal aufwartet.

Das Hotel setzt auf die Elemente
Luft, Erde, Wasser und Thailand

Was wir lieben

+ EINMALIG Eigener
Strand. Die schönen
Thai-Sonnenschirme
lassen Asienstimmung am
Hallwilersee aufkommen.

+ ZIMMER Unterschied-
liche Designzimmer zur
Auswahl. Unerwartet cool,
die spacige Calypsosuite
mit Rundbett und freiem
Blick in den Sternen-
himmel.

+ ESSEN Liebhaber
der Thai-Küche finden
im Restaurant Samui
eine exquisite Auswahl
farbenfroher und
exotischer Gerichte.

Auf Tuchfühlung mit Thailand im Restaurant Samui-Thai

Seerose Resort & Spa

Thailändische Gastfreundschaft auf Schweizer Grund: Die Seerose erblüht am Hallwilersee und betört mit Cocon-Spa und SwissThai-Leckerbissen.

In paradiesischer Lage am See konzentriert sich das familiengeführte 4-Sterne-Hotel auf die vier Elemente Luft, Erde, Wasser und Thailand und überzeugt mit einem Designkonzept, das schick und natürlich zugleich ist. Aufgeteilt auf drei Designwelten – Classic, Elements und Cocon – bietet das Seerose Resort & Spa 91 Zimmer, Junior-Suiten und Suiten. Highlights? Da wäre einmal die spacig-moderne Calypso Suite mit stylischem Rundbett und freiem Himmelblick. Die Romantic-Suite wartet mit Löwenfuß-Badewanne und Himmelbett auf Verliebte. Oder vielleicht reizt die Thai-Suite mit Panoramablick vom Doppelwhirlpool? In den zwei exklusiven Cocon-Suiten werden drei der vier Elemente vereint – viel erdiges Holz, das Bett steht nah an den Panorama-Fenstern und bietet in luftiger Höhe einen Ausblick auf den See und den Erlenhölzliwald. Im Seerose Resort & Spa hat man mehr vom Wasser. Augenschmaus und Gaumenfreude vereint das Frühstück im Restaurant Seerose mit Ausblick auf die Bootsanlegestelle. Im Cocon-Spa vereinen sich thailändische Gastfreundschaft, das uralte Wissen um die Balance der vier Elemente und modernes Design zu einem einzigartigen Spa-Erlebnis. Auf über 1.000 m² erfreuen Innenpool, Whirlpoolliege und Massagesprudel oder der biologische Außenbadeteich sowie der Seerose Beach. Salzcocon, Dampfbadcocon, thailändische Kräutersauna und Tempelsauna locken, im Fitnessraum lässt es sich herrlich auspowern.

Im Restaurant Samui-Thai ist süß-sauer-scharf-blumig in authentischem Ambiente angesagt. Im Restaurant Cocon begeistern SwissThai-Leckerbissen: Serviert werden lokale Produkte, vermählt mit Kulinarik aus Thailand. Das Restaurant Seerose lockt mit schweizerisch-französischer Küche und wurde mit 14 Punkten von Gault&Millau geadelt.

Lage | In Meisterschwanden direkt am Hallwilersee im Aargauer Seetal. Flughafen Zürich-Kloten: 55 km.
Zimmer | 91 Zimmer und Suiten, (22 - 58 m²)
Facilities | Frühstück am See, Beach-Restaurant, Cocon Thai Spa, Seminar- u. Banketträume, Abendrundfahrten auf dem See

Was wir lieben

+ EINMALIG Auf Stelzen gebaut, in luftiger Höhe nächtigen Sie in einem vergoldeten und verspiegelten Design-Baumhaus der Sonderklasse mit Rundumblick auf den herrlichen Murtensee und den schönen Park.

+ KONZEPT „Glamping". Gelungene Mischung aus Glamour und Camping. Der Garten mit Grillstelle bietet Gelegenheit, Freunde zu einem Dinner direkt am See einzuladen.

+ FREIZEIT Sechs Golfplätze in der Nähe, Hoteleigene Jacht auf dem See.

Glamping im Baumhaus

La Pinte du Vieux Manoir

Ein Glasdiamant auf Stelzen direkt am See garniert den Aufenthalt mit 360 Grad Aussicht auf Privatsteg und Natur.

Das Konzept hinter La Pinte du Vieux Manoir besteht aus einer Mischung aus Glamour und Camping und nennt sich ‚Glamping'. Das unkonventionelle Hotel zieht Blicke auf sich und lässt Blicke werfen: auf die malerische Landschaft am Murtensee, eingebettet in romantische Idylle nahe des mittelalterlichen Städtchens Murten. Wer den Glasdiamant verlässt, kann die umliegenden Ortschaften per Fahrrad oder per pedes erkunden. Für golfbegeisterte Gäste finden sich innerhalb von 45 km sechs fordernde 18-Loch Plätze zur Verbesserung des Handicaps. Das 5-Sterne-Hotel begeistert seine Gäste mit drei außergewöhnlichen und innovativen Wohnwelten. Im maritim gehaltenen Seehaus — einem stilvollen Holzhaus mit 1950er-Charme — warten in vier Schlafzimmern, zwei Bädern und einem großzügigen Wohnbereich Designklassiker und Eigenentwürfe der Architektin Jasmin Grego — Sauna, Grillstelle sowie ein privater Bootssteg inklusive. Liebhaber von individuellen Wohnformen finden in den ursprünglichen Mauern des Bahnwärterhauses von Merlach ein echtes Bijoux — hier versprechen zwei Etagen, Kaminofen, Balkon und Terrasse ein Glamping-Erlebnis der Luxusklasse. Alte Steinmauern, Holzboden und die Innenausstattung mit dem Designtouch sind luxuriöse Zeitgenossen — Glamping in Reinkultur. Das exklusive Doppelzimmer — der Glasdiamant — thront im eigenen Park und bietet Eleganz in luftiger Höhe: Auf Stelzen gebaut, nächtigen Sie in einem vergoldeten und verspiegelten Design-Baumhaus der Sonderklasse, das mit seinen raumhohen Schiebefenstern einen einzigartigen Panoramablick bietet — Balkon, kleine Bibliothek und privater Steg mit Rufefloss inklusive.

Im pittoresk-charmanten Restaurant des La Pinte du Vieux Manoir werden in stilvollem Ambiente Sashimi und französische Gaumenfreuden auf der Sonnenterrasse serviert. Das Restaurant mit Wohnzimmeratmosphäre und malerischem Garten kann auch für Bankette genutzt werden. Auch eine hoteleigene Yacht für zehn Personen steht für die Gäste bereit.

Lage | 20 Minuten von Bern entfernt, unweit von Murten, direkt am Murtensee, Flughafen Bern-Belp: 30 km.
Zimmer | 3 Zimmer (Baumhaus am See, Bahnwärterhaus, Seehaus)
Facilities | Private Grillstelle am See, Park, Bibliothek, Privatsteg, Banketträumlichkeiten, Restaurant

Träumen am Murtensee und in innovtiven Wohnwelten

Berghotels

Die St. Moritzer Skipisten und ausgedehnten Langlaufloipen sind weltberühmt

Hoch hinaus: Unsere Berghotels sind tief mit den Schweizer Alpen verwurzelt und entführen in luftige Höhen!

Carlton
Hotel St. Moritz

Ein Luxushotel aus der Design-Feder von Carlo Rampazzi in einem der exklusivsten Winterorte der Welt – Herz, was begehrst du mehr?

Es gibt wenige Ski-Orte auf der Welt, in denen die Dichte an 5-Sterne-Hotels so hoch ist wie in St. Moritz – das Carlton Hotel ist eines der kleinsten und zugleich exklusivsten davon. Denn als das Luxushotel 2007 vollständig renoviert worden ist, wurden die damals 110 Zimmer zu 60 exklusiven Suiten von 35 bis 386 m² umgestaltet – diese geringe Raumanzahl lässt in eine äußerst private und ruhige Atmosphäre eintauchen. Und was entsteht, wenn man einem berühmten Architekten freie Hand bei der Inneneinrichtung lässt? Einmalig stilvolle und individuelle Wohnträume der Extraklasse. Danke, Signore Rampazzi!

Sobald man vor der prunkvollen Eingangslobby des Carlton Hotel St. Moritz ankommt, beginnt der perfekte Urlaub, und der Gast braucht sich um nichts mehr

Im Restaurant Romanoff wird authentische Schweizer Küche serviert

Was wir lieben

+ ESSEN Im Da Vittorio unbestritten das beste Essen der Lombardei in den Schweizer Alpen. Mit 1 Michelin-Stern ausgezeichnet, ist das Restaurant ein Ableger des Originals in Bergamo, das wiederum laut „La Liste" zu den Top 10 der Welt gehört.

+ DESIGN Opulent und farbenfroh. Eine Anlehnung an das Zarenhaus des 20. Jahrhunderts. Eine fantasievolle Erfahrung.

+ SERVICE Tadellos vom Chauffeur bis zu den aufmerksamen Zimmermädchen.

Die lichtdurchflutete Zaren Suite ist in warme Farben getaucht

zu kümmern. Das Auto wird in Windeseile vom reizenden und kompetenten Personal entladen und geparkt. Danach wird das Gepäck zur gebuchten Suite gebracht, und hier wartet schon der persönliche Butler, der rund um die Uhr alle Wünsche der Gäste erfüllt – dieser Service ist selbstverständlich im Hotelpreis inbegriffen.

Frühstück und Abendessen warten im erstklassigen Restaurant Romanoff auf der historischen Bel Etage – dem einzigen Ort im Hotel mit Dresscode. Hier verwöhnt Chefkoch Gero Porstein mit feiner, authentischer Schweizer Küche. Als einer der angesagtesten Gourmettempel von St. Moritz hat sich das hauseigene Restaurant Da Vittorio etabliert: Hier servieren die Brüder Enrico und Roberto Cerea italienische Haute Cuisine – ausgezeichnet mit 1 Michelin-Stern und 18 Punkten von Gault&Millau. Geheimtipp: Das Carlton Hotel verfügt über eine der schönsten Terrassen von St. Moritz – hier kann man jedes Wochenende ein köstliches Barbecue und den traumhaften Blick auf die Bergwelt genießen.

Erholung findet man bei Wellness für Körper, Geist und Seele in Kombination mit einem einzigartigen Blick auf das St. Moritzer Bergpanorama: Auf einer Fläche von über 1.200 luxuriös ausgestatteten Quadratmetern steht ein erstklassiges Spa-Center zur Verfügung, das sich über insgesamt drei Etagen erstreckt. Schwerelos gleiten lässt es sich im Innen- und Außenpool mit verschiedenen Sprudelattraktionen oder im exklusiven Sportpool. Die weitläufige Saunalandschaft lockt mit Dampfbad, Caldarium, Finnischer Sauna und Privatsauna für Damen, Erlebnisduschen und Eisbrunnen. Ruhe finden die Gäste danach in der Lounge mit Feuerstelle und Ruheraum. Romantische Zweisamkeit verspricht die 35 m² große Private Spa Suite mit Whirlpool, Sauna, Dornbracht-Rainsky-Dusche mit Lichttherapie sowie Relax- und Behandlungsmöglichkeiten. Ein voll ausgestattetes Fitnesscenter sowie zahlreiche Massagen und Beautybehandlungen runden das Angebot ab und schaffen einen idealen Ort für die Erholungsphase nach einem anstrengenden Tag auf den Skipisten oder beim Wandern.

Lage | In St. Moritz auf einer Höhe von 1.856 Metern. Der Flughafen Zürich-Kloten ist 220 km entfernt.
Zimmer | 60 Suiten, (35 – 386 m²)
Facilities | Restaurant Da Vittorio mit 1 Michelin-Stern und 18 Gault&Millau-Punkten, 1.200 m²-Spa, Wintersportangebot

Schnell-mal-weg-Tipp

Die Wintersportregion St. Moritz begeistert mit ausgedehnten Skipisten, Langlaufloipen und einer olympischen Bobbahn. Zusammen mit erfahrenen Piloten kann man den Eiskanal auch selbst befahren – das Haus bietet dazu ein Package an. Ebenfalls hilfreich: Das Carlton Hotel stellt den Gästen einen Outdoor-Butler zur Seite, der das Oberengadin wie seine Westentasche kennt und die besten Insidertipps bezüglich Bergerlebnis gerne mitteilt.

Was wir lieben

+ EINMALIG Bishorn, Weisshorn, Mont-Blanc direkt im Visier. Von der Terrasse aus atemberaubender Bergpanoramablick mit 4.000er wohin das Auge reicht.

+ SPORT In diesem Fitnessraum schwitzt man gerne. Dank Glasverkleidung wähnt man sich mitten in der Natur.

+ SPA Karibikfeeling in den Schweizer Bergen. Der große Pool des 1300 m² Spas ist immer auf 29 Grad Celsius geheizt.

Dezentes und freundliches Designer-Ambiente

29 Grad warmes Wasser im Schwimmbecken

Crans Ambassador

Luxus und Sport in einem Hotel vereint: Das 5-Sterne-Resort animiert
zur Aktivität in klarster Bergluft oder beim Personal Trainer im Performance Lab.

Das Luxury Sport Resort lässt Sie in das Herz der Schweizer Alpen eintauchen: Schon bei der Ankunft bietet das 180°-Panorama des Hotels einen atemberaubenden Blick auf die höchsten Gipfel Europas. In zeitloser und freundlicher Atmosphäre erwartet die Gäste eine exklusive Oase der Ruhe, die Luxus mit Gastfreundlichkeit, Animation und Performance vereint. Die Zimmer und Suiten bieten edlen Komfort und ein dezentes, freundliches Designer-Ambiente. Die moderne Dekoration, die Lichtspiele und die edlen Materialien eröffnen einen neuen Blick auf die Grundzüge einer Reise in das Herz der Schweizer Alpen. Die großen Fenster offenbaren einen Panoramablick auf die höchsten Alpengipfel. Der 1.300 m² große 360° Holistic Sport & Spa ist ideal für Sportbegeisterte und Wellness-Fans, die kompetente Betreuung wünschen: Das ganze Jahr über im 29°C warmen Wasser schwimmen – das ist im 17 m langen Pool des Crans Ambassador möglich. In Whirlpool, Sauna und Hamam

lässt es sich herrlich entspannen, im Performance Lab berät Personal Trainer Olivier mit maßgeschneidertem Programm, zudem werden in der Natur oder im Hotel zahlreiche Aktivitäten angeboten.

Das sonnenverwöhnte Restaurant Texture begeistert mit sinnlicher Atmosphäre sowie saisonalen Gerichten, die an individuelle Vorlieben angepasst werden. Die 180° Bar Lounge ist das pulsierende Herz des Hotels und von Crans Montana – Barkeeper ist der talentierte Souad Ben Mohammed, Gewinner des „Swiss Cocktail Battle 2015". Mit dem vielseitigen Musikprogramm ist dies der ideale Ort für gesellige Stunden. Die Terrasse Valaisane, die sich mit ihrer einzigartigen Aussicht ideal für sonnige Après-Ski-Stunden anbietet, ist mit ihrem Humidor ein Lieblingsort für Genießer.

Das Carnotzet war einst ein Keller, der typisch für die französische Schweiz ist und in dem die Produkte der Region geteilt wurden – Le Carnotzet by Hublot interpretiert diese Tradition neu und setzt auf den Reichtum der alpinen Produkte.

Lage | Auf 1.500 Metern Höhe über dem Rhonetal. Der Flughafen Genf ist 180 km entfernt.
Zimmer | 60 Zimmer und Suiten, (20 – 70 m²)
Facilities | Restaurant, Bar Lounge, Le Carnotzet by Hublot, 1.300 m²-Spa, Fitness, Seminar- Hochzeits- und Aktivangebote

Was wir lieben

+ EINMALIG Stararchitekt und St. Moritz-Liebhaber Sir Norman Foster hat den zum Hotel gehörenden Pavillon zum Kulm Country Club der Extraklasse umgebaut. Gediegene Bar und Pop-Up Restaurants im Winter.

+ SPORT Eigener 9-Loch-Kulm-Golfplatz mit Driving Range und Golfakademie.

+ SPA Eine Wellnesswelt auf über 2.000 m² mit Innen- und Außenpool. Schönste Aussicht auf den See und die Berge inklusive.

Großzügiger Indoor-Pool mit Unterwassermusik

Edles Mobiliar in der Lobby

Kulm Hotel St. Moritz

Der mächtigen Bergwelt des Engadins kann nur eines entgegen gesetzt werden:
Die Allmacht der Geschichte in diesem 5-Sterne-Superior-Anwesen.

Hinter den herrschaftlichen Mauern des 5-Sterne-Superior-Hotels warten Luxus, Tradition, Komfort und herzlichste Gastlichkeit – alles vor imposanter Alpenkulisse. Für Bergsportler ist das exklusive Traditionshotel auch 2017 ‚the place to be', um Pisten, Loipen und Winterwanderwege stilecht zu genießen. Das Kulm Hotel St. Moritz bietet 172 Zimmer und Suiten in sonnigen Farben, die mit feinsten Stoffen, edlem Holzmobiliar und erlesener, regionaler Handwerkskunst bestechen. Die verschiedenen Zimmerarten begeistern mit natürlichem Zirbenholz, heimischem Granitstein und noblem Marmor in den Badezimmern. Die prunkvollen Suiten und Luxussuiten verfügen über ein bis zwei Zimmer mit separatem Salon und Esstisch, eigenem Kamin und Balkon mit zauberhaftem Ausblick. Das Highlight ist die Präsidentensuite – mit 176 m² wahrlich die exquisitesten vier Wände von St. Moritz. Im Kulm Hotel St. Moritz wird seit langem die Tradition der gehobe-

nen Gourmetküche gepflegt: Im imposanten Grand Restaurant werden die Gäste mit innovativen 6-Gang-Menüs verwöhnt – das Repertoire reicht von lokalen Engadiner Spezialitäten bis hin zu internationaler Haute Cuisine. Connoisseure wird die französisch mediterrane und mit 16 Gault&Millau-Punkten prämierte Küche von Mauro Taufer im eleganten Restaurant ‚the K' auf 1856 Metern begeistern. Genussvolle Abwechslung und viel Italianità wartet im mit 13 Gault&Millau-Punkten prämierten Restaurant The Pizzeria. Das 10 Gehminuten vom Hotel entfernte Bob-Restaurant befindet sich im Starthaus des Olympia Bob Runs St. Moritz-Celerina und bietet leichte, rustikale Gerichte. Die Sunny Bar by Claudia Canessa ist das neue Szene-Restaurant mit spannenden Kreationen der peruanischen Küche. Im sportlich-eleganten Chesa al Parc kann man Schweizer und internationale Delikatessen in der gemütlichen Engadiner Stuben oder auf der Sonnenterrasse genießen – unser Tipp ist das legendäre Fondue Chinoise. Entspannung findet man im 2.000 m² großen Spa. Ein großes Schwimmbad mit Unterwassermusik, Whirlpool, Dampfbad und Solegrotte, Kneipp-Fußweg und Saunen sowie das Außen-Erlebnisbad stehen Gästen zur freien Verfügung. Abgerundet wird das Angebot durch eine Vielzahl von Massagen und Körperbehandlungen. Im Sommer stehen den Gästen neben schönen Bergwanderungen und See-Aktivitäten ein 9-Loch Golfplatz und drei Tennisplätze zur Verfügung. Intime Stunden verspricht die exklusive Private Spa Suite mit Private Bio-Sauna, Sauna und Dampfbad sowie Sprudelbad zu zweit.

Lage | im Herzen von St. Moritz. Der Flughafen Zürich-Kloten ist 220 km entfernt.
Zimmer | 172 Zimmer und Suiten, (17 – 176 m²)
Facilities | 2 Restaurants mit 16 bzw. 13 Gault&Millau-Punkten, 4 weitere Restaurants, Sunny Bar by Claudia Canessa, Spa, Aktivangebot

Was wir lieben

+ ESSEN Kul(m)inarisches Dine Around in 6 Restaurants mit insgesamt 42 Gault&Millau-Punkten. Köstlich auch das Stüva Cuolm mit seiner Cucina della Mamma.

+ SPA 1.200 Wohlfühl-Quadratmeter. Von jedem Winkel des großen Pools freier Blick auf eine überwältigende Aussicht. Meditative Wirkung der Berge garantiert.

+ EINMALIG Ein Biopulsar-Reflexograph bestimmt ein auf jeden Gast persönlich abgestimmtes Behandlungsprogramm.

Sagenhafter Blick auf die Bündner Bergwelt

Arosa Kulm Hotel & Alpin Spa

Vielseitige Urlaubsfreuden: Das traditionsreiche Berghotel präsentiert ein Füllhorn an alpinen Aktivitäten und wohltuenden Treatments.

Auf 1.850 Metern lässt es sich im traditionsreichen 5-Sterne-Berghotel bei glasklarer Luft frei durchatmen und neue Energie tanken – sei es im Wellnessbereich, auf der Piste oder auf der Sonnenterrasse – hier passt der Ausblick auf die sagenhafte Bündner Bergwelt perfekt zu den Leckerbissen am Teller. Beim Dine-Around kann man Restaurant-Hopping der Extraklasse betreiben und sich in gleich sechs stilvoll eingerichteten Restaurants nach allen Regeln der Kochkunst verwöhnen lassen. Geschmacklich geht man auf eine kulinarische Weltreise: Im Gourmettempel Muntanella, von Gault&Millau mit 14 Punkten ausgezeichnet, verführt Küchenchef Pascal Kleber in modernem Ambiente mit mediterran inspirierten Delikatessen. Die mit 15 Gault&Millau-Punkten prämierte Stüva Cuolm kombiniert südländische Gastfreundschaft mit Cucina della Mamma. Im Ahaan Thai verzaubert Küchenchefin Tussanee Putkaew die Geschmacksknospen mit fernöstlichen Kreationen –

Gault&Millau vergab hierfür 13 Punkte. Neben dem rustikalen Live Cooking in der Taverne kann in der Stube Piz Kulm ab sechs Personen Käsefondue und Raclette mit großartigem Rundblick genossen werden. Sie suchen ein abwechslungsreiches Programm für Ihre Zeit in Arosa? Sie möchten die Pisten hinunterwedeln oder ein entspanntes Picknick am Schwellisee genießen? Von alpiner Aktivität bis Dolcefarniente – im Arosa Kulm Hotel & Alpin Spa gehen alle Wünsche in Erfüllung. 180 Skilehrer und 40 Snowboard-Lehrer erkunden mit dem Gast 225 Pistenkilometer direkt vor der Hoteltüre. Eislauftrainer brechen das Eis, im Sommer nimmt der Gastgeber André Salamin persönlich die Stöcke in die Hand zur gemeinsamen Nordic Walking Tour durch die Aroser Bergwelt. Auf 1.200 Wohlfühl-Quadratmetern konzentriert sich auch im Spa des Arosa Kulm Hotel & Alpin Spa die Philosophie auf die Kraft der vier Elemente. Ein energetischer Kern ist der heimische blaugrüne Andeerer Granit. Die puristischen Linien der Architektur und der Pool aus Edelstahl, der wie ein Bergsee türkis leuchtet, verleihen dem Spa seinen ganz besonderen Esprit. Die Wasserwelt begeistert mit Felsenbad samt Wasserfall, Whirlpool, Sprudelliegen und Massagedüsen, in der Saunalandschaft locken Finnische Saunas, Sanarium und Dampfbad. Besonders ist auch die Sound- und Duft-Grotte, der Fitnessraum mit TechnoGym-Geräten wartet mit kontrolliertem Herz-Kreislauf-Training auf. Zahlreiche Massagen und Beautybehandlungen runden das Angebot ab und bringen müde Geister schnell wieder ins Gleichgewicht.

Lage | Umgeben von Schweizer Berglandschaft auf 1.850 Meter Höhe gelegen. Der Flughafen Zürich-Kloten ist 165 km entfernt. **Zimmer** | 96 Zimmer und 23 Suiten, (15 – 85 m²) **Facilities** | 6 Restaurants, Konferenz- und Hochzeitsangebot für bis zu 180 Gäste, 1.200 m² Spa,

Exklusiver Innenpool
aus Edelstahl
mit wechselnder
Farbbeleuchtung

Was wir lieben

+ ARCHITEKTUR Ein
echter „Leuchtkäfer" der
Zermatter Hotellerie.
Ein überdimensionales
Châlet als Nobelherberge
mit auffallend schönem
Lichtkonzept.

+ KONZEPT Der Gast
gibt den Rhythmus vor.
Die persönliche Freiheit
hat oberste Priorität. Kein
Aufstehstress wegen
Frühstückszeiten.

+ DESIGN Gemütliche
Wohnzimmeratmosphäre
in allen öffentlichen
Bereichen und individuell
gestaltete Designzimmer.

Gelungener Mix aus Tradition und Moderne

Hotel Firefly

Gemütlichkeit trifft in einem 4-Sterne-Superior-Hotel auf Design, das mit dem perfekten laid-back-Ambiente punktet. Whisky Lounge, Kaminfeuer – passt.

Das 4-Sterne-Superior-Hotel wurde 2008 von der Familie Kalbermatter gegründet und ist eines der jüngsten und zugleich modernsten Luxushotels in der Umgebung Zermatts. Inspirieren ließ sich das Betreiber-Ehepaar von seiner Vorstellung eines perfekten Hotelbesuchs, herausgekommen ist eine exklusive Oase des Wohlbefindens, in der man sich so unabhängig wohl fühlt wie sonst nur daheim. Die persönliche Freiheit des Gastes ist das oberste Gebot des heimeligen Luxussuiten-Hotels.

Das Interieur der 15 Suiten des Hotel Firefly wird von einem Mix aus Tradition und Moderne bestimmt – heimische Hölzer und Steine treffen auf Glas, Metall und technische Raffinesse. Das Skylight Loft – mit 250 m² Wohnfläche die größte Suite in Zermatt – ist das Highlight des Hauses. Ausgewählte Design-Möbelstücke, privater Zugang und atemberaubender Ausblick auf das Matterhorn – für Familien und Freunde mit dem Wunsch nach dem ganz Besonderen: Es

lockt ein opulenter Wohnbereich mit hochmoderner Luxus-Küche, langer Tafel, Sofalandschaft, offenem Kamin, deckenhoher Fensterfront und Zugang zum Südbalkon. Zudem warten Whirlpool, Sauna und eine private Galerie. Das Frühstück kann man sich am Vorabend à la carte auswählen und es zur Wunschzeit aufs Zimmer servieren lassen. Auch abends bleibt man je nach Belieben unter sich.

Nach einem langen Skitag gibt es nichts Schöneres, als sich im Spa des Hotel Firefly vollkommener Entspannung in stylishem Ambiente hinzugeben. Doch womit anfangen? Vielleicht mit ein paar Bahnen im Edelstahlpool und einer Pause auf einer der komfortablen Dedon-Liegen am Beckenrand. Oder wie wäre es mit einer wohltuenden Anwendung mit Naturprodukten? Warm wird es den Gästen in der Schnapsbrenner-Sauna, Solegrotte oder dem Aroma-Dampfbad mit täglich wechselnden Düften. Mutige wagen sich zum Abkühlen in die Eisgrotte, ausruhen kann man sich im Wintergarten.

Ein hauseigenes Restaurant gibt es nicht, dafür aber die kleine, feine Bar 55 mit Smoker und Whisky Lounge. Im Herzstück des Hotel Firefly kann man den Tag gemütlich in Perfektion ausklingen lassen. Für Liebhaber des blauen Dunstes steht eine exquisite Auswahl an Zigarren in der Smoker- und Whisky-Lounge bereit. Für abendliche Unterhaltung sorgen auch regelmäßige Events und Feste sowie die exklusiven Degustationen im hauseigenen Weinkeller, der direkt in den Fels unter dem Hotel geschlagen wurde – ein atemberaubendes Ambiente.

Lage | Inmitten von Zermatt, nur wenige Gehminuten vom Bahnhof und dem Museum. Der Flughafen Bern-Belp ist 115 km entfernt.
Zimmer | 16 Suiten, (30 – 250 m²)
Facilities | Spa, Fitnessraum, Schnapsbrenner-Sauna, Solegrotte, Eisgrotte, großes Aktivangebot, Weinkeller.

Was wir lieben

+ ESSEN Feines
Dine-Around in
3 Restaurants. Das
„Chubut" holt sich
seine geschmackliche
Inspiration aus der
gleichnamigen
argentinischen Provinz in
Patagonien. Klar, dass hier
die Fleischgrilladen am
besten schmecken.

+ EINMALIG Die
„Waldhuus Hütte"
im großen Park lockt
mit urig gemütlicher
Bergatmosphäre,
Fondue- und Racelette
Spezialitäten.

+ SPA Seychellenfeeling
in den Alpen. Herrlich,
der auf 32 Grad erhitzte
Salzwasserpool.

Edles Ambiente und Treffpunkt der High Society

Park Gstaad

Das zeitlos schöne Hotel verbindet modernes alpines Design mit Schweizer Tradition und begeistert mitten in Gstaad mit dem Versprechen eines Traumurlaubs.

Hier nächtigten schon Aga Khan, Fürstin Gracia Patricia von Monaco, Sir Peter Ustinov oder Audrey Hepburn. Nach seiner Umgestaltung durch die Innenarchitektin Federica Palacios zum 100-jährigen Jubiläum des Hauses erstrahlt das einstige Wohnzimmer der High Society wieder in seinem alten Glanz und versprüht alpinen Charme im Edelambiente – zeitloses Vergnügen und ein perfekter Urlaub sind garantiert. Im Chalet-Stil gehalten, begeistern die teils mit Balkon oder Terrasse ausgestatteten Zimmer und Suiten des Park Gstaad mit edlem Interieur, erlesenen Materialien und traumhaftem Ausblick auf die weitläufigen Wälder oder die majestätischen Berge. Das unbestrittene Highlight der Räume ist das My Gstaad Chalet: die größte Penthouse-Suite der Schweizer Alpen bietet auf 400 m² Fläche Luxus pur – Badezimmer mit schwarzem Granit, Wohnbereich mit Bang&Olufsen-Geräten, privates Spa und Butlerservice rund um die Uhr sind nur einige der Highlights. Im Restaurant des Grand Hotels interpretiert Chef-

koch Axel Rüdlin auf kreative und natürliche Weise die moderne, mediterrane Küche – ein spannendes, inspirierendes kulinarisches Angebot zwischen Tradition und Moderne. Das feurige Kontrastprogramm serviert Küchenchef Agustín Brañas im argentinisch inspirierten ‚Chubut' – hier genießt man Essen, das die Seele sowohl anregt als auch beruhigt. Rustikale Schweizer Fondues und Raclettes tischt die Hütte ‚Waldhuss' auf, in der Galerie flutet zu leichten Speisen Sonnenlicht durch das Glasdach. Erlesene Tropfen bietet der Weinkeller, an der stilvollen Bar lässt man den Tag perfekt ausklingen.

Das Herzstück des 1.000 m² großen Wellnessbereichs bildet der große, auf 32 Grad erhitzte Salzwasser-Innenpool – es ist fast so, als würde man im Meer baden. Im Sommer kann man im Außenpool durch den Garten schwimmen, atemberaubender Ausblick inklusive. Neben Sauna, Hamam, Whirlpool und Fitness-raum bietet das Spa des Park Gstaad auch exquisite Wohlfühlbehandlungen an – etwa Pflegekuren mit Schweizer Schokolade oder Bergkräutern.

Lage | Inmitten der Alpenlandschaft von Gstaad. Der Flughafen Bern-Belp ist 87 km entfernt.
Zimmer | 84 Zimmer und 10 Suiten, (36 m² – 400 m²)
Facilities | 4 Restaurants, Weinkeller, Bar, Zigarrenlounge, Bibliothek, 1.200 m² Spa, Aktivangebot, Seminar- und Bankettmöglichkeiten

Märchenschloss mit märchenhafter Aussicht

Was wir lieben

+ EINMALIG Gstaads Wahrzeichen Nummer eins und seit Jahrzehnten das Luxus-Flagschiff der Schweizer Hotellerie. Hüttenwart des Alpenpalastes ist Besitzer Andrea Scherz, der stets für eine freudvolle familiäre Atmosphäre sorgt.

+ PENTHOUSE SUITE Ultimativer Luxus auf 240 m² mit eigener Turmsauna. Schöner geht es nicht.

+ ESSEN Im Le Grill verwöhnt Franz W. Faeh mit 16 Gault&Milllau-Punkten die Gäste. Kein Palace-Besuch ohne eine Audienz bei Gildo in Gildo's Ristorante. Italienische Küche vom Feinsten.

Der Gast wird wie ein alter Freund behandelt

Gstaad Palace

Historische Grandezza mit einer historischen Gästeliste: Im Traditionshaus
nächtigten schon Promis und Politiker. Die Lage ist ebenfalls herrschaftlich.

Gleich einem Märchenschloss thront das edel-alpine 5-Sterne-Luxushotel seit 1913 auf einem Hügel mit grandiosem Ausblick auf die Alpen und das malerische Bergdorf Gstaad. Die ehrwürdigen Hallen des traditionsreichen, in dritter Generation geführten Grandhotels begrüßten bereits Elizabeth Taylor, Prinzessin Diana, Michael Jackson oder Margaret Thatcher. Auch heute begeistert das Haus mit der harmonischen Vereinigung von Historie und Moderne.
Dass Tradition im Gstaad Palace groß geschrieben wird, zeigt sich auch am Personal – so gehören etwa Haus-Chauffeur Manolo und Night-Concierge Andrea bereits seit 42 Jahren als fixe Institutionen zum lebendigen Inventar des Hotels. Dank dieser Konstante kennen die Mitarbeiter nahezu jeden Gast beim Namen und behandeln ihn wie einen alten Freund. Nicht nur Herzlichkeit, auch die erstklassige Bedienung begeistert. Fast scheint es, als hätten alle 100 Zimmer und Suiten eine eigene Küche, denn wer beim Zimmerservice anruft,

kann sich sicher sein, dass in den nächsten Minuten schon der Kellner mit der Bestellung vor der Tür steht. Vom eleganten Dinner bis hin zum ungezwungenen Beisammensein, von original Schweizer Spezialitäten bis hin zu internationaler Haute Cuisine – im Gstaad Palace gibt es für jeden Anlass das passende Restaurant. Im Gourmet-Tempel Le Grill genießt man internationale, mit 16 Gault&Millau-Punkten prämierte Kochkunst. Das komplett renovierte Le Grand Restaurant erstrahlt in elegantem Design und verwöhnt mit kreativer Haute Cuisine – an warmen Tagen auch auf der La Grande Terrasse. Italienische Delikatessen warten in Gildo's Ristorante, benannt nach dem Maître d'hôtel Gildo Bocchini, der seit den 1960er Jahren zu den Gastgebern im Gstaad Palace zählt. Le Fromagerie lockt mit dem legendären Trüffel-Champagner-Käsefondue und traditionellen Raclettes. Die Herren mit dicker Zigarre und Whisky-Glas, die Damen im Designerkleid mit Federboa – das Publikum in den beiden stilvollen Live-Musik-Bars erinnert an einen Jazzclub aus den Zwanziger Jahren. Partytiger schwingen im edlen Nachtclub GreenGo bis zum Morgen das Tanzbein.
Wer auf der Suche nach Entspannung ist, zieht sich am besten in den 1.800 m² großen Palace Spa zurück. Das Hallenbad lockt mit edler Einrichtung und Lounge-Stil sowie einer Wassertemperatur von 29 °C. Im Sommer eignet sich das Außenschwimmbad mit seinen olympischen Maßen perfekt, um Bahnen zu ziehen. Das Private Spa samt Hamam ist perfekt für romantische Stunden, diverse Trainingsmöglichkeiten, Massagen und Beautybehandlungen runden das Angebot ab.

Lage | Inmitten der Schweizer Alpen gelegen. Der Flughafen Genf ist 150 km entfernt.
Zimmer | 100 Zimmer und Suiten, (21 – 240 m²)
Facilities | Restaurant Le Grill, Rôtisserie' mit 16 Gault&Millau-Punkten, 3 weitere Restaurants, Outdoor Grill, Bar, Nightclub, Spa

Was wir lieben

+ ESSEN 6 Restaurants mit Köstlichkeiten aus aller Welt machen das Mont Cervin Palace zu einem Eldorado für Gourmets. Wer auf Sushi- und Teppanyaki-Kreationen steht, ist im Myoko bestens aufgehoben.

+ KIDS Sympathische Idee: Die Kids essen abends gemeinsam am Kindertisch Palazzo.

+ SPA Ein Nescense Spa mit umfassendem und individuell abgestimmtem Programm zur Anti-Aging-Unterstützung.

Gastlichkeit im Schatten des Matterhorn

Mont Cervin Palace

Gemütlich wie ein Privatquartier, vielseitig wie ein Resort: Das geschichtsträchtige Haus wetteifert mit dem Matterhorn um die Historie und begeistert auf der ganzen Linie.

Wer im 5-Sterne-Traditionshotel gebucht hat und am Bahnhof von Zermatt ankommt, wird dort von einem Chauffeur mit roter, überdachter Kutsche erwartet und durch den Ort vor die ehrwürdigen Hallen des Hotels gebracht. Dort öffnet sich dann mit einem „Herzlich willkommen" und einem warmen Lächeln die Wagentür. So beginnt der erste Tag in Zermatt – der erste Tag im Mont Cervin Palace.

Trotz seiner imposanten Größe ist das Mitglied der Seiler Hotels, der Swiss Deluxe Hotels und der Leading Hotels of the World ein äußerst gemütlicher Ort. Das besondere Ambiente der ‚Grande Dame von Zermatt' lebt vom bewussten Kontrast: Während draußen der traumhafte Anblick überwältigt, begeistern drinnen die familiäre Atmosphäre und die heimelige Gastlichkeit – alles im Schatten des Matterhorns, dem 4478 Meter hohen Vorbild des Hauses. Die 165 Zimmer und Suiten bestechen mit höchstem Komfort und sind entweder elegant-alpin oder im Chalet-Stil einge-

richtet – inklusive einer großartigen Aussicht auf die Bergkette Mischabel. Empfehlenswert sind die südlich ausgerichteten Zimmer, die einen unvergleichlichen Blick auf das majestätische Matterhorn bieten. Regionale Spezialitäten, internationale Köstlichkeiten und bekannte Klassiker: In den ausgezeichneten Restaurants des Mont Cervin Palace werden Gaumenfreuden aufgetischt, die jeden Connoisseur mit der Zunge schnalzen lassen: Das ‚Ristorante Capri' serviert mediterrane Haubenküche, die mit 1 Michelin-Stern und 17 Punkten von Gault&Millau ausgezeichnet wurde. Schmackhafte Grilladen vom Holzkohlenfeuer, feine Fischgerichte und 14 Gault&Millau-Punkte locken ins ‚Grill Le Cervin', die Sushi- und Teppanyaki-Kreationen des ‚Myoko' Restaurants wurden von Gault&Millau mit 13 Punkten prämiert. Für Erkundungstouren sorgt das Dine-Around-Angebot, mit dem man 14 Restaurants in Zermatt testen kann. Wer neben den vielseitigen Freizeitprogrammen, die die Umgebung von Zermatt bietet, auf der Suche nach erstklassiger Entspannung ist, dem sei der Wellnessbereich und Beautyspa des Mont Cervin Palace ans Herz gelegt, der sich über 1700 m² erstreckt. Vom großen Innenpool genießt man wundervolle Lichtspiele, die durch die verglaste Front entstehen. Mit dem nächsten Schwimmzug gelangt man direkt in den Außenpool im Freien und ist umgeben von klarer Alpenluft. Müde Muskeln freuen sich über die beiden Whirlpools und die Fitnessräume, gediegenes Schwitzen versprechen Finnische Sauna, Biosauna und Dampfbäder. Den Zenit der Entspannung erreicht man in den harmonisch eingerichteten Ruheräumen.

Lage | Inmitten von Zermatt. Der Flughafen Bern-Belp ist 115 km entfernt.
Zimmer | 165 Zimmer und Suiten, (18 – 180 m²)
Facilities | 5 Restaurants, Chef's Table, 2 Bars, Davidoff Lounge, Dine Around-Möglichkeit, Spa, Seminar- und Hochzeitsangebot, Familienprogramm, Aktivangebot.

guarda val

Maiensässhotel, Sporz 1'600 m

Reception

MONTAG,
01. AUGUST 2011
WETTER : SONNIG , 18°C

HIGHLIGHTS

11:00 NORDIC WALKING
15:00 KAFFEE & KUCHEN
AB 19:00 1. AUGUST-FEIER
IN LENZERHEIDE

Was wir lieben

+ KONZEPT Schlafen im Stall oder lieber im Hirtenzimmer? Das Maiensässhotel Guarda Val macht es möglich. Elf bis zu 300 Jahre alte Ställe und Hütten bieten Alptradition mit Luxus.

+ EINMALIG Die Sauna in der Blockhütte, der Hot Pot im Freien und danach ab auf die Heuliegen zum Entspannen.

+ ESSEN Im Guarda Val kocht seit neuestem Adrian Bürki. Mit 32 Jahren hat er sich bereits 1 Michelin Stern und 16 Gault&Millau Punkte erkocht.

Maiensässhotel Guarda Val

Bündner Bergtradition hat in diesem Maiensässhotel ein Upgrade erfahren
und präsentiert sich mit Gourmetküche und alpiner Wellness im neuen Gewand.
Ein Muss für alle auf der Suche nach dem Original.

Der Mix aus authentischem Bergerlebnis und gekonntem Luxus macht den Urlaub im 4-Sterne-Superior-Hotel zu einem einzigartigen Erlebnis auf 1.600 Metern Höhe. Im Weiler Sporz verbindet es die Faszination gewachsener Bündner Alptradition mit Luxus, Genuss und persönlichem Service. Es gibt auf dieser Welt wenige Orte, an denen man dem hektischen Alltag so gut entfliehen kann, dabei von so viel Ruhe und Natur umgeben ist, und zugleich so viel Herzlichkeit und Gastfreundschaft erlebt. Direkt oberhalb von Lenzerheide und an der Skipiste gelegen, sind die elf modern eingerichteten, bis zu 300 Jahre alten Hütten und Ställe des Maiensässhotel Guarda Val der ideale Ausgangspunkt für Schneeschuhwanderungen durch Wälder und über Hügel. Die 50 exklusiven Refugien mit individuellem Grundriss sind in fünf Kategorien eingeteilt und begeistern mit sonnenverbrannten Balken, stilvollen alpinen Akzenten aus der Bünder Bergwelt und Sternenhimmel-Blick im Bad. Noch luxuriöser präsentiert sich das Stailetta – ein kleines Maiensäss ganz für Sie allein: Dieses „Sternchen" ist ein bezauberndes Häuschen mit zwei Etagen, Cheminée, Balkon sowie eigenem Spa mit Whirlpool und Dampfbad unter einer Glaskuppel.

Im Restaurant ‚Guarda Val' verwöhnt Chefkoch Adrian Bürki mit Gourmetküche aus Nah und Fern. Ein stilistischer Mix aus Gestern und Heute verwandelt den jahrhundertealten Kuhstall in einen eleganten Gourmettempel – Gault&Millau vergab 16 Punkte, Michelin 1 Stern für diese innovative Symbiose. Die angebaute Sonnenterrasse des Restaurants serviert den Gästen zur frischen Alpenluft eine unvergleichliche Aussicht – der Blick schweift hinweg über malerische Steindächer und talwärts ins satte Grün des Albulatals. Zum Verweilen lädt die zum Restaurant

gehörende Sporzer-Bar mit Cheminée, Jass-Stube und Panoramazimmer ein. Im Crap Naros locken lokale Gerichte und Käse-Spezialitäten – Dorfbeiz-Charakter und große Außenterrasse inklusive. Lust auf ein Stück Fleisch und den dazu passenden Wein? Dann sind Sie im Restaurant La Patata genau richtig.

Mit dem Guarda Sana-Spa kommt auch die Wellness im Maiensässhotel Guarda Val nicht zu kurz: Zahlreiche Annehmlichkeiten für Körper und Geist werden geboten. In einem warmen und inspirierenden Umfeld kann man neue Vitalität tanken und umfassende Entspannung genießen. In der rustikalen Blockhütte warten Sauna und Holzzuber auf müde Muskeln. Täglich wird eine Aufgusszeremonie durchgeführt, auf der Außenterrasse lässt es sich danach perfekt entspannen. Ein besonderes Highlight ist der Hot Pot im Freien: Hier kann man die Welt um sich herum ganz leicht vergessen und die Seele baumeln lassen. Eine Peeling-Dusche, Heuliegen und Ruhezonen mit Aussicht sowie regenerierende Massagen und vitalisierende Kosmetik-Behandlungen runden das Angebot ab.

Alpine Akzente aus der Bündner Bergwelt

Lage | Im Weiler Sporz auf 1.600 Meter. Der Flughafen Zürich-Kloten ist 135 km entfernt.
Zimmer | 50 Zimmer und 1 Haus, (23 – 120 m²)
Facilities | Restaurant Guarda Val, Restaurant La Patata, Spa Guarda Sauna, Hot Fitness, Heuliegen und Ruheraum, Aktivangebot

Was wir lieben

+ DESIGN Traditioneller Chalet-Stil kombiniert mit lokalen Elementen und Materialien sorgen für ungezwungene Gemütlichkeit in diesem schönen Boutiquehotel.

+ ESSEN Im „La Locanda" orchestriert Eric Glauser, ausgezeichnet mit 15 Gault&Millau-Punkten.

+ LAGE Im Winter locken 100 Pistenkilometer, im Sommer tausend Wanderwege. Nirgendwo in der Schweiz sieht man so viele 4.000er-Gipfel wie hier.

Warme Farben und organische Materialien

The Capra Saas-Fee

The Capra wurde Ende 2016 edel aufpoliert und erstrahlt dank dem Interieur-Spezialisten Felix Graf in neuem, aber dennoch zur Bergwelt passendem Glanz.

Das lateinische Wort für Ziege stand Pate für den Namen des Capra, einem Luxushotel mit Berghütten-Flair. Das authentische Alpenlandhaus mit dem warmherzigen Design passt zu Saas-Fee wie die Bergziege auf die Bergspitze: Die autofreie Destination gilt auch dank ihrer Schneesicherheit als touristischer Traum inmitten der atemberaubenden Schweizer Bergkulisse – die Ursprünglichkeit dieses Kraftplatzes wird im Inneren des Hauses durch 5-Sterne-Komfort erweitert. Seit dieser Wintersaison präsentiert sich das Boutiquehotel zudem im neuen Look, auch die Annehmlichkeiten wurden im Zuge eines Um- und Ausbaus angehoben. Tweed, Holz, Stein, Kristall – das Design des The Capra lehnt sich nahe an eine Region, die reich an 4.000ern ist. Für den aktuellen Anspruch sorgen Fußbodenheizung, WLAN und IPTV. Zusätzlich verwöhnen Spa und italienische Kulinarik Sinne und Seele. Zehn zusätzliche Wohn(t)räume in einem separaten Chalet wurden geschaffen und ebenso einige Public Areas erweitert und neu gestaltet. Den Architekten vom Zermatter

Büro mls-architekten SIA AG gelang es gemeinsam mit dem Innenausbau-Spezialisten Felix Graf sowie einem europäischen Designer-Team, die Kraft der Natur durch warme Farben, organische Materialien und reiche Texturen mit Bravour zum Ausdruck zu bringen. Dabei wurden erneut traditionelle Elemente ohne Brüche mit der neuesten Technologie verbunden. Der Neubau, unterirdisch mit dem Haupthaus verbunden, beherbergt eine Owners Penthouse Suite mit großzügigem Livingroom, Kaminfeuer und separatem Wohnraum. Daneben gibt es zwei Family Suites sowie sieben Doppelzimmer. Auch die neue Bibliothek mit gemütlicher Lounge und Cheminée sorgen für Wohlfühlmomente – im hippen neuen Fun Lab warten Spaß und Spiel auf Kinder und Aktive. Ein Yoga- und Meditationsraum bieten zudem kostenlose Yoga- und Pilates-Klassen. Skifahrer finden in der privaten Capra-Skihütte alles, was der Erholung dient: Handschuh- und Stiefelwärmer, Schließfächer, Kaffeemaschine. Müde Sportler werden von einem Fahrer ins Hotel gebracht.

Lage | Inmitten des autofreien Saas-Fee. Der Flughafen Bern-Belp ist 122 km entfernt.
Zimmer | 24 Zimmer und Suiten, (20 – 60 m²)
Facilities | Restaurant ‚La Locanda', Bar, Lounge, Weinkeller, großes Aktivangebot, private Skihütte, Spa Technogym-Fitnessraum

Der Geist des „Der Zauberberg" von Thomas Mann lebt im Waldhotel Davos weiter

Was wir lieben

+ SERVICE Dienstleistungsbereitschaft auf höchstem Niveau.

+ EINMALIG Die gediegene Thomas Mann Suite ist eine Ode an den Schriftsteller, der hier zu seinem weltberühmten Roman „Der Zauberberg" inspiriert wurde. Traumhafte Aussicht.

+ SPA Wellness-Pavillon mit dem einzigen Sole-Hallenbad in Davos.

Waldhotel Davos

Das persönlich geführte Waldhotel Davos ist das perfekte Haus für Individualisten und Genussmenschen, die Entspannung und Abstand vom hektischen Alltag suchen.

Das geschichtsträchtige 4-Sterne-Superior-Hotel wurde bis 1957 als Waldsanatorium geführt und begrüßte schon die Ehefrau von Thomas Mann in seinen Hallen, was den Autor zu seinem „Zauberberg" inspirierte. Und auch heute noch liegt hier am Berg ein ganz besonderer Zauber in der Luft: Emsige Mitarbeiter bemühen sich um absolute Wohlfühlmomente und verwöhnen mit Service in höchster Vollendung – hier wird man willkommen geheißen als wäre man ein Teil der Familie, auf dem Zimmer wartet so manche nette Überraschung und jeder Sonderwunsch wird blitzschnell erfüllt. Ein kostenloser Shuttle-Service nach Davos und zum Skilift rundet das perfekte Angebot ab. An einzigartiger und ruhiger Aussichtslage in 1.600 m Höhe gelegen, bieten die lichtdurchfluteten und harmonisch eingerichteten Zimmer des Waldhotels eine spektakuläre Aussicht. Die exklusiven Gästerefugien verfügen über eine edle, designaffine und anspruchsvolle Ausstattung, raumhohe Panoramafenster und luftige, große Balkone. Ferner tragen weitere 10 der Wohnoasen die architektonische Handschrift von Pia Schmid und Hans-Jörg Ruch – durch das gekonnte Zusammenspiel von erlesenen Materialien werden sie höchsten Ansprüchen gerecht.

Genusstechnisch werden die Gäste gleich dreimal verwöhnt. Im Wein-Restaurant „Mann und Co." lösen Karim Schumann und sein Team mit innovativen Kreationen Begeisterungsstürme aus. Der geschichtsträchtige Speisesaal strahlt ein einzigartiges Ambiente aus: Die original Kassettendecke aus dem Jahr 1911 und der geschlossene Rundbogen, welcher damals die offene Sonnenterrasse zierte, lassen die Zeit stillstehen. In der Wohlfühl-Atmosphäre der gemütlichen Krokowski-Bar trifft man sich am Nachmittag bei Kaffee und Kuchen oder genießt den klassischen English Afternoon Tea. Abends lockt ein Aperitif oder ein Drink vor dem offenen Kaminfeuer.

Wohlbefinden für Körper, Geist und Seele erlangt man im Wellness-Pavillon mit dem einzigen Sole-Hallenbad in Davos und Umgebung. Neben dem medizinischen Nutzen hat das 34 Grad warme Wasser, versetzt mit Salz aus den Schweizerischen Rheinsalinen, einen beruhigenden Effekt. Sprudelliege, Massagedüsen und Gegenstromanlage sorgen für zusätzliches Wohlbefinden, eine Solegrotte, Sauna, Physiotherm Infrarotkabine, türkisches Dampfbad und Kneippraum ergänzen das Angebot. Der Fitnessraum Wald & Fit ist mit Life-Fitness-Geräten, Sprossenwand und Hanteln ausgestattet, ein zweites „Fitnessstudio" befindet sich vor der Haustür: Walking auf der Hohen Promenade.

Lage | In 1.600 m Höhe mit Blick auf Davos gelegen. Die Distanz zum Flughafen Zürich-Kloten beträgt 160 km.
Zimmer | 46 Zimmer und Suiten, (19 – 69 m²)
Facilities | 2 Restaurants, Bar, Bibliothek, Weinkeller, Book a Chef, Spa, Seminar- und Bankettangebot

Futuristische Fassade von den
Architekten Oikios

Was wir lieben

+ ZIMMER Hinter dem
goldenen Ei aus 790
Stahlelementen verbergen
sich Zimmer und Suiten
mit luxuriöser Chalet-
Atmosphäre, aber ohne
Schnickschnack.

+ EINMALIG Die golden
schimmernde Fassaden-
verkleidung verändert sich
je nach Witterung oder
Blickwinkel.

+ ESSEN Gleich drei
Restaurants laden zu
einem kulinarischen
Rundflug ein. Das
Capricorn serviert
jeden Samstagabend
ein köstliches „Alpine
Churrasco BBQ" aus
Brasilien.

InterContinental Davos

Die Optik polarisiert, drinnen sind sich aber alle einig: Die Suiten, das Alpine Spa, die Aussicht – alles vom Feinsten und alles geräumig. Designershop, Konferenzzentrum und Kids Club runden das Angebot ab.

Seit seiner Eröffnung 2013 zählt das 5-Sterne-Hotel zu den Schweizer Design-juwelen und setzt neue Maßstäbe in der alpinen Luxushotellerie. Bereits die Lage des ovalen Vorzeigeprojekts mit seiner futuristi-schen Fassade aus 790 goldfarbenen Stahlelementen, geschaffen von den Münchner Architekten Oikios, signalisiert elegante Erstklassigkeit. Auch im Inneren geben sich Luxus und Ursprünglichkeit in der zeitge-nössischen Gestaltung des Hauses die Hand und schaffen einen majestätischen Freiraum in der Sonne der Davoser Bergwelt.

Das InterContinental Davos ist ein wahres Kulinarium: Die alpine Brasserie Capricorn mit offener Showküche bietet exquisite kulinarische Schätze aus dem Alpen-raum, die frisch und innovativ interpretiert werden. Jeden Samstagabend wird im Restaurant zudem das neue „Alpine Churrasco BBQ" zelebriert – eine brasi-lianische Spezialität, die Grillenthusiasten neue Per-spektiven eröffnet. Im Al Pino wird unkomplizierte

italienische Hausmannskost für die ganze Familie serviert – von Antipasti über Pizza und Pasta bis hin zu raffinierten Risottos sowie italienische Fisch- und Fleischgerichte. Kulinarisches Highlight ist das Studio Grigio auf der zehnten Etage – hier trifft edles Design auf internationale Gourmetküche, die innovativen Kreationen werden in Tapasform kredenzt. Auf der bezaubernden Sonnenterrasse lockt die atemberau-bende Aussicht auf die Graubündner Bergwelt. Diese spiegelt sich auch im InterContiAlpine Spa wider, der auf 1.200 m² Naturgestein mit Gold und Bergkräuter-Anwendungen vereint. Im Innen- und Außenpool kann man Bahnen ziehen, die Saunen und das Dampfbad versprechen erholsames Schwitzen, im Fitnesszentrum werden müde Muskeln munter. Darüber hinaus locken Yogaraum sowie 14 Behand-lungsräume inklusive zwei Alpine Spa Suiten für Paare mit eigenem Whirlpool und Sauna. Die entspannten Tage klingen in den 216 charmanten Zimmern und Suiten des Hauses aus.

Einzigartige Events verdienen einen einzigartigen Rahmen – hierfür ist im InterContinental Davos gesorgt. Das auch liebevoll „Goldenes Ei" genannte Designhotel legt mit einem 1.500 m² großen, hoch-modernen Konferenzbereich mit sieben kombinier-baren Meeträumen und einem 460 m² großen Ballsaal den Grundstein für perfekte Veranstaltungen. Bestens verlinkt mit Zürich, trifft man sich hier auch zum jährlichen World Economic Forum, bei dem internationale Politik- und Wirtschaftsspitzen in der höchstgelegenen Stadt Europas zusammenkommen.

Lage | Am Eingangs des Flüelapasses. Der Flughafen Zürich-Kloten ist 158 km entfernt.
Zimmer | 216 Zimmer und Suiten, (37 – 91 m²)
Facilities | 3 Restaurants, Lounge, Alpine Spa, Konferenz- Hochzeits- und Aktivangebote, Kids & Teens Club

Mit seiner Lodge schuf Sir Richard Branson
ein rustikales Gegenstück zu seiner privaten
Karibikinsel Necker Island

Was wir lieben

+ EINMALIG Eines der
weltweit exklusivsten
Berg- Hideaways über-
haupt. Mehr Privatsphäre
geht kaum. In der Lodge
von Virgin-Boss Richard
Branson steigen auch die
Windsors ab.

+ DESIGN Konsequent
durchgezogener Alpinchic
mit edelsten Materialien.
Die atemberaubenden
Luxus-Suiten sind indivi-
duell gestaltet.

+ SERVICE Privatmasseur,
eigener Michelin Sterne-
Koch und eine Brigade an
aufmerksamem Personal,
das jeden Wunsch von
den Augen abliest.

The Lodge Verbier Virgin Limited Edition

Sir Richard Bransons Luxus-Lodge vereint Verbier und Virgin zu einem edlen Hideaway, das Sportfans sommers wie winters gleichermaßen verzaubert.

Umgeben von bezaubernden Wäldern auf 1.500 Metern Höhe liegt das außergewöhnliche 5-Sterne-Hotel nur fünf Minuten vom Zentrum Verbiers entfernt. Äußerlich passt sich das Haus im Chalet-Stil der alpinen Umgebung an, im Inneren vermischt sich Holzdesign mit modernem Komfort und luxuriöser Ausstattung. Mehr exklusives Ferienhaus als Hotel, bietet die Lodge ein Spa mit Indoor-Pool sowie Innen- und Außen-Jacuzzi zur Entspannung. Für Gäste in Feierlaune empfiehlt sich The Party Room mit Bar, Pooltisch und Discokugel.

Die neun großzügigen Zimmer und Suiten sind stilvolle Kokons, zu den Highlights gehören der großzügige Balkon mit Bergblick und die geräumigen Badezimmer mit Regendusche. Extra für Familien: Der Bunk Room befindet sich im 2. Stock und bietet Platz für sechs Kinder. Er ist ausgestattet mit drei Etagenbetten, einer Spielekonsole und Sitzsäcken. Auf der obersten Etage der Lodge finden sich die beiden Master Suiten, die über stilvolle Wohnbereiche, wunderschöne Kamine und bequeme Sofas verfügen. Jede Suite besticht zudem mit geräumigen Badezimmern, riesigen Badewannen, Regenduschen und einer Reihe von Toilettenartikeln. Für Familien können die Master Suiten auch miteinander verbunden werden. Aus dem Komfort des persönlichen Refugiums geht es dann raus in die Naturarena von Verbier – hier warten sommers wie winters wundervolle Erlebnisse. An einer ruhigen Straße, nur 250 m von den Skiliften entfernt und auf einer der Rückkehr-Pisten gelegen, befindet sich die Lodge in einer perfekten Lage für alle Wintersportler. Seien es gemütliche Abfahrten, Heli-Skiing, Freestyle-Snowboarding oder waghalsige Gletscherabfahrten – Verbier ist ein Paradies für jeden begeisterten Schneefan. So wie die Lodge die ideale Wahl für einen Luxus-Skiurlaub in Verbier ist, ist sie

auch das perfekte alpine Sommer-Hideaway: Klettern, Mountainbiken, Paragleiten, Yoga oder anspruchsvolle Wanderungen, alles ist möglich. Als besonderes Highlight können die Zimmer während der Sommersaison nicht nur einzeln gebucht werden, man kann das ganze Chalet auch exklusiv für bis zu 18 Gäste mieten. Die kulinarischen Delikatessen der Lodge gehören zu den Höhepunkten, denn hier wird eine ausgewogene Mischung aus Schweizer und internationaler Küche serviert, die Connoisseure vor Freude jubeln lässt. Das Essen kann formell oder informell sein – von vollen vier-Gänge-Gourmet-Mahlzeiten über deftige Snacks bis hin zu gesunden Speisen. Alle Mahlzeiten in der Lodge werden an einem gemeinsamen Tisch eingenommen, in einigen Zimmern besteht auch die Möglichkeit, private Dinner zu organisieren.

Ländliches Design kombiniert mit modernem Komfort

Lage | 1.500 Meter über dem Meer, in einer bewaldeten Gegend. 100 km zum Flughafen Genf
Zimmer | 9 Zimmer und Suiten, (29 – 47 m²)
Facilities | Restaurant, Sonnenterrasse, Hochzeits- und Veranstaltungsangebot, familienfreundlich, großes Aktivangebot

Was wir lieben

+ KONZEPT Ein großes
gemütliches Familien-
chalet. Sämtliche
öffentliche Räume haben
Wohnzimmercharakter.
Die Atmosphäre ist
entspannt, gemütlich.

+ TERRASSE Einfach
grandios!

+ ESSEN Das Chalet
d'Adrien hat auch kulina-
risch viel zu bieten. Der mit
17 Gault&Millau-Punkten
ausgezeichnete Tessiner
Mirto Marchesi mixt ge-
konnt lokale Produkte mit
Einflüssen aus der italienischen Küche. Bravissimo!

Le Chalet d'Adrien

Das Chalethotel in Verbier lockt mit einer der besten Hotelterrassen Europas und einem authentischen Schweiz-Erlebnis, das Connoisseure weltweit begeistert.

Le Chalet d'Adrien ist zwar ein Luxushotel, im Grunde seines Herzens blieb es aber trotzdem immer ein klassisches, holzdominiertes Chalet. Jeder Aufenthalt hier ist individuell organisiert, jeder Gast wird wie ein alter Freund willkommen geheißen – so vereinen sich die Freuden des Berges mit dem Komfort des Ortes zur Symphonie des perfekten Urlaubs. Im Herzen einer der schönsten Skigebiete Europas gelegen, überblickt das Chalethotel den Trendort Verbier und bietet seinen Gästen unvergleichliche Ruhe und ein Ambiente, das Namensgeber Adrien de Turckheim bereits 1903 auf seiner Reise durch das Wallis den Atem geraubt hat. Ein Urlaub in Verbier ist eine erlebnisreiche Erfahrung, denn der Schweizer Trendort bietet Gästen jeden Alters im Sommer wie im Winter eine perfekte Mischung aus Erholung und Action. So kann man sich in der kalten Jahreszeit nicht nur über perfekte Bedingungen für Skifahrer und Snowboarder freuen, sondern auch über die längste Rodelbahn im französischen Teil der Schweiz. Entdecken Sie die 10 km lange Rodelbahn vom Gipfel der Savoleyres (2.354 m) nach La Tzoumaz (1.506 m). Insgesamt erwartet den Gast eine 848 Meter lange Abfahrt auf einer perfekt präparierten Piste.

Im Sommer blüht Verbier auf und verwöhnt mit einem außergewöhnlichen Aktivprogramm: Das Spektrum reicht von Wanderungen, Mountainbiken und Klettern über Reiten, Abenteuerspielplätzen, Tretbootfahrten bis hin zu malerischen Picknicks und scheinbar endlosen Spaziergängen.

Nach einem erlebnisreichen Tag in der Naturarena ist es Zeit, sich Regeneration zu gönnen. Der Spa des Le Chalet d'Adrien ist ein Kokon der Sanftheit und Ruhe. Das Schwimmbad mit Innen- und Außenbecken scheint zwischen Himmel und Erde zu schweben – umgeben vom Panorama der Schweizer Alpen und klarster Bergluft. Für Entspannung empfiehlt sich der Whirlpool, gediegenes Schwitzen versprechen Sauna und Hamam. Wer seine Muskeln stählen will, der ist im Fitnessbereich samt eigenem Personal Trainer an der richtigen Adresse.

Genuss wird im Le Chalet d'Adrien groß geschrieben. In der Braséráde Le Grenier wird ein auf einem braséro gekochtes Flanksteak kredenzt, das sich zum Signature Dish des Restaurants entwickelt hat und eine Ehrung der Aromen aus Großmutters Küche darstellt. Fondues und Raclettes sind Favoriten von Chefkoch Mirto Marchesi, ebenso wie Käse aus Bruson und dem Val de Bagnes. Zum Dessert locken Pancakes, Soufflés und Fruchttörtchen. Vom Fleisch bis zum Käse ist hier alles ein Schatz des Walliser Terroirs und seiner Umgebung. Im La Table d'Adrien lockt kulinarische Kunst in ihrer reinsten Form. Gault&Millau vergaben hierfür 17 Punkte, Michelin 1 Stern. Und auf der Sonnenterrasse über Verbier ist man dem Himmel wahrlich gleich ein Stückchen näher.

Lage | In Verbier in direkter Nähe zu den Skipisten. Flughafen Genf: 161 km.

Zimmer | 30 Zimmer und Suiten sowie 1 Apartment, (18 – 120 m²)

Facilities | 2 Restaurants, Sonnenterrasse, Tea Room, Spa mit Innen- und Außenpool, Beautybehandlungen, Fitness, Kochschule.

215

Was wir lieben

+ SPA Neu renoviert, sehr edel. Erholung auf 3.000 m², ein riesiger Pool und diverse Behandlungsmöglichkeiten.

+ EINMALIG Die Alpine Spa Suite mit eigenem Jacuzzi.

+ ESSEN Die Sushibar verwöhnt Fischliebhaber. Käseliebhaber kommen im urigen Le Petit Chalet auf ihre Kosten und Gourmets werden aufs Beste im gediegenen, mit 1 Michelin-Stern ausgezeichneten Leonard's verwöhnt.

Le Grand Bellevue

Die Eleganz eines Grand Hotels gepaart mit der Gemütlichkeit
auf der längsten Chesterfield Couch der Schweiz: c'est magnifique!

Das exklusive Designhotel in Gstaad ist bestimmt durch seine liebevolle Annäherung an die Moderne, die perfekt mit dem traditionellen Charme des altehrwürdigen Hauses harmoniert. Connoisseure erwarten der Anspruch und die Raffinesse eines klassischen Grand Hotels, die mit einer warmherzigen, persönlichen Atmosphäre kombiniert werden – willkommen in einer Welt der legeren Eleganz im Herzen der Schweizer Alpen! Umringt von einer privaten Parkanlage liegt das Le Grand Bellevue unmittelbar an der Promenade von Gstaad und genießt dadurch sowohl die Vorzüge eines zentralen Standorts, als auch den Luxus von Ruhe und Geborgenheit.

Das Le Grand Bellevue in Gstaad ist gelinde gesagt großzügig dimensioniert. Die größte Suite misst ganze 170 m², der wundervolle Garten entzückt mit 16.000 m² plus 80-jährigen Eichen – für Wanderungen gibt es sogar eine eigene Karte. Der ausladende Spa verspricht mit Dampfkabine, Sauna und einem geschulten Team die perfekte Entspannung. Diese Großzügigkeit spiegelt sich nicht nur in den Dimensionen, sondern auch in den einzigartigen Angeboten wider: Für unvergessliche Erlebnisse bietet die Grande Dame der Schweizer Hotellerie nicht nur private Kinovorführungen, sondern auch Fahrten mit einem Bentley S3 oder einer Harley aus dem Jahr 1942 an.

Mit neun eleganten Suiten und 48 exklusiven Zimmern bietet das Haus seinen Gästen ein Hotelerlebnis der Extraklasse, das keine Wünsche offen lässt. Zusätzlich zum unerreichten „Chic à la Gstaad" bieten die Gästerefugien lichtdurchflutete, luxuriöse Badezimmer und traumhafte Panoramablicke auf die malerische Bergwelt oder die weitläufige, hauseigene Parkanlage. Warme Farben, verspielte House of Hackney-Tapeten und detailverliebte Neisha Crosland-Stoffe sorgen für designaffine Akzente, die anspruchs-

Kulinarik auf Weltniveau im Restaurant LEONARD's

volle Connoisseure begeistern. Der Großteil der luxuriösen Refugien verfügt außerdem noch über einen Balkon, damit man sich Gstaads Schönheit jederzeit vor Augen führen kann.

Ein einzigartiges Highlight ist die mit 17 Meter längste Chesterfield Couch der Schweiz in der Bar des Le Grand Bellevue, auf der die erlesenen Cocktails noch ein bisschen besser schmecken. Im rustikalen, von Bäumen eingesäumten Le Petit Chalet wird der Gaumen mit ausgesuchten Schweizer Spezialitäten verwöhnt, während in der gemütlichen Lounge zum Nachmittagstee köstliche Scones gereicht werden. Fernöstliche Delikatessen werden in der Sushi Bar auf den Teller gezaubert. Abgerundet wird das gastronomische Angebot durch das Flaggschiff des Hauses, dem von Michelin mit 1 Stern ausgezeichneten Restaurant LEONARD's, in dem Kulinarik der Weltklasse in einer äußerst entspannten Atmosphäre serviert wird.

Lage | Direkt an der Gstaader Promenade. Der Flughafen Bern-Belp ist 81 km entfernt.
Zimmer | 48 Zimmer und 9 Suiten, (32 – 170 m²)
Facilities | 3.000 m² Spa, längste Chesterfield Couch der Schweiz, Restaurant LEONARD's, Seminar- und Konferenzangebot

Naturhotels

Unberührt, malerisch,
atemberaubend: Unsere
Naturhotels führen
zurück zum Ursprung
und begeistern nicht
nur mit ökologischer
Innovation, sondern
auch mit Nachhaltigkeit.

Riffelalp Resort 2222 m

Mit jedem Höhenmeter lassen Gäste mehr vom Stress zurück. Oben angekommen, lacht die Sonne, leuchtet das Matterhorn und Entschleunigung und Abgeschiedenheit hoch über dem Alltag warten.

Das Grand Hotel Riffelalp wurde am 10. Juli 1884 feierlich für den Sommertourismus eröffnet und wurde schnell zum Spielplatz der europäischen High Society. Heute zählt das 5-Sterne-Superior-Hotel nicht nur in Sachen Höhe zu den absoluten Spitzenreitern: Auch bei der luxuriösen Ausstattung, dem freundlichen Personal und den tollen Freizeitangeboten überzeugt es auf ganzer Linie. Zermatt – den südlichsten Bergkurort der Schweiz – betrachtet man von hier von oben, denn das Luxus-Berghotel liegt noch einmal 600 m höher, am Rande eines Arvenwaldes. Die am 13. Juli 1899 eröffnete Zahnradbahn, übrigens die wohl kürzeste und höchste Trambahn Europas (vielleicht auch der Welt) schafft die Distanz zum Hotel in 20 Minuten – denn Autos fahren hier nicht. Fast alle der 65 Doppelzimmer und fünf Suiten verfügen über eine Terrasse und begeistern mit traumhaftem Ausblick auf das Matterhorn. Helle Farben, edles Holz und feine Stoffe sorgen für ein umfassendes Wohlgefühl, das lange nachwirkt. Ein besonderes Highlight unter den Gäste-Refugien sind zweifellos die Suiten Matterhorn: Auf 103 m² kann man hier herrschaftlich residieren – natürlich immer mit Blick auf die atemberaubende Bergwelt und mit allen Annehmlichkeiten, die einen Traumurlaub ausmachen. Sie suchen Ruhe und Entspannung? Das St. Trop Alp-Spa des Riffelalp Resort 2222 m lockt mit Innenpool, Steinschwitzbad, Chriiter-Grotte, diversen

Luxus-Berghotel hoch über Zermatt mit Ausblick auf das Matterhorn

Was wir lieben

+ LAGE Das höchst-gelegene Luxushotel Europas auf 2.222 See-metern bietet fast von allen Zimmern einen spektakulären Blick auf das Matterhorn.

+ EINMALIG Ruhe, Natur und nochmals Ruhe mit Skiparadies und dem schönsten Wandergebiet direkt vor der Tür. Die kleine Riffelalp-Kapelle ist für Hochzeiten jetzt noch ein Geheimtipp.

+ ANFAHRT Entschleu-nigung beginnt schon bei der Anreise mit der höchsten Trambahn Europas.

5-Sterne-Genuss im Restaurant Alexandre

Saunen sowie einer wundervollen Sonnenterrasse. Highlight ist ein entspannendes Bad im 35 Grad warmen, höchsten Außenpool Europas mit Panoramablick aufs Matterhorn. Abgerundet wird das Angebot des Wellnesscenters durch Fitness, Massagen und Beautyanwendungen.

Sportbegeisterten steht in der Region nicht nur ein 360 km langes Pistennetz zum Tiefschneewedeln zur Verfügung. Das Haus bietet private Skilehrer und eine eigene Schlittschuh-Bahn. Man kann Curling spielen, Helikopterrundflüge machen und Heliskiing erleben. Auch bei Schneeschuhwanderungen, Touren oder Gletscherabfahrten erlebt man das Winterwunderland Zermatts hautnah. Im Sommer ist die Auswahl an Sportaktivitäten nicht weniger abwechslungsreich. Ausflüge in die malerische Natur mit Bergführer, eine Partie Tennis oder Mountainbiking stehen ebenso auf dem Programm wie Sommerski, Wandern, Bergsteigen, Gletschertouren oder Paragliding. Sogar Golf spielen kann man im fünf Kilometer von Zermatt entfernten Randa.

Für kulinarische Höhenflüge sorgen die Gourmetrestaurants. Zu Mittag stehen das elegante Ristorante Al Bosco und die Marc Twain Lounge mit Sonnenterrasse zur Verfügung. Abends bietet das Restaurant Alexandre 5-Sterne-Genuss, das Restaurant Walliser-Keller – nur in den Wintermonaten geöffnet – serviert regionale Delikatessen vom offenen Feuer oder Rustikales wie Fondue, Raclette und Fleisch vom Speckstein. Geheimtipp: Nehmen Sie das Dine Around-Angebot in Anspruch!

Schnell-mal-weg-Tipp

Die Schlittelpiste am Gornergrad gehört zu den schönsten der Alpen und sorgt für adrenalingetränkten Rodelspaß. In 10 Minuten geht es 234 Höhenmeter weit hinunter von Rotenboden nach Riffelberg. Die täglich präparierte Piste ist auch für Familien geeignet – ab 8 Uhr kann man sich die Rodel auf Rotenboden ausborgen.

Lage | Das Resort liegt direkt gegenüber dem Matterhorn. Der Flughafen Bern-Belp ist 133 km entfernt.
Zimmer | 70 Zimmer und Suiten, (26 – 103 m²)
Facilities | 3 Restaurants, Lounge, Bar, Vinothek, Dine Around-Möglichkeit, höchstgelegener Spa Europas, Außenpool, Aktivangebot

Was wir lieben

+ EINMALIG Das Designhotel verfügt über eine eigene Kapelle „The Chapel". Darf auch als Partylocation genutzt werden.

+ TERRASSE Die Rooftop-Bar für Sonnenanbeter bietet einen herrlichen 360 Grad-Blick über Davos.

+ SPA Ab Frühling 2018 wird ein 1.000 m² großer Wellnessbereich das Angebot dieses modernen Hauses erweitern.

Drei Genussbereiche in einem einzigen Restaurant

SPENGLERS Hotel Davos

SPENGLERS ist das unkomplizierte Designhotel mitten in Davos für weltoffene Entdecker, Wochenend-Abenteurer und kluge Business-Köpfe – hier trifft Innovation auf frische Bergluft.

Namensgeber Alexander Spengler entdeckte bereits 1853 die wohltuende Wirkung der Höhenluft und begann, Kurgäste nach Davos zu bringen. Mit der Eisenbahn von Landquart nach Davos wurde die Entwicklung des Ortes ab 1890 noch beschleunigt und Davos wurde als Kur- und Wintersportort weltbekannt. Auch in der Literatur ist der malerische Ort kein unbeschriebenes Blatt: So verfasste Sir Arthur Conan Doyle 1895 in einem Magazin einen Artikel über eine Wanderung in der Region und machte so Davos in England bekannt. Auch Thomas Mann war hier und versetzte die Handlung seines berühmten Romans „Der Zauberberg" nach Davos, und Max Frisch gab Davos als Kurort eine Rolle in seinem Roman „Stiller". Sonnige Zimmer mit Südbalkon und Hängesesseln, schöne Nord-Zimmer mit Aussicht auf Davos, praktische Zimmer für Aktive und großzügige Suiten – unter den 80 Zimmern und Suiten des Hauses finden Sonnenanbeter, Minimalisten und auch Luxusver-

wöhnte garantiert das richtige Refugium. Wie ein Aristokrat fühlt man sich in der atemberaubenden Prime Suite mit 80 m². Legerer Luxus ohne Schnickschnack – aber mit viel Platz zum Wohlfühlen oder um Gäste zu empfangen. In diesem Suiten-Traum finden sich Schlafzimmer mit Kingsize Boxspringbett und Ankleideraum, Wohnzimmer mit Designermöbeln, TV und eigener Bar, großzügigem Essbereich und zudem noch ein Bad mit Regendusche und freistehender Designer-Badewanne. Beim Check-in erhält man eine persönliche Davos Klosters Card, mit der man während des gesamten Aufenthaltes freie Fahrt auf den Linien des Davoser Ortsbusses und mit der Rhätischen Bahn zwischen Klosters und Filisur hat. Im Sommer kann man alle Bergbahnen in Davos und Klosters gratis nutzen. Die Davos Klosters Card ist bei Reservierungen in allen Zimmerkategorien inklusive.

Alte Rezepte, neue Ideen, das Lieblingsgericht aus der Kindheit: Das SPENGLERS ist ein wahrer Genusstempel. Das FAVORITES bietet drei Genussbereiche in einem Restaurant: „Lounge Style" mit Freunden am Feuer, „Classical Dining" zu zweit, oder neue Leute kennenlernen am „Community Table". Auf der Panoramaterrasse kommen sofort Urlaubsgefühle, in der SPENGLERS Bar findet man Zeit und Platz, um allein oder mit Freunden gemütlich Lieblingsdrinks zu schlürfen. Unser Tipp: Begeben Sie sich aufs Dach und genießen Sie die traumhafte Aussicht. Das LEVEL 5, die einzige Terrasse mit 360°-Blick über Davos, wartet auf alle Sonnenanbeter und hebt – im Sommer wie im Winter – die Stimmung auf die nächste Ebene.

Lage | Inmitten von Davos, nur wenige Minuten vom Bahnhof entfernt. Die Distanz zum Flughafen Zürich-Kloten beträgt 160 km.
Zimmer | 80 Zimmer und Suiten, (10 – 80 m²)
Facilities | Restaurant, 2 Bars, Palmenterrasse, 360° Rooftop Bar, Seminar- und Hochzeitsangebot, Spa

Entspannen im 400 m²
großen Wellnessbereich Bella Vita

Was wir lieben

+ ESSEN Das Restaurant
Gourmet Stübli ist elegant
und lockt nebst 1 Michelin
Stern auch mit einer
schönen Weinkarte.

+ ZIMMER Alle Zim-
mer und Suiten sind im
typischen Bündner Holzstil
eingerichtet oder mit
hochwertigem Kirschholz
verkleidet.

+ EINMALIG Das mit
Mosaiken ausgelegte
Rasulbad ist ein orientali-
scher Kräuterdunstraum.

Hotel Seehof Davos

First-Class-Wohnen in harmonischem Kontrast von Geschichte und Moderne: Das sportlich-familiäre 5-Sterne-Hotel liegt an der Promenade und ist eines der ältesten und innovativsten Häuser in Davos.

Als eines der geschichtlich ältesten Hotels in Davos hält das Hotel Seehof die Tradition aufrecht, vereint mit Innovation und Zeitgeist. Herzlichkeit, Freundlichkeit und Gastlichkeit sind die traditionellen Werte des 4-Sterne-Superior-Hotels und für alle Gäste spürbar. Auch die Lage ist perfekt – direkt im Zentrum von Davos an der Promenade, zwei Minuten vom Bahnhof, 1,5 km vom Davoser See entfernt und direkt neben der berühmten Parsennbahn. Der gepflegte Luxus und das Flair der internationalen High Society tun das übrige für einen unvergesslichen Aufenthalt. Das Hotel Seehof Davos paart Luxus mit alpinem Flair. Die 99 Zimmer und Suiten sind im typischen Bündner Zirbenholzstil eingerichtet oder mit hochwertigem Kirschholz verkleidet – hier liegt Feriengeruch in der Luft. Das Highlight des Hauses sind die exklusiven Suiten: Zwei separate Zimmer und eine exquisite Einrichtung sorgen in den rund 70 m² großen Refugien für ein Höchstmaß an Luxus. .

Die Davoser Berge begeistern im Sommer mit malerischen Wanderwegen und im Winter mit einem großzügigen Pistennetz. Das Hotel Seehof Davos sorgt dafür, dass auch die Entspannung nicht zu kurz kommt. Dafür steht den Gästen der luxuriöse, 400 m² große Wellnessbereich BellaVita mit einer wunderschönen Saunalandschaft zur Verfügung. Hier gibt es von der Finnischen Sauna über Erlebnisduschen, Dampfbad und Whirlwannen bis zum Solarium alles, was das Herz begehrt. Oder man erholt sich nach einem langen Skitag im mit aufwändigen Mosaiken ausgelegten Rasulbad, einem orientalischen Kräuterdunstraum. Hier wird zur Entspannung für die Haut Heilschlamm auf dem ganzen Körper verteilt.

In den drei individuell eingerichteten Restaurants des Hotel Seehof Davos wird man in historischen und mondänen Räumlichkeiten nach allen Regeln der kulinarischen Kunst verwöhnt. Begleitet von der einzigartigen Aussicht ins wild-romantische Dischmatal verführt Küchenchef Martin Bieri die Gäste im Restaurant Panorama mit à-la-carte-Gerichten und einem täglich wechselnden 5-Gänge-Dinner. Das mit 1 Michelin-Stern ausgezeichnete Gourmet Stübli begeistert mit Zirbenholz-Design. Das Restaurant Chesa wartet mit Brezen, Fassbier und regionalen Gerichten auf. Der urige Gewölbekeller befindet sich gleich neben der Talstation der Parsennbahn. Traumhaft auch die Sonnenterrasse, die bei schönem Wetter geöffnet wird und mit einer herrlichen Aussicht lockt. Am Abend treffen sich die Gäste in der Hotelbar & Lounge und lauschen in ausladenden Ledersesseln stilvoller Live-Musik.

Lage | Im Zentrum von Davos, 2 Minuten vom Bahnhof 200 km vom Flughafen Zürich-Kloten entfernt.
Zimmer | 99 Zimmer und Suiten, (16 – 70 m²)
Facilities | 3 Restaurants, Bar und Lounge, Smoker's Lounge, Spa, Fitnessbereich, Behandlungsräume, großes Sportangebot

Was wir lieben

+ DESIGN Das Berner Oberland lässt grüßen. Charmanter Chalet-Stil gemixt mit einem Schuss Alphüttenfeeling und trotzdem gediegen.

+ SPA Gewärmte Wasserbetten in der Spa-Lounge mit Panoramablick auf die imposante Bergwelt lassen einen auf Wolke 7 schweben.

+ ESSEN Die Aspen Beef-Burger in allen Variationen schmecken einfach köstlich.

ASPEN ★★★

Wellness auf 300 m²
inmitten majestätischer Berge

Aspen alpin lifestyle hotel

360 Grad Swissness: Das trendige Alpenhotel mixt gekonnt die Natürlichkeit
der Region mit der rauen Eleganz der Berge und edelstem Luxus.

Das 4-Sterne-Hotel im charmanten Chalet-Stil setzt auf innovativen Bergtourismus mit starkem Bezug zur Region – Authentizität ist hier das oberste Gebot. In Grindelwald, direkt am Fuße der legendären Eiger Nordwand gelegen, begeistert das Berghotel mit Boutique-Charme mit typisch schweizerischen Designdetails, perfekter Lage für sportliche Aktivitäten zu jeder Jahreszeit und einer einmaligen Sonnenterrasse, direkt neben der berühmten Kleine Scheidegg-Abfahrt.

Die Themen Bergsport und Wald bestimmen das Aspen alpin lifestyle hotel – mit viel Liebe zum Detail vereinen sich hier Tradition und Moderne zu einem trendigen Alpin-Schick. Das Highlight der 35 in geschmackvollem Holzdekor gehaltenen Räume ist unbestritten die gemütlich-luxuriöse, 130 m² große Penthouse Suite mit einer nicht zu übertreffenden Aussicht auf das Tal von Grindelwald. Die Eiger Nordwand zu Füßen, kann man hier vor dem knisternden Holzfeuer den Tag wunderbar ausklingen lassen. Das luxuriöse Penthouse ist mit edelsten Materialien sowie Eichenparkett ausgestattet und verfügt über einen großen Wohnraum und drei Schlafzimmer mit Bädern.

Das zeitgenössische Design zwischen Chalet-Stil, Kuhstall und Almhütte bestimmt auch die Gastronomie des Aspen alpin lifestyle hotel: Das hauseigene Restaurant meistert den Spagat zwischen klassischer und moderner Küche und verwöhnt mit exquisiten Delikatessen aus regionalen Zutaten. Wie überall im Haus ist auch in der Alpstube Authentizität das oberste Gebot. In der stilvollen Stube werden typische Schweizer Gerichte, internationale Gaumenfreuden und edle Tropfen aus den besten Anbaugebieten kredenzt. Küchenchef Sebastian Schuster veredelt mit seinen Mitarbeitern vornehmlich Erzeugnisse aus der Region. Bei schönem Wetter lockt die großzügige Holzterrasse mit Bergblick und Teleskop, am Abend die Zen Bar.

Das Aspen alpin lifestyle hotel ist nicht nur idealer Ausgangspunkt für sportliche Aktivitäten, sondern sorgt im 300 m² großen Wellnessbereich auch für Erholung. Die Saunalandschaft lockt mit Holzsauna, Kräuterbad und Sole-Dampfbad. Erfrischung verschaffen die Erlebnisduschen mit Tropenregen und der Eisbrunnen. In der SPA-Lounge entspannt man direkt an der Skipiste – im Aspenwald-Ruheraum auf angenehm temperierten Wasserbetten oder Relaxliegen mit Blick auf die Bergwelt. In den warmen Monaten lädt die Sommerterrasse zum Sonnenbaden ein. Highlight ist der im Winter direkt an der Piste gelegene Außenwhirlpool.

Lage | Eingebettet in Grindelwald, am Fuße der Eiger Nordwand gelegen. Der Flughafen Bern-Belp ist 72 km entfernt..
Zimmer | 35 Zimmer und Suiten, (25 – 130 m²)
Facilities | Restaurant Alpstube, Zen Lounge & Bar, Shuttlebus, Hotelshop, Bibliothek, Spa, Außenwhirlpool

„Der schönste Winterwinkel der Welt"

STEFAN ZWEIG

Was wir lieben

+ LAGE Hoch am Suvrettahang thront das für seine absolute Diskretion bekannte Luxushotel mit direktem Zugang zum Ski- und Wandergebiet.

+ KIDSCLUB Ein Paradies für Kinder, betreut von ausgebildeten Kindergärtnerinnen.

+ SPA Verwöhnprogramm auf 1.700 m² mit 25-Meter–Schwimmbecken, Außen-Whirlpool und im Winter eine eigene Schlittschuhbahn. Buchen Sie Masseur Stephan Eschstruth, Sie werden begeistert sein.

Im Grand Restaurant wird französische Küche serviert

Suvretta House

Das Traditionshaus bietet Connoisseuren eine stilechte Auszeit abseits des St. Moritzer Getümmels: Tradition, Perfektion, Natürlichkeit – glücklich vereint.

Wie ein Märchenschloss ragt das 5-Sterne-Deluxe-Hotel mit seinen beeindruckenden Türmen und der Belle-Époque-Fassade über die Baumkronen der Oberengadiner Berge. Seit über 100 Jahren wird hier zwei Kilometer westlich des Trubels von St. Moritz Gastfreundschaft kultiviert. Im Sommer gelangen die Gäste mit kostenfreiem Shuttle, zu Fuß, mit dem Rad oder Chauffeur in die Ortsmitte von St. Moritz, im Winter über den hauseigenen Skilift oder mit der Pferdekutsche.

Auf den drei hauseigenen Tennisplätzen, mitten in der atemberaubenden Bergkulisse, wird exklusiver Unterricht durch Tennisprofis möglich. Ebenfalls stehen drei Golfplätze ganz in der Nähe zur Verfügung. Das Gelände des Hotels kann beim Klettern, Abseilen, Wandern oder am Pferderücken erkundet werden und verfügt zusätzlich über eine Driving Range sowie ein Putting- und Pitching-Green. Im Winter bietet das Haus direkte Anbindung an das 350 km lange Pistennetz der Region und eine hauseigene Skischule. Das hilfsbereite Personal beantwortet gerne jegliche Fragen und organisiert für die Gäste – ob groß oder klein – individuelle Freizeitprogramme.

Im Spa-Bereich findet man alles, was dem Körper gut tut: ein 25-Meter Schwimmbecken mit integrierten Wasserspielen und Whirlpool im Freien, Solarium und Sauna mit Finnarium, Outdoor-Jacuzzi oder Kraft- und Ausdauertrainingsgeräte. Allein die Beauty-Treatments, Massagen und Therapien des Traditionshotels sind eine Reise wert. Aber auch die 171 komfortabeln Zimmer und zehn großräumigen Suiten des 1912 im Stil des späten Historismus erbauten Hotels erstrahlen seit der umfangreichen Renovierung 2009 in neuem Glanz: Möbel aus edlem Massivholz, weiche, gemusterte Teppiche, warme Farben, klares Design – das Interieur verzaubert mit klassisch elegantem Stil.

Im Grand Restaurant zaubert Küchenchef Fabrizio Zanetti eine marktfrische französische Küche mit internationaler Note und 14 Gault&Millau-Punkten auf die Teller. In der Suvretta Stube warten beliebte Suvretta Klassiker, Schweizer Spezialitäten und Bündner Gerichte, die auf eine neue, leichte Art interpretiert werden. Die legendäre Anton's Bar bildet mit ihrem eleganten Interieur im Stil der Goldenen Zwanziger den stimmungsvollen Rahmen, um den Tag bei Live-Musik ausklingen zu lassen. Das Herz des Suvretta House ist die traditionsreiche Hotelhalle, in der man sich zu fast jeder Tages- und Nachtzeit trifft. Einladende Sessel, ein Kachelofen, der heimelige Wärme verströmt, plus das orientalische Ambiente im Café Couscous: In der Club Bar und Halle herrscht eine Atmosphäre zwangloser Gemütlichkeit, der Suvretta House Gin'ius Club lädt auf eine Entdeckungsreise durch die Welt des Gins ein.

Lage | 2 km westlich von St. Moritz. Der Flughafen Engadin ist 8,5 km entfernt. **Zimmer** | 171 Zimmer und 10 Suiten, (25 – 130 m²) **Facilities** | Grand Restaurant mit 14 Gault&Millau-Punkten und Chef's Table, Kinderrestaurant, Gin'ius Club, Sonnenterrasse, Seminar- und Hochzeitsangebot, Spa

Der üppige mediterrane Garten verzaubert die Besucher

Was wir lieben

+ TERRASSE In einem mediterranen Garten mit schönstem Blick auf den Lago Maggiore.

+ EINMALIG Der Schlossturm birgt ein romantisches Zimmer mit Gewölben.

+ SPORT Perfekte Ausgangslage für Golf-Ferien. In der Nähe der mehrfach prämierte und international renommierte „Golf Club Patriziale Ascona" sowie der 18-Loch-Championship-Course des Golf Gerre Losone mit tadellosen Greens.

Romantik Hotel Castello Seeschloss

Unberührte Natur und mediterraner Flair: Das Romantik Hotel Castello Seeschloss verbindet die Schönheit des Tessin mit altehrwürdigen Schlossmauern zu einem unvergesslichen Erlebnis.

Schlendert man entlang der wunderschönen Piazza von Ascona am Lago Maggiore, trifft man am südöstlichen Ende auf das Romantik Hotel Castello Seeschloss. Das Hotel besteht aus drei Gebäuden, welche um den üppigen, mediterranen Garten mit beheiztem Außenschwimmbad angeordnet sind. Das gepflegte, persönliche Ambiente, die großzügige Anlage und die günstige Lage machen das romantische Kleinod zu einem idealen Ausgangspunkt für Ausflüge.

Die 45 charmanten und individuell eingerichteten Zimmer sind in vier Kategorien eingeteilt und haben das historisch-romantische Motto des Hotels verinnerlicht. Während die Standard- und Easy-Zimmer einen luxuriösen Aufenthalt zum kleinen Preis ermöglichen, werden in den Kategorien Schlosszimmer und Turmzimmer die Träume von Schlossherren und Burgfräuleins auf Zeit Wirklichkeit. Hier entfaltet sich die volle Wucht des mittelalterlichen Ambientes: Holzbalken und Steinwände, rustikale Möbel und ausladende Betten, Deckenmalereien und Designakzente – hier ruht man wahrlich herrschaftlich.

Sportbegeisterte finden in der Naturarena rund um das Romantik Hotel Castello Seeschloss ein Paradies an schier unendlichen Möglichkeiten zum Aktivsein. Golfer freuen sich über den mehrfach prämierten und international renommierten Golf Club Patriziale Ascona sowie den 18-Loch-Championship-Course des Golf Gerre Losone – dieses Juwel mit perfekten Greens war von 2006 bis 2012 Austragungsort des drittgrößten Turniers der Ladies European Tour. Auf beiden Plätzen kann man stilvoll Golfen wie die Profis – und das in mediterranem Ambiente bei traumhaftem südlichen Klima. Auch Mountainbiker kommen auf ihre Kosten: Egal, ob man von Ascona oder Mendrisio aus aufbricht und egal, ob Hobby-Velofahrer oder Radprofi – im Tessin findet jeder eine Strecke, die seinen Anforderungen entspricht. Nach einem ereignisreichen Urlaubstag warten kulinarische Hochgenüsse: Das Ristorante al Lago – im Schlossgarten direkt am See gelegen – ist eine einzigartige, grüne Oase an der Piazza von Ascona, die mit einer atemberaubenden Panoramasicht auf den Lago Maggiore und die Brissago Inseln verwöhnt. Während mittags zusätzlich zum à-la-carte-Angebot noch köstliche Tagesmenüs, Snacks, Kuchen, Eis sowie Kaffee und Tee serviert werden, verwandelt sich das elegante Restaurant abends in einen gediegenen Gourmettempel, der seinen Besuchern raffinierte, lokale und mediterrane Köstlichkeiten kredenzt. Eine ebenso malerische Kulisse erlebt man auf der Palmenterrasse.

Lage | Am Lago Maggiore. Der Flughafen Mailand ist 122 km entfernt.
Zimmer | 45 Zimmer, (10 – 44 m²)
Facilities | Restaurant direkt am See, Palmenterrasse, Kochkurse, Seminar- und Hochzeitsangebot, großes Aktivangebot mit Mountainbike und Golf

Was wir lieben

+ WELLNESS Das Wellnessangebot ist überwältigend. Bei den Behandlungen wird auf das Grundwissen der TCM, der Traditionellen Chinesischen Medizin zurückgegriffen.

+ EINMALIG Attraktives Kinderprogramm. Das Hotel gehört zu den sympathischsten Familienhotels der Schweiz.

+ DESIGN Unverkennbar die Handschrift von Heinz Julen.

Im Spa gibt es auch ein erstklassiges Kinderangebot

Wellness & Spa Pirmin Zurbriggen

Designt von Heinz Julen, spielt das kuschelige Wohlfühlhotel alle Stücke auf der Erholungsklaviatur: Hier werden Gäste mit Charme und Herz jeden Tag aufs Neue verwöhnt.

Das an einem Lärchenwald direkt bei den Bergbahnen von Saas-Almagell gelegene 4-Sterne-Superior-Hotel wird nicht ohne Grund „The little paradise" genannt. Pure Erholung in natürlicher Umgebung, Genuss und Wohlbefinden in ungezwungener Atmosphäre, die Körper und Seele in Einklang bringen – das ist die alles bestimmende Devise. Hier gibt es kaum einen Wunsch, der unerfüllt bleibt.

Die 23 Zimmer und Suiten tragen die unverkennbare Handschrift von Heinz Julen und sind von einer exklusiven Ausstattung mit futuristischem Einschlag bestimmt – Leuchter, Designerstühle und Tische beeindrucken mit Ästhetik in Vollendung. Helle Farben, feine Stoffe und designaffine Akzente sorgen rundum für ein absolutes Wohlgefühl. Die Suiten eignen sich mit separaten Wohn- und Schlafräumen ideal für Familienurlaube – sogar der gemütliche Kamin ist gleich inklusive. Als Extra-Bonus verfügt das Wellness & Spa Pirmin Zurbriggen über spezielle

Allergikerzimmer. Großteils mit Balkonen ausgestattet, bieten alle Räumlichkeiten einen zauberhaften Ausblick auf das Alpenpanorama. Eine luxuriöse Oase der Entspannung wartet mit dem 1.100 m² großen Wellnessbereich auf die Gäste. Hier werden Solarium, Massagen, Akupunktur, medizinische Bäder, Physiotherapie und Kosmetikbehandlungen angeboten. Die Einrichtung wird von Naturmaterialien bestimmt, die für eine beruhigende Atmosphäre sorgen. Für die sportliche Ertüchtigung stehen ein Fitnessraum, ein großes Sportbecken und sogar ein Floatingbecken zur Verfügung.

Wer Halbpension bucht, freut sich am Morgen auf ein exzellentes Frühstücksbuffet und abends auf ein exklusives 5-Gänge-Menü von Küchenchef Markus Ries, der für seinen Ideenreichtum und seine kreativen Gerichte mit 14 Punkten von Gault&Millau ausgezeichnet wurde. Sie haben eine Nahrungsmittel-Unverträglichkeit oder achten aus anderem Grund auf eine besondere Ernährung? Gerne richtet man sich in der Zubereitung ganz nach persönlichen Wünschen und Bedürfnissen. In der hoteleigenen Bar kann man den Abend bei Wein, Bier oder Cocktails gemütlich ausklingen lassen. Das grandiose Angebot des Wellness & Spa Pirmin Zurbriggen wird von einer erstklassigen Kinderbetreuung und einem vielfältigen Freizeitprogramm abgerundet. Bowlen, Tennis, Eisstockschießen, nächtliches Schlittenfahren oder sogar Vogelbeobachtungen – das Komforthotel überzeugt auf ganzer Linie und ist dank seines direkten Pistenzugangs auch ein Paradies für Skifahrer und Langläufer.

Lage | Inmitten der Naturkulisse von Saas-Almagell, Die Distanz zum Flughafen Zürich-Kloten beträgt 228 km.
Zimmer | 23 Zimmer und Suiten, (24 – 70 m²)
Facilities | Restaurant, Kinderprogramm, großes Aktivangebot, Spa, Fitness, Physiotherapie, Beauty

Die Sonne verwöhnt auf 2.000 Metern Höhe

Was wir lieben

+ LAGE Chandolin, das wohl höchste Dorf Europas hat gleich fünf berühmte Viertausender im Visier; Weisshorn, Zinalrothorn, Obergabelhorn, Dent-Blanche und Matterhorn.

+ ESSEN Das „le restaurant" trägt zwar einen französischen Namen, die traditionellen einheimischen Gerichte schmecken aber am besten.

+ SPA Klein. aber fein inmitten einer herrlichen Bergkulisse.

Wellness und Beautybehandlungen auf höchstem Niveau

Chandolin Boutique Hotel

Nachhaltig, designaffin und vielseitig – das Chandolin Boutique Hotel weiß zu begeistern und lockt zum aktiven Entspannungsurlaub im Herzen der Schweizer Alpen.

Das auf fast 2.000 Höhenmetern im Herzen eines der höchsten Dörfer der Schweiz gelegene Chandolin Boutique Hotel fügt sich auf nachhaltige Weise in den Charme der Region: Um seinen Einfluss auf die Umwelt so gering wie möglich zu halten, wurde das Hotel mit größter Sorgfalt nach umweltfreundlichen Grundsätzen gestaltet und renoviert. Konkrete Beispiele für das ökologische Engagement sind das Minergie-Label und der rationelle Einsatz erneuerbarer Energien. Mit seiner sonnenverwöhnten Panoramalage und seinem reichhaltigen Angebot an Freizeitaktivitäten ist Chandolin ein einzigartiger Ort. Von hier aus blickt man auf das Rhonetal und die Kaiserkrone, bestehend aus den fünf berühmten Viertausendern Weisshorn, Zinalrothorn, Obergabelhorn, Dent-Blanche und Matterhorn. Das ganze Jahr über ist das Bergdorf aufgrund seiner Sonnenscheindauer und seines reichhaltigen Freizeitangebots ein einzigartiges Reiseziel für Sportler und Naturliebhaber: Im Winter verfügt Chandolin zusammen mit Saint-Luc über das größte Skigebiet des Val d'Anniviers mit insgesamt mehr als 65 km Skipisten, die bis auf 3.000 m Höhe reichen. Daher bietet das Skigebiet eine sonnige Lage und ideale Schneeverhältnisse bis spät in der Saison. Bergliebhaber genießen im Sommer einen Ausflug zum Staudamm von Moiry und vergnügen sich bei verschiedenen Aktivitäten. Das Angebot umfasst einen Klettersteig, eine Alp, einen Gletscher und eine Klettereinrichtung. Auch Radfahrer, Mountainbiker und Trail-Läufer wissen die unberührte Natur zu schätzen.

Nach einem ereignisreichen Tag in der Naturarena Chandolins wartet das Wellness Altitude mit entspannender Behandlung, Dampfbad oder Cocooning-Momente in der Sonne. Für die Beautybehandlungen werden exklusiv Kosmetika der Schweizer Marke Vivescence genutzt. Kulinarische Stärkung lockt im hauseigenen Restaurant: Zeitgemäß eingerichtet und in den Farben Kupfer und Bronze gehalten, wurde das Interieur aus edlen Naturmaterialien maßgefertigt, um den Bergchalet-Stil mit modernen Akzenten zu bereichern. Zudem lädt die nach Süden ausgerichtete Panoramaterrasse zum Verweilen ein. In der Wine Bar werden Connoisseure mit edlen Tropfen verwöhnt, während die Lounge Bar Moonclub mit raffinierten Lichteffekten, maßgefertigtem Mobiliar und Naturmaterialien den eleganten Rahmen für einen perfekten Tagesausklang bildet. Im Winter lockt auch das Sunset: Hier kann man sich bei einheimischen Spezialitäten wie Käsefondue, Raclette oder hausgemachten Crêpes wieder aufwärmen.

Lage | In Chandolin, dem höchstgelegenen Dorf Europas. Der Flughafen Sitten ist 48 km entfernt.
Zimmer | 36 Zimmer und Suiten, (18 – 55 m²)
Facilities | Restaurant mit Panoramaterrasse, Wine Bar, Lounge-Bar Moonclub, Après-Ski, Museum Ella Maillart, Spa, Sportangebot

In der Mitte der Schweiz die
eigene Mitte finden

Was wir lieben

+ DESIGN Das Hotel
zeichnet sich sowohl durch
moderne Design-Akzente
als auch eine Verbeugung
vor der Tradition aus.

+ ZIMMER Das Highlight
ist die Präsidenten-Suite.
Monumental lichtdurch-
fluteter Wohnbereich mit
traumhafter Panorama-
Aussicht.

+ SPA Exklusives Spa-
Menu. Die Massagen mit
Olivenöl, Bienenwachs
und Wollwachs sind emp-
fehlenswert. Der Außen-
pool mit unübertrefflicher
Fernsicht in einer der
malerischsten Gegenden
des Berner Oberlandes.

The Cambrian Adelboden

The Cambrian Adelboden ist ungekünstelt, elegant, natürlich und voller Aufmerksamkeit dem Gast gegenüber: Wer hierher kommt, lässt die Seele baumeln. Ganz von alleine, einfach so.

In der malerischen Landschaft der Schweizer Alpen gelegen und mit einem herrlichen Bergpanorama zu allen Seiten ist The Cambrian Adelboden der perfekte Zufluchtsort, nach dem sich termingeplagte Menschen in aller Welt sehnen, wenn sie sich am Schreibtisch ihren Tagträumen hingeben. In der Mitte der Schweiz, genauer gesagt mitten in Adelboden im Berner Oberland, hat auch das Designhotel seine Mitte gefunden und macht den Gast zum Mittelpunkt eines Urlaubs. Alles wird für ihn arrangiert und gebucht – sei es Zürich, Bern, Skipiste oder Musikfestival. Zeitgenössisches trifft auf alpine Gemütlichkeit – The Cambrian Adelboden zeichnet sich sowohl durch moderne Design-Akzente als auch eine Verbeugung vor der Tradition aus. Die 71 Zimmer und Suiten des Hauses sind mit Einrichtungselementen von B&B Italia, Porada und Knoll International ausgestattet und setzen gleichzeitig auf urige Fellhocker und Naturholz. Komfort und Style in Reinkultur. Das Highlight ist die Präsidenten-Suite, in der sich die Gäste in einem monumentalen, lichtdurchfluteten Wohnbereich mit traumhaftem Panoramablick entfalten können. Diese beiden symbiotisch verwobenen Aspekte spiegelt auch das Restaurant des Hauses wider. Hier tummeln sich ausgesuchte Schweizer Klassiker aus regionalen Zutaten, die frisch und innovativ zu einer „Neuen Alpinen Küche" interpretiert werden – der Duft bezaubert, die Optik stimuliert, der Geschmack explodiert förmlich – der Gourmetgaumen wird auf eine Genussreise entführt. In der Scott's Bar findet man – umgeben von einem Mix aus alpinem Dekor und modernen Lichtinstallationen – den idealen Anlaufpunkt für Après-Ski-Cocktails, Aperitifs vor dem Abendessen oder das Bier während der Übertragung wichtiger Sportereignisse auf dem Großbildfernseher. Mit dem Genießen nimmt es das Designhotel sehr genau. Dem Wohlgefühl verpflichtet, wartet das es mit einem exklusiven Spa auf, der mit der Kraft der Natur arbeitet und den Körper mit Olivenöl, Bienenwachs und Wollwachs verwöhnt – die perfekte Ergänzung zu Naturerlebnissen und alpinen Sportaktivitäten. Müde Muskeln werden im cardioorientierten Fitnessbereich wieder auf Trab gebracht. Besondere Höhepunkte sind der Innen- und Außenpool, die einen unübertrefflichen Ausblick auf die schneebedeckten Gipfel der Schweizer Bergwelt bieten. Zur bewussten Entschleunigung stehen Finnische Sauna, Dampfbad, Erlebnisdusche, Kneippbecken sowie ein großzügiger Ruhebereich zur Verfügung, die das Motto des Hauses perfekt verkörpern: Stress ablegen, ausspannen und die Termine einfach mal vergessen.

Lage | Am Fuße der legendären Eiger Nordwand. Der Flughafen Bern-Belp ist 72 km entfernt.
Zimmer | 71 Zimmer und Suiten, (23 – 115 m²)
Facilities | Restaurant mit „Neuer Alpine Küche", Scott's Bar, Lounge, Spa, Fitness- u. Ruhebereich, Meeting- und Bankettmöglichkeiten

Im familiengeführten Hotel duftet es nach Arvenholz aus der hauseigenen Holzmanufaktur

Was wir lieben

+ ESSEN Das VIVANDA ist die Pilgerstätte für Gourmets aus dem entfernten St. Moritz. Essen und Service ist unkompliziert und fantastisch. Verdientermaßen mit 1 Michelin-Stern und 16 Punkten von Gault&Millau ausgezeichnet.

+ EINMALIG Käse essen und beim Käsen zusehen. Die eigene Show-Käserei macht es möglich.

+ SERVICE Fest in Familienhand, und das spürt man. Die Cadonaus sind herzlich und zuvorkommend. Hier fühlt man sich einfach wohl.

Schlemmen im Gourmetrestaurant VIVANDA

IN LAIN Hotel Cadonau

Holz in seiner Einfachheit, aber auch in all seiner Eleganz – das IN LAIN Hotel Cadonau zeigt innovatives Design mit natürlichem Background.

Das kleinste 5-Sterne-Superior-Hotel der Schweiz steht 1.600 Meter über den Dingen und ist ein Familiengeschäft, wie es im Buche steht: Marco Cadonau schreinerte die Einrichtung des Hotels, Bruder Dario steht am Herd und führt gemeinsam mit Tamara Cadonau das Hotel. Und in der Holzmanufaktur haben Mama und Papa Cadonau die Zügel fest in der Hand. Genau dieses familiäre Zusammenspiel macht den Charme des Hauses aus: herzlich, authentisch und kein bisschen hölzern.

Obwohl auch Stein und Glas verbaut wurden, hat das IN LAIN Hotel Cadonau das edle, natürliche Baumaterial Holz zur ganz persönlichen Philosophie erhoben – eine Hommage an die Natur rund um Brail. Schlafprobleme? Gibt es hier nicht. Das Arvenholz übernimmt in allen Zimmern und Suiten die Rolle des Sandmännchens und sorgt für einen tiefentspannten, gesunden Schlaf. Das Highlight der Räumlichkeiten ist die 85 m² große Spa-Suite. Bevor man den Kopf in die Kissen sinken lässt, kann man hier ein wohltuendes Schaumbad mit Blick auf die Engadiner Bergwelt genießen oder sich bei einem Besuch in der Privatsauna und einem Abstecher ins private Dampfbad der puren Entspannung hingeben.

Die Sauna im IN LAIN Hotel Cadonau ist ein wahres Highlight: Während man schwitzt, schweift der Blick über die Inn-Schlucht, die direkt davor liegt, und die Berge des Nationalparks sind zum Greifen nahe. Die Abkühlung nach der Sauna erfolgt entweder unter der kalten Dusche – oder im Bio-Schwimmteich im Hotelgarten, dessen Wasser aus der hauseigenen Naturquelle stammt. Der malerische Garten ist ein Hort der Ruhe, in idealer Atmosphäre im Arven-Ruheraum kann man entspannen. Egal, ob im Sommer oder Winter – der Badebottich im Hotelgarten ist ein pures Wellness-Highlight: Baden Sie im 38 Grad warmen Arvenwasser, welches mit Arvenholz gewärmt wird. Das edle Holz hat viele Eigenschaften, die sich positiv auf Gesundheit und Wohlfühlen auswirken.

Das gastronomische Schmuckstück des Hauses ist das Restaurant VIVANDA. Ebenfalls mit viel Holz eingerichtet, werden die Gäste hier jeden Abend von Dario Cadonau mit innovativen, delikaten und wechselnden Menüs überrascht. Den Wein zum Gourmetmenü kann man im Gewölbekeller selber aussuchen oder eine Wahl aus der gut bestückten Weinkarte treffen. Der Küchenchef verwöhnt mit dem lukullischen, fünfgängigen Degustationsmenü. Das Restaurant wurde bereits mit 1 Michelin-Stern und 16 Punkten von Gault&Millau ausgezeichnet.

Lage | Auf 1.636 Metern im Engadin. Der Flughafen Engadin ist 21 km entfernt.
Zimmer | 14 Suiten, (35 – 85 m²)
Facilities | Restaurant VIVANDA, Bio-Schwimmteich, Cigar Lounge, Gartensauna, beheizter Badebottich, Holzmanufaktur, Seminar- u. Aktivangebot

Ein Ort, der inmitten üppiger Natur auf 25 Hektar zum Träumen einlädt

Was wir lieben

+ LAGE Juwel hoch über Lugano am „Gold-hügel" mit beruhigender Fernsicht.

+ EINMALIG Ein Ort der Ruhe. Wer den Weg in die Höhe findet, will entspannen, runterfahren regenerieren. Entschla-ckende Wickel, Kräuter-tees, Aufgüsse und eine betont ausgewogene Ernährung sorgen dafür, dass man sich nach weni-gen Tagen wieder fit fühlt.

+ SPA Vielfältiges Angebot, 18 verschiede-ne Behandlungsräume. Besonders schön ist der achteckige Pool in der großzügigen Garten-anlage.

RESORT COLLINA D'ORO

Ruhe, Erholung und Naturschönheit: Das RESORT COLLINA D'ORO ist ein paradiesisches Fleckchen Erde, das 500 Meter oberhalb des Luganersees Begeisterungsstürme auslöst.

Zum eleganten Wellnesshotel und Wohnkomplex mit Hotelservice umgebaut, raubt das 5-Sterne-Hotel im ehemaligen Sanatorium Connoisseuren weltweit schlicht den Atem: Sei es mit der privilegierten Lage, dem bezaubernden Blick auf den Luganersee oder der Anlage selbst – mitten in einem großen Park, umgeben von einer schier unendlichen Waldlandschaft, ist ein luxuriöser Urlaub in intimem Ambiente garantiert. Auch Ruhesuchende und anspruchsvolle Kurgäste stimmen Lobeshymnen an: Spa-Bereich, Innen- und Außenpool, Fitnessraum und Well-Aging-Zentrum sind Balsam für das Wohlbefinden.

Es ist eine außergewöhnliche Landschaft, in die sich das RESORT COLLINA D'ORO einbettet. Ein Ort, der zum Träumen einlädt, umgeben von üppiger Natur und über viele Tage im Jahr von der Sonne verwöhnt. Ein stimmungsvoller Ort, der sich über eine Fläche von 25 Hektar auf 500 m Höhe südlich von Lugano erstreckt und ein fantastisches Panorama bietet. Ein Bild von natürlicher Schönheit, wo die Farben und Berge wie Wellen in das klare Wasser des Sees tauchen. Das stilvolle Resort ist sich bewusst, welch großen Einfluss ökologische Faktoren auf die Umwelt haben und geht deshalb in jeder Phase der Planung und Realisierung des Projektes mit äußerster Sorgfalt und großer Aufmerksamkeit vor. Von der Auswahl der Baumaterialien über die Wasser- und Stromversorgung bis hin zur Landschaftspflege wird hier nach umweltgerechten Lösungen gesucht. Das Resultat ist eine authentische und harmonisch in die Umgebung eingebundene Anlage – eine perfekte Symbiose zwischen der Genialität des Menschen und dem Werk der Natur.

Das mitten im Grünen und ruhig gelegene, edle SPA & Fitness Zentrum des Hauses ist der ideale Ort, um dem Alltag zu entfliehen und bietet ein weites Spektrum, um in paradiesischer Umgebung rundum zu regenerieren – von aktiver Bewegung bis hin zur Massage. Die Gäste werden von einem Team von Ärzten ganzheitlich und professionell betreut, damit der Aufenthalt zu einem unvergesslichen Erlebnis wird – eine angenehme und entspannte Atmosphäre, die sich positiv auf Geist und Körper auswirkt. Gediegenes Schwitzen bieten das türkische Bad und die Finnische Sauna, für anschließende Erfrischung sorgen Erlebnisdusche und Kneipp Parcour. Auch der Innen- und Außenpool tragen ihren Teil zur Belebung bei. Zudem erwarten Fitnessbegeisterte ideale Bedingungen in einem angenehmen und natürlichen Umfeld mit Geräten, die dem höchsten technischen Stand entsprechen. Auf Anfrage kann auch mit einem Personal Trainer geübt werden. Abgerundet wird das Angebot mit Schönheitsbehandlungen, Sauerstofftherapie, Radiofrequenz, Hydrotherapie und den wundervollen Fango-Anwendungen.

Lage | 500 Meter über dem Luganersee, umgeben von der Naturkulisse des Tessin. Der Flughafen Mailand ist 89 km entfernt.
Zimmer | 16 Doppelzimmer und 28 Suiten, (30 – 250 m²)
Facilities | Long Stay-Möglichkeit, Spa, Außenpool, Restaurant, Bar, Seminarangebot, großes Aktivangebot

Was wir lieben

+ EINMALIG Das majestätische Hotel hat nichts von seiner Anziehungskraft für Künstler und Denker verloren. Seit Jahrzehnten ist dieses Bergjuwel inmitten eines märchenhaften Waldes immer wieder auch Filmkulisse für internationale Kinoproduktionen.

+ SERVICE Das Hotel wird bereits in fünfter Generation von der herzlichen und sympathischen Familie Dietrich geführt. Man fühlt sich sofort willkommen.

+ SPA Elegant, schlicht. Die perfekte Oase der Entschleunigung auf 1.400 m² im Innern der Erde. Die herrliche Lichtatmosphäre wird durch riesige Lichtschächte erzeugt.

Romantiker sind hier gut aufgehoben

Waldhaus Sils

Der Schweizer Geheimtipp steht auch nach über 100 Jahren bei den Einheimischen noch hoch im Kurs: Fast die Hälfte der Gäste sind Schweizer.

Natürlich ist auch am Waldhaus Sils der Wandel der Zeit nicht spurlos vorübergegangen: In den knapp 110 Jahren, seit der Eröffnung 1908, wurde das Haus verfeinert und ergänzt, ohne jedoch den Charakter zu verderben. Und der bleibt der Belle Époque treu: Zeitungen rascheln im Lesesalon, vom Steinway Flügel klimpert leise die Musik, der Single Malt schmilzt auf der Zunge und an der Bar findet man sich zum Tanz. Das gefiel schon Erich Kästner und Albert Einstein, und das wird auch in Zukunft noch die Menschen begeistern.

Es muss nicht immer historisch sein: Wer lieber ein modern eingerichtetes Zimmer möchte, wird im Waldhaus Sils ebenso fündig wie Nostalgiker und Liebhaber der Klassik. Das Hotel bedient aber nicht nur verschiedenste Geschmäcker, sondern vermietet die Unikate auch in jeder Himmelrichtung. So gibt es hier keine Hinterseite, sondern nur Aussichten – es lohnt sich also, wieder zu kommen und die Sicht auf den Silvaplanersee mit der Sicht auf den Silsersee zu tauschen.

Es ist eine Kathedrale der Entschleunigung, in der die Grenzen zwischen drinnen und draußen verschwimmen: Durch imposante Schächte fällt Licht in große Räume, deren Wände mit kristallinen Glasmosaiken geziert sind. Der naturalistische Futurismus vermittelt den Eindruck, er sei schon immer da gewesen. Der neue Spa bietet auf einer Fläche von 1.400 m² Raum für Entspannung. Neben einer Sauna und zwei Dampfbädern zählt er etwa ein Arvenbad und ein Lärchenbad – jedes der beiden Warmwasserbecken hat das Ausmaß eines ganzen Raumes. Neben Fitnessbereich und Sportbecken (8x20 Meter) gibt es sieben Behandlungsräume und einen Whirlpool unter freiem Himmel. Entworfen wurde der neue Spa von den Basler Architekten Miller & Maranta, die schon für die Neu- und Umbauten von Bar, Küche und Smokers Lounge im Haus verantwortlich zeichneten. Beratend zur Seite stand die Spa- und Kosmetik-Spezialistin Susanne Kaufmann. Die Österreicherin hat auch die Treatments für das Haus kreiert, für die Wirkstoffe aus der alpinen Pflanzenwelt verwendet werden. Neben Rückzugsmöglichkeiten gibt es im Waldhaus Sils auch Plätze für einen kulinarischen Höhenflug: Ein Fleisch-Fondue in der Arvenstube, ein Happen zwischendurch in der Halle oder ein Lunch auf der Terrasse im Wald – die Möglichkeiten sind so vielfältig wie der Einfallsreichtum der Küchenchefs groß ist. Es besteht außerdem die Möglichkeit, Menüs nach individuellen Wünschen vorzubestellen.

Lage | Fernab der geschäftigen Welt, auf einem Hügel im Wald und hoch über dem Silsersee. Der Flughafen Zürich-Kloten ist 180 km entfernt.
Zimmer | 140 Zimmer und Suiten, (18 – 100 m²)
Facilities | Restaurant, Bar, Weinkeller, Spa, Tagungs- und Bankettangebot.

Gourmethotels

Die Zutaten zu unseren Gourmethotels: Man nehme zu gleichen Teilen Qualität, Charme und eine einzigartige Handschrift, garniere alles mit einer Geschmacksexplosion und serviere mit Auszeichnung. Et voilá: Es ist angerichtet!

Im Le Jardin setzt man auf leichte französische Kost

Hotel Le Richemond

Seit 1875 die zweite Heimat des Jet Sets in Genf am Jet D'Eau: Opulenz ohne Allüren ist das Motto des Richemond – auch in der Küche.

D as gediegene Hotel aus der Dorchester-Collection befindet sich mitten im Herzen von Genf und nur wenige Minuten von der Rue du Rhone und der Altstadt entfernt. Das 5-Sterne-Haus beeindruckt nicht nur mit seinem dezenten Luxus und der perfekten Lage am Genfer See, sondern auch mit einer langen Liste an prominenten Gästen – Charlie Chaplin, Sophia Loren oder Marc Chagall sind nur einige der Namen.
In der Küche des Le Jardin setzt Küchenchef Philippe Bourrel auf die leichte, französische Kost und saisonal wechselnde Menüs. Im Frühling beispielsweise tummeln sich dort Fische und Meerestiere: Langusten, Krabben und Kaviar bestimmen dann die Karte. Das Restaurant Le Jardin wurde von Gault&Millau gelistet und richtet einige kulinarische Events aus – für den besseren Überblick können Gäste jederzeit den Eventkalender befragen.

Der exklusive Sisley Spa bietet
Entspannung für Anspruchsvolle

Was wir lieben

+ SPA Als einziges Stadthotel in der Schweiz bietet
es seinen Gästen einen
exklusiven Sisley Spa mit
diversen Beautybehand-
lungen an. Sportbegeis-
terte freuen sich über den
Fitnessraum mit neuesten
Technogym-Geräten.

+ DESIGN Opulent ohne
Allüren. Erst auf den zweiten Blick erkennt man den
wahren Luxus.

+ ESSEN In der Küche
des Le Jardin setzt
Küchenchef Philippe
Bourrel auf die leichte,
französische Kost und
saisonal wechselnde
Menüs. Ausgezeichnet mit
16 Gault&Millau-Punkten.

Die Weinkarte entspringt der Region und spiegelt das Terroir des Landes wieder – edle Schweizer Tropfen füllen die Gläser. Für eine gern gesehene Prise offensichtlicher Opulenz sorgt Le Bar: Hier lockt in stimmiger Atmosphäre eine umfangreiche Champagnerkarte mit dem Versprechen von ein wenig spritziger und wohlverdienter Dekadenz.

Über die Schweizer sagt man, sie kaufen sich dasselbe Auto zweimal, wenn sie es sich leisten können – nur, um nicht aufzufallen. Das Hotel Le Richemond bestätigt diese Aussage und glänzt mit Luxus, der auf den ersten Blick nicht ersichtlich ist. Gedeckte Farben, dezente Architektur, unauffällige Möbel – dort, wo andere protzen, halten sich die Zimmer und Suiten des 5-Sterne-Hotels angenehm zurück. Auf den zweiten Blick erschließt sich dem echten Connoisseur eine wahre Wunderwelt aus Design-Luxus: Etwas Leinen hier, etwas Seide und Angora da, und eine Vielzahl an hochwertigen Einlegearbeiten bestimmen das moderne Interieur. Das Le Richemond in Genf wartet noch mit einer weiteren Besonder-

heit auf: Als einziges Stadthotel in der Schweiz bietet es seinen Gästen einen exklusiven Sisley Spa an. Hier kann man sich bei hochwertigen Beautybehandlungen und wohltuenden Massagen rundum verwöhnen lassen oder in Sauna, Hamam und dem Ruheraum pure Entspannung für Körper und Geist finden. Sportbegeisterte freuen sich über den Fitnessraum mit neuesten Technogym-Geräten.

Schnell-mal-weg-Tipp

Ein heißer Tipp für Fashionistas: Die Rue du Rhone ist nur 700 Meter vom Hotel entfernt. Dort tummeln sich Designer-Boutiquen und die elegantesten Labels auf einer exklusiven Luxusshoppingmeile, die Kreditkarten glühen lässt. Chanel, Dior, Jimmy Choo und Bulgari haben sich dort einen Platz gesichert, dazu kommt Glitzerndes von Fabergé, Cartier und Chopard. Feinkostdelikatessen und eine Kaviarbar komplettieren die Shopping-Orgie.

Lage | Direkt beim Jet d'Eau am Genfersee, unmittelbar beim Fährhafen. Der Flughafen ist 6 km entfernt.
Zimmer | 87 Zimmer und 22 Suiten, (30 – 150 m²)
Facilities | Concierge Service, 1 Restaurant, 1 Bar, Banketträume, Seminarräume, Sisley-Spa, Fitnessstudio

Das Duchessa Restaurant ist die perfekte Wahl für jeden Anlass

Was wir lieben

+ EINMALIG Luxus hat eine neue Dimension und diese heißt ULTIMA. Ob Design, Gästebetreuung, Spa-Menu, Kulinarik: Das Verwöhnprogramm ist auf eine Klientel ausgerichtet, die wirklich schon alles hat.

+ SPA WOW! Eine edle Sinfonie aus Bronze, Holz, Glas, Marmor mit integrierter La Prairie Ästhetik-Klinik.

+ SERVICE Sämtliche Suiten und Residenzen mit eigenem Butler.

Üppig-luxuriöse Ausstattung in den Suiten

ULTIMA GSTAAD

Der ultimative Luxus im Herzen von Gstaad: Das Boutiquehotel offeriert nichts weniger als ein einmaliges Erlebnis. Auch in Sachen Kulinarik.

Das einmalige Erlebnis offenbart sich schon kurz nach dem Eintritt in das Hotel: Das Foyer erstrahlt im Licht des sieben Meter hohen Baccarat Kristalllusters und leuchtet mit der Strahlkraft des edel-schicken Designs um die Wette. Der zweite Blickfang ist das Piano, das ganz aus Glas, tiefe Einblicke in sein Innenleben gewährt und zusammen mit dem Glaslift eine Innenarchitektur irgendwo zwischen fragiler Schönheit und massiver Handwerkskunst vermittelt. Dieselbe Dualität ist auch im Restaurant erkennbar. Das Duchessa Restaurant ist für verschiedene Anlässe die perfekte Wahl: Ein romantisches Dinner beim Kamin, ein Treffen mit Freunden am großen Tisch, ein Abend mit Musik und Tanz – alles ist möglich. Die gemeinsamen Nenner sind das feine Kristall auf den Tischen, die Designermöbel und das feine Aroma der italienischen Küche. Diese besteht aus den klassischen Zutaten Mozzarella, Parmaschinken, Pesto, wird aber in höchster Qualität gereicht und mit weißem Trüffel zu purem Luxus gemahlen. Dazu werden Empfehlungen aus dem hauseigenen Weinkeller ausgesprochen: Die Sammlung beinhaltet das Beste aus dem Burgund, der Champagne und aus Bordeaux.

Schwarzer und weißer Marmor, kombiniert mit Bronze und Teak-Holz – so sieht Spa im ULTIMA GSTAAD aus. Hamam, Sauna, Pool und eine Detox-Bar laden die Batterien wieder auf, eine ästhetische Klinik behandelt Gäste auch mittels Laser und Botox. Der Ultima Spa arbeitet mit La Prairie, dem Schweizer Profi auf dem Gebiet des Anti-Agings. Die Behandlungen sind so exklusiv wie das Hotel selbst: Weißer Kaviar ist die Hauptzutat der Körper- und Gesichtsmassagen. Massivholz, Bronze, Marmor und Privatsphäre: Die Suiten und Residenzen des ULTIMA GSTAAD fördern den guten Schlaf mittels üppig-luxuriöser Ausstattung. In den großzügig dimensionierten Residenzen ist auch der private Chef möglich – wer mit Freunden verreist, kann sich im Chalet bekochen lassen. Andere Aktivitäten organisiert übrigens der Butler, der die Gäste mit Skitouren, Ausritten oder einer Kutschenfahrt versorgt.

Lage | Gstaad im Berner Oberland, Flughafen Bern-Belp: 81 km, Montreux: 57 km.
Zimmer | 11 Suiten und 6 Residenzen, (46 – 257 m²)
Facilities | Concierge Service, 1 Restaurant, Bar, Spa, Hamam, Pool, Detox-Bar, Konferenzräume, Aesthetics Clinic

Die prunkvolle Lobby bietet den Gästen einen Vorgeschmack auf das stilvolle Ambiente

„The Alpina Gstaad ist ein wichtiger und exzellenter Botschafter für die Region."

MARTIN BACHOFNER (CEO VON BERN WELCOME & EHEMALIGER DIREKTOR VON GSTAAD SAANENLAND TOURISMUS)

Was wir lieben

+ **DESIGN** Beyond the Expected. Eine neue Definition von Luxus, welche alle Erwartungen übertrifft. Zudem ist das Hotel in einen wunderschönen 20.000 m² großen Park eingebettet.

+ **SPA** Ein Traum. Six Senses Verwöhn- und Regenerierungsprogramme werden im 2.000 m² -Wellnessbereich angeboten. Schöner Außenpool mit atemberaubender Sicht auf die Bergwelt.

+ **ESSEN** Der mit 1 Michelin Stern ausgezeichnete Martin Göschel dirigiert die 3 Restaurants. Seine Kreativität wird weit über das Berner Oberland hinaus gefeiert.

Essen und Spa sind fernöstlich inspiriert

The Alpina Gstaad

Alpiner Schick trifft auf Gault&Millau in einem 5-Sterne-Haus, das alle Erwartungen übertrifft und mit zahlreichen Preisen geehrt wurde.

Hier wird jedes Detail zelebriert: Die Küche ist ein Geschmacksfeuerwerk, der Spa ein Seelenstreichler, die Aussicht schlicht atemberaubend. Seit seiner Eröffnung im Dezember 2012 wurde dieses Juwel bereits mit zahlreichen renommierten Auszeichnungen geehrt. Darunter auch mit dem GALA SPA AWARD, mit dem ‚Prix Bienvenu' und mit dem ‚TripAdvisor Travellers' Choice Award 2017'. Die Restaurants Sommet (18 Gault&Millau-Punkte, 1 Stern Michelin), Swiss Stübli sowie das japanische Gourmetrestaurant MEGU (16 Punkte Gault&Millau, 1 Stern Michelin) wurden ebenfalls prämiert. Das The Alpina Gstaad vereint Lokalkolorit und Weltgewandtheit zu einem einzigartigen Gesamtkonzept und bedient die Sehnsucht nach dem Ursprung meisterhaft.

Alpine Eleganz, im Restaurant Sommet zum Inbegriff von Luxus destilliert: Was hier auf dem Teller landet, trägt das Qualitätssiegel von Sternekoch Martin Göschel. Er selbst bezeichnet seine Küche in der Basis als frankophil, aber stets der Region und der Natur verbunden – und mitunter weltoffen, inspiriert von Reisen nach Asien und Südamerika.

Die Liebe zu Asien ist im Restaurant Megu' spürbar: Das japanische Lokal ist bereits der Liebling der Gstaader Szene. Sushi, Sashimi und Sake führen den Gast auf eine kulinarische Entdeckungsreise und bilden in Kombination mit dem asiatisch inspirierten Design ein harmonisches Gesamtkonzept.

Der Six Senses Spa ist ebenfalls fernöstlich inspiriert und bietet indische Kopfmassagen, Shiatsu und sogar einen Chakrenausgleich an, um die Energien gezielt in Balance zu bringen. Der Spa umfasst außerdem einen Flotation Room, einen Hamam, eine Salzgrotte, ein Hallenbad, Whirlpools und einen Yoga-Raum. Eine Saftbar mit vertikalem Garten kitzelt darüber hinaus den Gaumen – Biosäfte und Kräutertees tun dem Körper zusätzlich Gutes.

Eine neue Definition von Luxus findet sich auch auf den Zimmern und Suiten: Hier trifft Schweizer Schick auf bodenständige Handwerkskunst. Das Gesamtergebnis ist luxuriös, aber dennoch authentisch, ursprünglich und dennoch zeitgemäß und in allen Fällen urgemütlich. In ihrer größten Ausformung bis zu 400 m² groß, sind die Suiten ein Musterbeispiel von Swissness: Steinkamine und ursprüngliche Holzvertäfelungen sind die Wegbegleiter zum traumhaften Schlaf. Und wer nicht nach Gstaad fahren möchte, der lässt sich Gstaad kommen: Beim ‚In-Suite Shopping' kommen Hermès, Ralph Lauren und Duvetica direkt zum Gast.

Lage | In Gstaad im Kanton Bern. 6 km vom Flugplatz Saanen entfernt, 81 km vom Flughafen Bern-Belp.
Zimmer | 56 Zimmer und Suiten, (33 – 400 m²)
Facilities | Six Senses Spa, 2 ausgezeichnete Restaurants, Friseur, Sportgeschäft, Kinderbetreuung, Kunstsammlung

Fantastisches für Gourmets in fünf
prämierten Restaurants

Was wir lieben

+ ESSEN Kulinarische Weltreise in fünf Restaurants, alle von Gault&Millau ausgezeichnet. Das Golden Dragon entführt kulinarisch in das Reich der Mitte und auch vom Design in eine andere Welt.

+ ZIMMER Gelungener Mix aus Alpin-Style und Glamour. Die Suiten sind modern und bezaubernd.

+ LAGE Nur 100 m von der Seilbahn Jakobshorn, 200 m vom Zentrum. Der perfekte Ausgangsort für alle Aktivitäten.

Einzigartiges Konzept und Nachhaltigkeit

Grischa – DAS Hotel Davos

Familiäres Refugium und zugleich ein Design-Juwel mit Glamour-Touch: Das Hotel vereint anscheinend Konträres zum gemeinsamen Urlaubstraum.

Im Dezember 2011 hat die Besitzerfamilie aus Holland ein für Davos einzigartiges Konzept realisiert: Mit einer ökologisch nachhaltigen Bauweise, konkurrenzlosem Komfort und einer mannigfaltigen gastronomischen Auswahl wird man sämtlichen Anforderungen an ein 4-Sterne-Superior Hotel mehr als nur gerecht.

Einmalig in Davos: Im Grischa – DAS Hotel Davos geht man in fünf von Gault&Millau ausgezeichneten Restaurants auf kulinarische Weltreise. Das Pulsa verwöhnt mit saisonaler Küche aus regionalen Zutaten. Im Golden Dragon wird chinesische Küche in stilvollem Ambiente zelebriert, die in Graubünden ihresgleichen sucht. Traditionelle Fondue- und Raclette-Spezialitäten werden in der Stube des Hauses gereicht. Feuer und Flamme für Grillspezialitäten? Das Monta Grillrestaurant lockt mit Fleisch-, Fisch- und Geflügelgerichten direkt vom Holzkohlegrill. Im Leonto zaubert Starkoch Jean-Charles Métayer raffinierte Eigenkreationen auf die Teller. Die Sonnenterrasse

verspricht einen wunderbaren Ausblick zu Lunch oder Dinner. Den perfekten Ausklang des Abends bietet die Pulsa Bar & Lounge mit einem Absacker oder die Zino Platinum Cigar Lounge mit einer guten Zigarre.

Im Grischa – DAS Hotel Davos gibt es nicht nur Zimmer, sondern individuelle Refugien. Die 55 Zimmer und 38 Suiten des Luxushotels sind von einem Mix aus alpinem Style und glamourösem Interieur bestimmt. Individuelle Lichtkonzepte, farbige Plaids, Holztapeten, seidenglänzende Polstermöbel und Fellkissen schaffen eine gemütliche und stilvolle Atmosphäre. Hochwertige Matratzen von Sealy sorgen für den perfekten Schlaf, in den Badezimmern stehen Kosmetika von Rituals bereit. Die sechs verschiedenen Suiten-Kategorien bieten Luxus der Superlative: edles Parkett, flackerndes Kaminfeuer, großzügige Sofalandschaften und moderne Fotografien mit Motiven aus der Region Davos. Unvergesslich bleiben die Sonnenterrassen mit exklusiven Lounge-Möbeln.

Der Erfolg eines Seminars basiert auch auf der Wahl des Veranstaltungsortes: Davos, weltweit bekannt als Gastgeber des WEF, und das außergewöhnliche 4-Sterne-Superior-Hotel bieten die perfekte Kombination für inspirierende Seminare. Hier findet man verschiedene, flexibel nutzbare Seminarräume mit modernster technischer Infrastruktur – den nötigen Ausgleich bietet das inspirierende Freizeitangebot. Die kreative und saisonal angepasste Küche hat bisher noch jeden Seminarteilnehmer zu Jubelstürmen verleitet. Auch für die Ausrichtung von privaten Anlässen ist das Haus die richtige Wahl.

Lage | In Davos gegenüber der Bergbahn Jakobshorn und dem Bahnhof.
Zimmer | 93 Zimmer und Suiten, (25 – 132 m²)
Facilities | 5 Restaurants, Kosmetik & Massage, 4 Seminarräume, Weinkeller, Kochschule, Catering, Tourenvorschläge und Guided Bike-Tours.

Die Ferienregion Crans-Montana auf dem sonnenreichen Hochplateau hoch über dem Rhonetal

Was wir lieben

+ SPA Die wunderschönen Behandlungskabinen begeistern mit einem alpinen Stil, der harmonisch mit dem restlichen Hotel in Einklang steht.

+ ESSEN Schön, dass Küchenchef Franck Reynaud seine provenzalischen Wurzeln nicht vergessen hat.

+ SPORT Während im Winter 140 km Skipisten und Highlights wie 3.000 m hohe Gletscherabfahrten locken, begeistert das Resort mit der außergewöhnlichen Qualität seiner Golfplätze.

Das L'Ours ist einer der Lieblingsplätze von Gourmets

Hostellerie du Pas de l'Ours

Das einzigartige 5-Sterne-Hotel ist ein wahres Bergchalet im Herzen von Crans-Montana, einem typischen Schweizer Dorf, das im Sommer und im Winter spannende Aktivitäten bietet. Hinter der traditionellen Fassade der Hostellerie du Pas de l'Ours begrüßen Natursteinwände, sichtbare Holzbalken und offene Kamine – an einem Ort voller Geschichte. Als Mitglied der prestigeträchtigen Relais & Châteaux-Familie ist ein erholsamer Bergurlaub hier mehr als garantiert: Denn dieser außergewöhnliche Ort widmet sich der „Kunst des Lebens" und wurde dafür geschaffen, zu fesseln, zu verführen und zu entzücken.

Mit einer fantastischen Aussicht auf die Alpen, die von der Cervin bis zum Mont Blanc reicht, ist Crans-Montana während des Sommers und der Wintersaison ein Füllhorn an spannenden sportlichen Aktivitäten, die nicht nur die ganze Familie, sondern auch echte Berg-Experten begeistern werden. Während im Winter 140 km Skipisten und Highlights wie 3.000 m hohe Gletscherabfahrten locken, begeistert das Resort mit der außergewöhnlichen Qualität seiner Golfplätze: So beherbergt der 18-Loch-Golfplatz Severiano Ballesteros etwa jedes Jahr die Omega-Europameister. Die vielen Wanderwege machen es möglich, das lokale Maskottchen – das Murmeltier – zu treffen. Auch Mountainbiker

kommen auf ihre Kosten: Die 177 km markierten Strecken sind für alle Fans von Nervenkitzel ausgelegt. In der Naturarena von Crans-Montana erholt man sich im Spa des Hostellerie du Pas de l'Ours. Schwimmen Sie in paar Bahnen im Hallenbad – dank der wohligen 28° C kann man sich hier auch einfach treiben lassen. Wohltuende Wärme bieten auch Sauna und Hamam, ultimative Entspannung verspricht der Jacuzzi, müde Muskeln freuen sich über das Fitnesscenter. Das Menü der personalisierten Behandlungen des Wellness-Centers L'Alpage wurde in Partnerschaft mit der renommierten Marke Hormeta entwickelt, die auch bereits erfolgreich exportiert wurde.

Crans-Montana ist einer der beliebtesten Orte für Gourmets, die im Hostellerie du Pas de l'Ours vor Freude mit der Zunge schnalzen werden: Das Gourmetrestaurant l'Ours ist mit einem Stern im Guide Michelin ausgezeichnet. Küchenchef Franck Reynaud folgt mit seinen lokal inspirierten Gerichten aus frischen Zutaten den Jahreszeiten. Im Bistrot des Ours warten traditionelle Köstlichkeiten aus „Omas Küche", Sommelier Carlo Alberto Cogno veredelt die Speisen mit lokalen und internationalen Grand Crus. Die Küche offeriert auch eine breite Auswahl an Leckereien zum Mitnehmen und führt einen Catering-Service mit der Möglichkeit, einen Koch und Kellner nach Hause zu bestellen.

Lage | Im Herzen von Crans-Montana, in direkter Nähe zu Liften und Pisten gelegen. Der Flughafen Genf ist 180 km entfernt.
Zimmer | 15 Zimmer und Suiten, (25 –200 m²)
Facilities | Restaurant mit 1 Michelin-Stern, Bistro, Weinkeller, Spa mit 25 m Pool, Sauna, Hamam

Erholsame Umgebung und der größte Hamam der Alpen

„Seit der Mensch baut, widerspiegeln sich in seiner Architektur seine geistigen und körperlichen Bedürfnisse. Die gebaute Umwelt beeinflusst die Qualität unseres Lebens. So gesehen ist Architektur nichts anderes als Lebensqualität. Besonders in unserer Zeit ist es wahnsinnig wichtig, Räume zu schaffen, wo man zur Ruhe kommt."

ARCHITEKT MAX DUDLER
ÜBER DEN HAMAM
IM SCHWEIZERHOF LENZERHEIDE

Was wir lieben

+ **SPA** 1.500 m² großer Wellnessbereich mit Saunalandschaften und dem größten Hamam der Bündner Alpen.

+ **SPORT** In der Nähe vier schöne Golfplätze mit Spezialrabatt für Hotelgäste. Tolle Wandermöglichkeiten und im Winter Skipiste vor der Tür.

+ **KIDS** Die kleinen Gäste sind die wahren Könige. Kindergarten ab zwei Jahre. Das perfekte Hotel für Familien- und Wellnessurlaub.

Die Belle Etage-Zimmer sind mit einer Galerie ausgestattet

Hotel Schweizerhof Lenzerheide

Das alpin-schicke Hotel weiß, was Gäste glücklich macht: Design, Natur, Gastfreundschaft und Delikatessen für alle Geschmäcker. Erstklassig!

Persönlich, authentisch, naturverbunden – das 4-Sterne-Superior-Hotel erobert mit seiner gelebten Gastfreundschaft jährlich alle Herzen im Sturm. Zu Recht zählt das Hotel mit Wellness-Verwöhnaroma zum illustren Kreis der Premium Swiss Family Hotels. Doch nicht nur Gastfreundschaft wird hier groß geschrieben, auch die harmonische, verantwortungsvolle Verbindung von Design und Natur steht im Fokus - das Hotel wurde hierfür mit dem führenden Schweizer Nachhaltigkeitszertifikat ‚ibex fairstay gold' ausgezeichnet. Viel Natur findet sich auch im Restaurant 7078, in dem schwere Holzbalken und die Showküche perfekt mit den asiatischen Delikatessen harmonieren. Im Scalottas Terroir stellen die Gäste ihr eigenes Menu frei zusammen und kombinieren nach Lust und Laune. Im Scalottas Carn & Caschiel werden Fleisch und Käse von Küchenchef Hansjörg Ladurner kunstvoll zubereitet: vom Grill, geschmort oder gebraten. Eine Besonderheit bietet die Speisekarte des Gourmet-

restaurants Allegra – denn im Schweizerhof Lenzerheide kommt neben Klassikern und deftigen Bündner Gerichten auch Veganes oder Vegetarisches auf den Tisch.

Wald, Berge, Einsamkeit und Frieden – unter diesem Aspekt wurde der Spa-Bereich des Hotel Schweizerhof Lenzerheide 2006 liebevoll renoviert und unter der Ägide von Künstler Mayo Bucher und Architekt Max Dudler zu einer 1.500 m² großen Wellnessoase umgestaltet, die umfassende Erholung verspricht. Der größte Hamam der Alpen ist ein stilvoller Ort der Stille. Mit gedämpftem Licht und minimalistisch designtem Interieur ist das orientalische Dampfbad der schlicht-eleganten Einfachheit verpflichtet und wirkt gerade deswegen so erholsam wie frischer Sommerregen. Viel Vergnügen bietet auch das 32 Grad warme Familien-Erlebnisbad. Zwischen Alpen- und Nostalchic – der Fokus liegt definitiv auf schick – im Zimmer ist man von hübsch verarbeitetem Holz umgeben. Für die Alpenchic-Zimmer hat sich das Designerpaar Tanja Joerimann und Werner Woodtli von der Natur inspirieren lassen, weswegen etwa eine lichtdurchlässige Lärchenwand Bad- und Wohnbereich trennt. Die Nostalchic-Zimmer in einem architektonisch außergewöhnlichen Haus der Jahrhundertwende sind eine charmante Symbiose zwischen Tradition und Moderne. Neben der 60 m² großen Alpenchic-Juniorsuite, die sich dank der Verbindungstüre auf 100 m² vergrößern lässt, ist die Alpenchic-Suite ein Highlight des Hauses: Insgesamt 80 m² groß, lässt sie sich mit der Verbindungstür auf beeindruckende 120 m² erweitern.

Lage | Im Zentrum von Lenzerheide, im Kanton Graubünden. Der Flughafen Zürich ist 150 km entfernt.
Zimmer | 80 Zimmer und Suiten, (25 – 80 m²)
Facilities | 5 Restaurants, 1500 m² Wellness, 2 Seminarräume, Auflade-Stationen für Elektro-Autos, Kinderbetreuung

Was wir lieben

+ SERVICE Familiär, herzlich und äußerst zuvorkommend.

+ LAGE Auf dem sonnigen Hochplateau mitten in der hochalpinen Bergwelt. Das perfekte Hideaway für Stadtmuffel.

+ ESSEN Hochgenuss auf 1.920 Höhenmetern bietet das „frutt Lago". Auf den Teller kommen italienische Delikatessen und regionale Spezialitäten, ins Glas edle Tropfen aus dem Weinkeller, der zu den besten der Schweiz zählt.

Herrliches Ambiente im Restaurant frutt Lago

frutt Family Lodge

Hochgenuss auf 1.920 Höhenmetern: Der Berg steht im Vordergrund des familiengeführten Hotels. Alpinromantik ist auch im Restaurant spürbar.

Das 3-Generationen-Hotel frutt Family Lodge garantiert einen unbeschwerten Urlaub: Die einmalige Lage auf dem sonnigen Hochplateau mitten in der hochalpinen Bergwelt der autofreien Melchsee-Frutt auf 1.920 Höhenmetern bietet viel Raum für Rückzug und Bergerlebnisse. Mit seinem Designkonzept und bester Sicht auf den Melchsee bietet das 4-Sterne-Superior-Hotel den perfekten Rahmen für unvergessliche Urlaubstage.

Das Restaurant frutt Lago kombiniert modernes Design mit einer Prise Alpinromantik zu einem gemütlichen Ambiente: Auf den Teller kommen italienische Delikatessen und regionale Spezialitäten, ins Glas edle Tropfen aus dem Weinkeller, die zu den besten der Schweiz zählt. Die Trennung in offenen Familienbereich und einen abgetrennten Restaurant-Bereich kombiniert Abgeschiedenheit mit Familienglück und lässt jedem seinen Freiraum. Im Bistro und der Bar kann man sich vor flackerndem Kaminfeuer mit feinen Snacks und einem Cocktail verwöhnen lassen. In der Cigar Lounge warten 24 Zigarrensorten aus Kuba und der Dominikanischen Republik auf den geneigten Connoisseur. Dank des Dine-Around-Angebots haben die Gäste auch die Möglichkeit, die Gastronomie im benachbarten frutt Lodge & Spa zu entdecken.

In den 33 Familienzimmern, 4 Junior Suiten und 10 Suiten der frutt Family Lodge wird alpine Gemütlichkeit neu interpretiert. Im klassischen Lodge-Stil gehalten, werden sie von natürlichen Materialien, warmen Holzelementen und stilvollen Details bestimmt. Dank der großzügigen Fensterfronten ist der Ausblick auf die Bergwelt inbegriffen. Der 300 m² große frutt Family Spa ist ein Wasserparadies für alle Gäste. Hier warten Swimming Pool, Warmwasserbecken mit Granderwasser, Finnische Sauna, Dampfbad und Ruheraum – perfekte Entspannung mit Panoramasicht auf den Melchsee ist garantiert. Ein Fitnessraum, Massagen und Kosmetikbehandlungen runden das Angebot ab.

Lage | Auf einem sonnigen Hochplateau auf 1920 Höhenmetern und direkt am Melchsee. Melchsee-Frutt ist eine autofreie Zone.
Zimmer | 33 Zimmer und 14 Suiten, (30 - 69 m²)
Facilities | Swimming Pool, Sauna, Dampfbad, Fitness, Massagen, Kosmetik, Dine Around, Kinderbetreuung

Willkommen im hoteleigenen Kino

Was wir lieben

+ DESIGN Dieses Stadt-palais lebt seit Jahrzehnten vor, für was die Schweizer Luxus-Hotellerie steht: tadelloser Service auf höchstem Niveau.

+ ESSEN Warum noch lange ein Restaurant suchen, wenn dieses prächtige Jugendstil-Hotel eine kulinarische Weltreise anbietet? Hervorragend das „Table d'Edgard". 1 Michelin-Stern und 18 Gault&Millau-Punkte zeichnen die Künste von Edgar Bovier aus.

+ SPA Ausgezeichnet mit dem Gütesiegel 'Leading Spas of the World'.

Lausanne Palace Spa

Das Hotel ist bereits über 100 Jahre alt, das sieht man ihm aber nicht an: Sushi und Concept Spa verbinden Geschichtliches mit der Moderne.

Das kuschelige Juwel in der Altstadt Lausannes beherbergt ein außergewöhnliches Gästebuch: Königliche Hoheiten, Stars aus Film und Musik oder Politiker frequentierten bereits das geschichtsträchtige 5-Sterne-Hotel. Die Gratwanderung zwischen traditioneller Gastfreundschaft und modernem Luxus wird hier perfekt gemeistert. Ganz dem Credo verschrieben, ein Zuhause fern vom Zuhause zu schaffen, ist der Stolz Lausannes wie geschaffen für eine perfekte Auszeit vom Alltag.

Im Table d'Edgard tischt Küchenchef Edgar Bovier auf, was dem Wohlbefinden zuträglich ist: Frischer Fisch, extra natives Olivenöl, Gemüse der Saison und fruchtige Desserts. Ausgezeichnet mit 4 Gabeln für seinen Komfort, 1 Schneeflocke für seine Qualität und 1 Michelin-Stern, vereint sich die Kochkunst mit dem schicken Dekor zu einem erlesenen Gesamterlebnis. Im Palace Sushi Zen wird die traditionelle japanische Kochkunst zelebriert, die Brasserie versprüht Pariser Esprit. Das Restaurant Cote Jardin lockt mit mediterranen Delikatessen, Panoramaterrasse und 14 Punkten von Gault&Millau. Freunde des vollmundigen Geschmacks werden vom weitläufigen Weinkeller begeistert sein: Über 8.000 Schätze aus einheimischer, aber auch internationaler Produktion stehen zur genussvollen Verkostung bereit. Für den Ausklang des Abends empfiehlt sich die im Kolonialstil gehaltene LP's Bar mit köstlichen Cocktails und zeitgenössischer Musik.

Einfach mal abtauchen – dafür ist der weitläufige Wellnessbereich wie geschaffen. Die Auszeichnung ‚Leading Spas of the World' wird nicht leichtfertig vergeben – bisher können sich um die 40 Institutionen mit diesem Gütesiegel schmücken, darunter auch das CBE (Centre de Bien-Être) Concept Spa des 5-Sterne-Hotels. Auf einer luxuriösen Fläche von 2.100 m² wird man in lichtdurchflutetem und bezaubernd eingerichtetem Ambiente mit einem außergewöhnlichen Angebot an Programmen und Behandlungen wieder zur Mitte zurückgeführt.

Massagen und Ayurveda sorgen für wohlige Entspannung und Schönheit, Gruppenfitness und Personal Trainer beanspruchen die Muskeln, der Yogi Boost unterstützt die gesunde Ernährung. Zusätzlich stehen im Hair Spa allerlei Kuren für Fülle und Glanz auf dem Programm, auch Operationen zur Haarwiederherstellung werden angeboten. Die heilige Zweifaltigkeit der inneren und äußeren Luxuspflege wird nirgendwo so zelebriert wie im Lausanne Palace Spa.

La Table d' Edgard, das kulinarische Labor des Hotels

Lage | Mitten im Zentrum von Lausanne, in unmittelbarer Nähe von Kunstgalerien und Shopping-Möglichkeiten.
Zimmer | 146 Zimmer und Suiten, (30 – 170 m²)
Facilities | 4 Restaurants, 3 Bars, CBE Concept Spa, Hair Spa, Personal Trainer, Seminar- und Banketträume

Was wir lieben

+ ESSEN Die Karte des klassisch-modernen Restaurants Brasserie wird verfeinert durch die meisterliche Kunst des mit 3 Michelin-Sternen ausgezeichneten Elsässer Chefkochs Marc Haeberlin.

+ SPA Der 1.500 m² große Spa du Royal ist ein Refugium der vollkommenen Entspannung und umfasst einen großzügigen Nassbereich mit beheiztem Innen- und Außenpool inklusive Strömungsbereich.

+ CIGAR LOUNGE Freunde edler Zigarren werden im tageslichtdurchfluteten Fumoir mit einem erlesenen Repertoire an Zigarren aus fernen Gefilden verwöhnt – quel beau fumée!

Elegante Lobby mit hohen Decken aus der Gründerzeit

Rückzugsmöglichkeit für Könige und Aristokraten

Hotel Royal Savoy Lausanne

Das historische Gebäude ist königlicher Bestandteil von Lausannes Skyline.
Der Aufenthalt ist ähnlich aristokratisch, der Genuss sogar gekrönt.

Umgeben von Weinbergen in Lausanne, dem Sitz des internationalen, olympischen Komitees und Standort zahlreicher, multinationaler Organisationen und Konzerne, und unmittelbar an den Ufern des Genfersees, liegt das Hotel Royal Savoy Lausanne. Im lebendigen Hafenquartier der Stadt gelegen, bringt das legendäre Hotel seit 1909 einen eigenen Glanz in die Stadt und diente als Rückzugsmöglichkeit für Könige und Aristokraten aus aller Welt: Für viele Jahre machte die spanische Königsfamilie das Hotel zu ihrer Heimat während des Exils, und auch der König Thailands verbrachte seine Jugendjahre hier. Mit seiner einmaligen Silhouette und dem faszinierenden Erbe wurde das Royal Savoy zu einem nicht wegzudenkenden Bestandteil der Skyline und Geschichte Lausannes.

Das klassisch-moderne Restaurant Brasserie du Royal bietet eine Auswahl an feinen Köstlichkeiten. Die Karte wird verfeinert durch die meisterliche Kunst des mit 3 Michelin-Sternen ausgezeichneten Elsässer Chefkochs Marc Haeberlin, welcher die Kreativität der Chefköche Julien Krauss und Adam Bentalha komplettiert. Mit ihrer für die Gründerzeit typischen hohen Decke und der angrenzenden Terrasse begrüßt die elegante Lounge Bar im Herzen des historischen Gebäudes die Gäste in internationaler Atmosphäre. Einen schönen Abschluss des Tages ermöglicht die Cigar Lounge: Gemütlich und heimelig, aber dennoch von Tageslicht durchflutet, werden Freunde der edlen Rauchkost hier mit einem erlesenen Repertoire an Zigarren aus fernen Gefilden verwöhnt – quel beau fumée!

Im Zuge der großangelegten Renovierung 2015 wurde der Altbau des Hotel Royal Savoy Lausanne um einen Garden Wing erweitert. So wurde Platz für 196 Zimmer und Suiten im modernen Design geschaffen. Das Highlight des mondänen Hauses ist die Royal Savoy Suite mit ihrer luxuriösen und hochwertigen Innenausstattung. Im Badezimmer sorgen eine Regendusche und die tiefe japanische Badewanne für Wohlfühlmomente. In diesem Wohntraum wird nicht nur genächtigt, hier thronen die Gäste über der Stadt.

Der 1.500 m² große Spa du Royal ist ein Refugium für Gestresste und umfasst einen großen Nassbereich mit beheiztem Innen-und Außenpool inklusive Strömungsbereich. Gediegenes Schwitzen bieten der Hamam und die Sauna, für Erfrischung sorgen Tauchbecken, Erlebnisdusche sowie eine Eisquelle zum Einreiben, auch mehrere Ruhebereiche stehen bereit. Für romantische Stunden eignet sich die private Spa-Suite mit Sauna, Dampfbad, Jacuzzi und Erlebnisdusche.

Lage | In Lausanne nahe des Genfersees, des Musée de l'Elysée und des botanischen Gartens.
Zimmer | 196 Zimmer und Suiten, (30 – 122 m²)
Facilities | Brasserie du Royal, Lounge Bar, Sky Lounge, Bketträume, Spa, Innenpool, Außenpool, Fitnessbereich

„Mit Leidenschaft, Herz und Freude: Wer das authentische ChaletHotel besucht, erlebt sprichwörtliche Gastfreundschaft."

KARIN SCHMIDT
(HERAUSGEBERIN DOLCE VITA MAGAZIN)

Was wir lieben

+ EINMALIG Eine wahre Gstaader Chalet-Perle in lieblicher Umgebung - Naturteich als Schwimmbecken und herziges Hüttli (Holzhäuschen) als gemütliches Fonduestübli.

+ SERVICE Hervorragend. Die Gastgeber Brigitte & Christian Hoefliger sind ansteckend herzlich und bezaubernd. In dieses Hotel kommt man gerne und fühlt sich wie zu Hause.

+ DESIGN Urig, gemütlich, geschmackvoll. Mit viel Liebe zum Detail ohne großen Schnickschnack.

Die Essenz des Berner Oberlandes verwöhnt Gourmet-Gaumen

Auspowern im Bio-Schwimmteich

GOURMETHOTELS

Romantik Hotel Hornberg

Besondere Genussmomente in dritter Generation: Passion, Gastfreundschaft und regionale Spezialitäten zeichnen das Hotel aus.

Das Ambiente im Romantik Hotel Hornberg ist urig und urgemütlich: Eine Sonnenterrasse lädt zum Ausguck auf die bezaubernde Landschaft ein, ein Hüttli liefert zum Käsefondue eine rustikale Bauernstube, und im Saal Rueblihorn bleiben festliche Anlässe unvergessen.

Was hier auf dem Teller landet, ist frisch, leicht und trägt die Essenz des Berner Oberlandes in sich – Mösner Hühnereier und Saaner Hobelkäse sind die schmackhaften Beiwerke einer Karte, die zusätzlich auch mit allerlei Mediterranem aufwartet. Darüber hinaus haben die Küchenchefs besonders für Gäste mit Unverträglichkeiten ein offenes Ohr: Laktosefreie Sorbets und glutenfreies Brot fließen auf Wunsch ins Menü ein.

Ein Highlight des Romantik Hotel Hornbergs ist die riesige Teeauswahl: 30 Sorten tummeln sich auf einer eigens kreierten Teekarte, darunter Assam Rambung, White Yunnan Silver Tips oder Indian Greenleaf. Für

Freunde des Teebeutels könnte sich die berühmte Teezeit im Hotel Hornberg über 24/7 erstrecken. Wandern, picknicken, am Tennis- oder Golfplatz die Bälle fliegen lassen, Skifahren, Schlitteln oder Langlaufen – die Möglichkeiten im Saanenland sind vielfältig und begeistern vor allem aktive Urlauber. Die Gastgeber des Romantik Hotel Hornbergs begleiten die Gäste auch und verraten bei geführten Wanderungen Geheimtipps der Region.

Wer sich draußen ausgepowert hat, kann sich drinnen gehen lassen: Eine große Saunalandschaft, Naturteich, Schwimmbecken und vor allem die Hot Stone Massage lockern alle Verspannungen.

Eine gute Nacht nach einem aktiven Tag in traumhafter Naturkulisse: Die Zimmer im Chalet-Stil sind äußerst charmant eingerichtet und bieten weite Blicke in die schöne Umgebung. Zudem knistern in manchen Chalets die Scheite im Kamin oder im Schwedenofen und entfachen das Feuer von Romantikern – ein heißer Tipp für Verliebte!

Lage | 2 Minuten vom Kleinbahnhof Saanenmöser im Kanton Bern, 20 Minuten von Gstaad, eine Stunde vom Flughafen Bern-Belp.
Zimmer | 40 Zimmer in vier Chalets
Facilities | regionale Spezialitäten, Sauna, Massage, Bio-Schwimmteich, Kinderbetreuung

Winterwunderland
nahe dem Zentrum
von Arosa

Was wir lieben

+ ESSEN Das beste
Château Briand der
Gegend gibt's im
gemütlichen Kachelofa-
Stübli. Es zerfließt auf
der Zunge und ist
mit ein Grund, dass
Chefkoch Gerd Reber mit
16 Gault&Millau-Punkten
ausgezeichnet wurde.

+ SPA 1.100 m² große
Wellnessoase. Das Serail-
bad und Kräutersanarium
schicken den Gast auf eine
sinnliche Erfahrung.

+ ZIMMER Bündner
Arvenholz, luxuriöser
Komfort und eine
fantastischen Aussicht auf
die Alpenkulisse.

Das mehrfach ausgezeichnete Kachelofa-Stübli

Waldhotel National Arosa

Ein Berghotel trifft alle Geschmäcker: Das Waldhotel verzaubert mit unverkrampft edler Atmosphäre und wurde von Gault&Millau geadelt.

Nahe dem Zentrum von Arosa wird das 4-Sterne-Superior-Hotel von einem Winterwunderland aus Pisten, Skiliften und Wanderwegen eingesäumt. Im Herbst 2015 umweltbewusst renoviert und erweitert, erstrahlen das Haupthaus und der direkt damit verbundene Neubau Chesa Silva in frischem Glanz. Besonderes Highlight: Die raffinierte Küche von Gerd Reber.

Die kulinarischen Sternstunden von Reber brachten dem urigen Kachelofa-Stübli bereits einen roten Vermerk im Guide Michelin und 16 Punkte von Gault&Millau. Im Sommer kann dort jeden Freitag um dieselbe Zeit ein Château Briand vom Weiderind genossen werden, das förmlich auf der Zunge zerfließt. Dazu empfiehlt sich eigentlich die gesamte Weinkarte, die von Frankreich, Italien, Österreich, Deutschland bis nach Slowenien hinüber reicht und das Farbenspiel von Rot und Weiß besonders gut beherrscht. Die Showküche Mille Sens offeriert Superfood, also Essen, das mit Antioxidantien den freien Radikalen

zu Leibe rückt. In der Alpin Lounge werden nicht nur grandiose Drinks gemixt, sondern auch geplaudert oder zur Pianomusik mitgeswingt.

Auf 1.100 Wellness-Quadratmetern ist der Einklang von Körper und Geist fast unvermeidlich: Finnische Sauna, Serailbad und Kräutersanarium schicken den Gast auf eine sinnliche Erfahrung, die jeglichen Alltagsstress aus den Poren saugt und neue Energien in den Kreislauf pumpt. Ganzkörperpeeling. Massagen und Private Spa sind dabei die Lokführer der Erholungsreise.

Das Waldhotel National Arosa ist ein perfektes Rundum-Gesamtpaket, das mit vollkommener Professionalität in einer ungezwungenen Atmosphäre verwöhnt und seine Gäste regelmäßig zu Lobeshymnen hinreißt. Auch die modernen Zimmer überzeugen mit ursprünglichen Grundrissen, beachtlicher Größe, Bündner Arvenholz, luxuriösem Komfort und der herrlichen Aussicht auf die Alpenkulisse – so werden im Zeichen purer Swissness alle Ansprüche zufriedengestellt.

Lage | Nahe dem Zentrum von Arosa in Graubünden, in Gehdistanz der Bergbahn. Flughafen Zürich: 154 km.
Zimmer | 124 Zimmer und Suiten, (18 – 67 m²)
Facilities | Hallenbad, Fitnessraum, Dampfbad, Sanarium, Kräuterstube, Kelo-Außensauna, 4 Restaurants, 8 Seminarräume

Viel Privatsphäre hoch über dem
Vierwaldstättersee

Was wir lieben

+ LAGE Hier ist die
Schweiz am schönsten.
Hoch oben auf dem Bür-
genstock bietet sich ein
360 Grad-Panoramabild
auf Alpen und Vierwald-
stättersee, welches kaum
zu überbieten ist.

+ ZIMMER Gemütlicher
Mix aus natürlichen Materialien und edlem Design.

+ EINMALIG Die fan-
tastische Aussicht vom
Infinity-Pool sorgte dank
viralem Video weltweit
für Aufsehen und machte
das Boutiquehotel innert
Sekunden berühmt.

Der Infinity Pool ist mit 34 Grad wohlemperiert

GOURMETHOTELS

Hotel Villa Honegg

Spätestens seit dem Video einer Bloggerin ist das Hotel kein Geheimtipp mehr.
Der Außenpool ist berühmt, die Küche sollte es ebenso sein.

Eine Jugendstil-Villa auf dem Bürgenstock mit exklusiver Lage und traumhafter Aussicht über den Vierwaldstättersee – die Villa Honegg zählt zu den Highlights im Kanton Nidwalden. Seit Oktober 2016 steht dort das Telefon nicht mehr still. Als die Reise-Bloggerin Loucos Por Viagem ihr Video ins Netz stellte, ahnte sie nicht, wie sich die 34 Sekunden langen Aufnahmen des Außenpools auf Facebook auswirkten. 110 Millionen Menschen sahen den Kurzfilm, kurz darauf war das Hotel ausgebucht.

Kein Wunder: Der Infinity Pool mit der großartigen Aussicht, der sich wie ein Burggraben um das Hotel windet, hinterlässt einen unvergesslichen Eindruck. Dazu kommen ein besonders herzlicher Empfang, liebevoll eingerichtete Zimmer und ein exquisites Dinner, das die Villa Honegg zu einem Betrieb auf Weltklasse-Niveau erhebt.

914 Meter über dem Meer genießen Gäste Gastronomie für höchste Ansprüche. Die 14 Gault&Millau

Punkte schmeckt man: Gemüse und Obst werden im hauseigenen Garten gepflückt, weitere Produkte aus der Region bezogen und zu raffinierten Gerichten verarbeitet. Die täglich wechselnden Mittagsmenüs sollten unbedingt auf der Sonnenterrasse genossen werden, die jeden Gabelbissen mit Aussicht verfeinert. Auch abends begeistert die Gourmetküche mit zeitgemäßer Auswahl und zuvorkommender Bedienung – einer der exzellenten Weine rundet den Abend perfekt ab.

Elegant und gemütlich ausgestattet, ist der Ausblick zwar in allen Zimmern grandios, empfohlen werden aber die Zimmer mit Seesicht aufgrund des Sonnenunterganges. Um diese auch bei kalten Temperaturen genießen zu können, liegen für den Gast Fernglas, Decke und Kunstfellmantel bereit. Wer die Familie inklusive 2. Grades oder gute Kunden einladen möchte, der kann sogar ein privates Stockwerk mieten: Auf 340 m² stehen 5 Zimmer, Salon mit privatem Essraum sowie die Belegschaft des Hotels zur Verfügung.

Das 34 Grad warme Wasser des Außenpools darf auch von externen Gästen genossen werden. Der Spa war aufgrund des viralen Wirbelsturms für externe Tageseintritte bis Ende 2017 ausgebucht und erst danach wieder zugänglich. Zum Infinity Pool gesellen sich auch andere Attraktionen wie der Indoor-Pool mit Gegenstromanlage und Unterwasser-Musik. Oder die Hawaiianische Tempelmassage, welche die Energien im Körper wieder fließen lässt. Sauna, Dampfbad und Crushed-Ice Brunnen erwecken zusätzlich die Lebensgeister.

Lage | Am Bürgenstock im Kanton Nidwalden. 1 Stunde vom Flughafen entfernt.
Zimmer | 23 Zimmer und Suiten, (24 – 92 m²)
Facilities | Hubschrauberlandeplatz, Restaurant (14 Gault&Millau-Punkte), Infinity-Pool, Spa, Fitnessraum, Kino, Konferenzraum

Was wir lieben

+ EINMALIG Die Symbiose aus Wellness, Sport, Gourmet und Zollfrei-Shopping machen den Aufenthalt zu einem besonderen Ferienerlebnis.

+ SPORT 250 Pisten-kilometer, 43 hoch-moderne Liftanlagen vor der Tür. Samnaun grenzt an die Silvretta Arena Samnaun /Ischgl

+ SPA Tolle Wasser-welten. Highlight ist die romantische Grotte mit Whirlpool.

Der Montana SPA verwöhnt alle Sinne

Chasa Montana Hotel & Spa

Die höchste zollfreie Shoppingmeile der Welt, Gourmetküche, ein weitläufiger Spa:
Das Berghotel bietet Entspannung auf höchstem Niveau.

Zweihundertfünfzig Pistenkilometer umgeben das Berghotel, das auf 1.850 Metern Seehöhe römischen Spa mit Schweizer Gemütlichkeit verbindet. Das 4-Sterne-Superior-Hotel begeistert seine Gäste mit einer perfekten Symbiose aus Pistenspaß, Gourmetküche, Wellness und einzigartigem Shopping-Erlebnis. Zusammen mit dem Duft nach Arvenholz und grandiosen Ausblicken auf die Samnauer Bergwelt genießen Gäste hier einen unbeschwerten Urlaub bei Freunden, der unvergesslich bleibt.

Highlight ist das Gourmet Stübli La Miranda: Hier verzaubert Bernd Fabian maximal 16 Gäste im exklusiven Rahmen mit seinen innovativen Kreationen. Michelin vergab hierfür 1 Stern, Gault&Millau prämierte die Küche mit 15 Punkten. In der Pizzeria La Pasta rockt ebenfalls Bernd Fabian den Holzofen und serviert im alpin-italienischen Ambiente auch Saisonsalate und Wagyu Beef. Aus dem Weinkeller kommen 20.000 Flaschen und viele Geheimtipps, die es auch im Rahmen einer Verkostung zu degustieren gilt.

Urlaub ohne Ballast ist das Motto des Chasa Montana Hotel & Spa: Auf 1.850 Metern über dem Meer wird inmitten des spektakulären Alpenpanoramas die höchste, zollfreie Shoppingmeile der Welt angeboten. In den hauseigenen Duty-Free-Shops kaufen Connoisseure, Aficionados und Fashionistas auf sprichwörtlich höchstem Niveau ein: Das Angebot reicht von exklusiven Zigarren oder Parfums bis hin zu Mode und Uhren der besten internationalen Designer.

Eine eigene Welt eröffnet sich auch im Spa. Schwerelos gleiten, die Gedanken schweifen lassen, sich selbst neu entdecken: Das wird im 1.500 m2 großen Montana SPA möglich. Zur Auswahl stehen das größte Hotel-Hallenbad von Samnaun, die romantische Grotte mit Whirlpool oder die weitläufige Saunawelt. Das Highlight ist der Floating Tank: Dieser lässt den Gast dank Salzwasser schweben, verhindert die alltägliche Reizüberflutung der Sinne und gönnt eine wohlverdiente Pause – übrig bleibt die Besinnung.

Lage | In Samnaun Dorf auf 1.850 Metern Seehöhe inmitten der Samnauer Bergwelt von Piz Rots, Piz Mundin und Greitspitz.
Zimmer | 41 Zimmer und 14 Suiten, (21 – 60 m²)
Facilities | Restaurant Pizzeria ‚La Pasta', Gourmet Stübli, Weinkeller, Montana SPA, Duty-Free Shop

„Im Hotel Walther wurde etwas geschaffen, das der Vergangenheit Rechnung trägt und doch Zukunft hat. Es wird einem Grandhotel gerecht und doch ist es extrem cool."

ROLF SACHS (SCHWEIZER KÜNSTLER, DESIGNER UND BÜHNENBILDNER

Was wir lieben

+ DESIGN Zum 110-jährigen Jubiläum hat sich das familiengeführte Hotel einem gelungenen Facelifting unterzogen und trägt die Handschrift der Bündner Innendesignerin Virginia Maissen.

+ LAGE Obwohl keine 10 Fahrminuten vom mondänen St. Moritz entfernt, bezaubert Pontresina durch ein familiäres und sympathisches Ambiente. Hier trifft man die „echten" Sportler.

+ ESSEN Sehr gemütlich, das La Stüva im Stil einer alten Engadiner Patrizierstube.

Die WALTHER-Bar mit Lichtinstallationen von Rolf Sachs

Hotel Walther

Im Hotel Walther gerät man ins Träumen. Hier, wo das Alpenglühen ganz nah ist, wartet ein perfekter Ort, um in der Engadiner Bergwelt zu entspannen.

Das charmante Hotel in Pontresina verwöhnt mit allen Annehmlichkeiten, die man von einem 4-Sterne-Superior-Haus erwarten darf und besticht gleichzeitig durch eine familiäre Atmosphäre: Das Hotel Walther befindet sich seit drei Generationen in Familienbesitz und wird von den Gastgebern persönlich und mit viel Engagement geführt. Die Grandezza des Grand Hotels wird mit ausgesuchten Materialien und lokalem Handwerk betont, wodurch eine weltoffene Atmosphäre in alpiner Umgebung geschaffen wird – umrahmt von einem klassischen Belle-Époque-Ambiente und der einzigartigen Naturlandschaft des Engadins.

Arven-, Lärchen- und Kirschbaumholz, warme Farben, hochwertige Einrichtung und designaffine Akzente: Die 57 Gästerefugien zeichnen sich durch anspruchsvollen Komfort und einen klaren Stil aus, der sie zu perfekten Wohlfühloasen mit genügend Raum zum Entfalten macht. Einige der Zimmer verfügen über Balkon oder Terrasse. In den zwei Suiten und elf Juniorsuiten des Hotel Walther sorgt der typisch alpine Holzgeruch für eine authentische Atmosphäre in diesen großzügigen und luxuriösen Wohnträumen, die das Herz jedes Connoisseurs aufgehen lassen. Im AQUA VIVA-Wellnessbereich des Hauses bietet das Hallenbad dank Gegenstromanlage die Möglichkeit für sportliche Bahnen oder gemütliches Treibenlassen. Danach entspannt der 37° C warme Whirlpool, die Finnische Sauna stärkt mit wohltuender Hitze den Kreislauf. Wem die klassische Sauna zu heiß ist, dem bietet das Sanarium eine Alternative. Im Dampfbad umhüllt der Duft von Eukalyptus, die Steingrotte Cristallino ist ein Unikat in Europa. Im Iglu aus Andeerer Granit zaubert die Deckenbeleuchtung ein beruhigendes Farbenspiel. Bereichert wird das Angebot durch Massagen und Beautybehandlungen und zahllose Sportmöglichkeiten wie Wandern, Mountainbiken oder Skisport. Im Stil einer Stube der alten Bündner Patrizierhäuser ist das Gourmet-Restaurant La Stüva ein wahres Schmuckstück: Tragendes Hauptelement ist 200-jähriges Fichtenholz, das in Kombination mit edlen Fellen alpinen Chic verströmt. Chefkoch Peter Maxlmoser gibt eine marktfrische Küche, vorwiegend aus regionalen Produkten, neu interpretiert mit einem Hauch von Bodenständigkeit zum Besten. Das Colani Stübli steht für Gemütlichkeit im kulinarischen Reigen der Walthers. Nur wenige Meter neben dem Belle-Époque-Haus duftet es in der Arvenstube des Hotels Steinbock nach neu entdeckten und traditionsreichen Köstlichkeiten aus dem Engadin.

Lage | In Pontresina gelegen. Der Flughafen Zürich-Kloten ist 230 km entfernt.
Zimmer | 57 Zimmer und Suiten, (17 – 62 m²)
Facilities | Restaurant La Stüva, Restaurant in Seilbahnkabine, Bar, Smoker's Lounge, Hochzeits- und Aktivangebot, Spa mit Steingrotte Cristallino

Kalender 2018

Winter

Im Winter haben alle Kantone einen bunten Mix aus Kunst, Kultur, Kulinarik und Sport zu bieten. Highlights sind der Snow Polo Worldcup in St. Moritz, und Autoliebhaber dürfen den Genfer Autosalon nicht verpassen.

Januar

Snow Polo Worldcup
Hoch zu Ross wird am gefrorenen See der Schläger geschwungen. 26.– 28. 1. in St. Moritz. nowpolo-stmoritz.com

Word Economic Forum
Führungskräfte aus Wirtschaft, Politik und Wissenschaft treffen sich von 23. – 26. 1. in Davos. weforum.org

St. Moritz Gourmetfestival
Zum 25. Mal treffen Feinschmecker und Spitzenköche aufeinander. 12 .1. –20. 1. stmoritz-gourmetfestival.ch

Käsefest Basel
Die Vielfalt von Schweizer Käse mit Schaukäserei und typischen Käsegerichten zum Probieren. Am 27. 1. in der Markthalle Basel. cheese-festival.ch

Februar

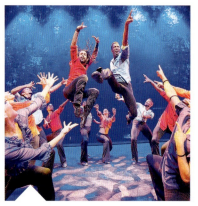

Magic Comedy Festival
Comedy und Zauberei mit Topkünstlern erleben Sie von 14. 2. - 23. 2. in verschiedenen Städten. magic-comedy.ch

Nordklang Festival
Auf unterschiedlichen Bühnen bezaubern nordische Bands mit extravaganter Musik. Am 24. 2. in St. Gallen. nordklang.ch

Parsifal
Am 25. 2. wird im Opernhaus Zürich Wagners Epos in exzellenter Besetzung wiederaufgenommen. opernhaus.ch

Ballett Revolución
Kubanische Ausnahme-Tänzer bringen feurige Choreografien zu Pop & RnB auf die Bühne. Energisch! 20 .2. – 25. 2. in Zürich. balletrevolucion.ch

März

Stomp
Die Rhythmus-Sensation aus London & New York kommt von 27. 2. – 3. 3. ins Theater 11 nach Zürich. stomponline.com

Genfer Autosalon
Das Top-Event der Automobilbranche in Genf mit rund 200 Ausstellern. 8. 3. –18. 3. gims.swiss

Art on Ice
Bühnenspektakel der besten Eiskunstläufer von 1. 3.- 9. 3. in Zürich, Lausanne & Davos. artonice.com

Schwanensee
Das Sankt Petersburger Klassische Ballett zeigt seine Meisterkunst. Im Kulturzentrum Braui, Hochdorf am 15. 3. kulturzentrumbraui.ch

Frühling

Wenn es wärmer wird, blühen auch die Erlebnisgeister für Reisende wieder auf. Genießen Sie Musik in ihren Facetten, kulinarische Finessen der besten Chefs und vieles mehr.

April

Zermatt Unplugged
26.000 Fans werden von 10. 4. - 14. 4. in Zermatt erwartet. Zuletzt war auch Nelly Furtado dabei.
zermatt-unplugged.ch

Fumetto Comix Festival
Kunst- und Comic-Fans können von 14. 4. - 22. 4. in Luzern nach Lust und Laune stöbern.
fumetto.ch

Arvinis
Die größte internationale Weinmesse mit 200 Ausstellern in Montreux. 25. 4. – 30. 4.
arvinis.ch

Honky Tonk Musikfestival
Zum 20. Mal verwandelt sich am 28. 4. die Altstadt von St. Gallen in ein ausgelassenes Musikfestival in unterschiedlichen Lokalen.
honkytonk.ch

Mai

Wings for Life World Run
Bei diesem Charity-Lauf kann jeder teilnehmen. Am 6. 5. in Zürich und auf der ganzen Welt.
wingsforlifeworldrun.com

Basel Sinfonetta
Jazz meets Classic im Volkshaus Basel am 6. 5.: Zeitgenössisches in ungewöhnlichen Besetzungen.
baselsinfonietta.ch

Blues Festival Baden
Alles steht im Zeichen des Blues von 19. - 26. 5. Mit Workshops, Hallenkonzerten und Straßenmusik.
bluesfestival-baden.ch

Gin & Rum Festival
Der beste Gin und der beste Rum wird von internationalen Herstellern am 25. 5. und 26. 5. in Luzern verkostet. Mit Cigar Lounge!
gin-rum-festival.com

Juni

Festspiele Zürich
Die Festspiele werden alle 2 Jahre von den Top-Zürcher Kulturinstitutionen veranstaltet. 1. 6. – 24. 6.
festspiele-zuerich.ch

Sapori Ticino
Das renommierte Gourmetfestival verspricht kulinarische Höhenflüge mit Starchefs aus Italien. Termin und Programm unter saporiticino.com

Art Basel
Von 14. 6. – 17. 6. avanciert Basel mit 291 der führenden Galerien wieder zum Design-Mekka.
artbasel.com

Johannisfest
Die alten Mauern des Schlosses Château de Gruyères finden von 23. 6. – 24. 6. zu ihrer früheren Betriebsamkeit zurück. Ein Erlebnis!
chateau-gruyeres.ch

Sommer

Klassikliebhaber sichern sich jetzt ihre Tickets für das Lucerne Festival im August und September, Spezialisten besuchen renommierte Fachmessen in Bern, und Gourmands kommen auf der Food Zürich auf ihre Kosten.

Juli

Montreux Jazz Festival
Von 29. 6. – 14. 7. steht in Montreux die Crème de la Crème des Jazz auf der Bühne. montreuxjazzfestival.com

European Congress on Biotechnology in Genf
Der Top-Kongress für akademische und industrielle Biotechnolgie. 1. 7. – 4. 7. ecb2018.com

Swiss Alpine Davos
Die Top-Laufveranstaltung mit dem Swissalpine Marathon und der Swiss Irontrail ist für Läufer Pflicht. Termin-Info: swissalpine.ch

Carmen in Zürich
Eine moderne Inszenierung von Carmen ist von 1. – 14. 7. im Opernhaus Zürich zu genießen. Sehenswert nicht nur für Opern-fans! opernhaus.ch

August

Davos Festival young artists in concert
Hochbegabte junge Musiker in Kammermusikformationen. 4. 8. – 19. 8. davosfestival.ch

Ornaris Bern
Auf der Fachmesse der Konsum-güterbranche werden neue Trends für Facheinkäufer präsentiert. 20. 8. – 22. 8. ornaris.ch

Lucerne Festival
Im August treffen sich die Klassik-Stars in Luzern auf der Bühne. Musikgenuss vom Feinsten! 17. 8. – 16. 9. lucernefestival.ch.

Sindex Tech-Messe
Die größte Messe für Technologie startet von 28. 8. – 30. 8. in Bern. Gezeigt werden neue Gadgets und Entwicklungen der Tech-Branche. sindex.ch

September

Food Zürich
Feinschmecker verkosten von Fine Food bis Street Food neue Kulinarik-Trends. 6. 9. – 16. 9. foodzurich.com

Swiss Chamber Music Festival
Kammermusikkonzerte auf Top-Niveau. 14. 9. – 23. 9. in Adelboden. adelboden.ch

HR Swiss Congress
Das Event der HR-Branche für alle Chefs und Personalverant-wortlichen am 20. 9. in Bern. hr-swiss-congress.ch

Contemporary Art Fair Zürich
Internationale Galerien & Künst-ler für Malerei, Grafik, Skulptur und Fotografie stellen auf der Art Zürich von 20. 9. – 23. 9. aus. art-zurich.com

Herbst

Die Schweizer Berge sind ein Paradies für alle, die Bewegung im Schnee lieben. Erleben Sie die schöne Herbstlandschaft der Schweiz und starten Sie sportlich in den Winter.

Oktober

Erlebnismesse Züspa
Von 29. 9. – 8. 10. dreht sich in Zürich alles um Freizeit, Genuss & Style. Hier gibt es was zu erleben!
zuespa.ch

Käsefondue am Schiff
Bei einer herbstlichen Fahrt über den Bodensee lässt sich ein Schweizer Käsefondue verkosten.
Termin-Info: bodenseeschiffe.ch

Berner Weinmesse
Von 13. – 22. 10. werden die edelsten Tropfen verkostet. Legendäres Event für Weinkenner!
bernerweinmesse.ch

IFAS Gesundheitsfachmesse
Auf der führenden Messe für die Medizin- & Gesundheitsbranche werden von 23. 10. – 16. 10. in Zürich neue Trends präsentiert.
ifas-messe.ch

November

Jazznojazz Festival
Die ganz Großen des Jazz begeistern auch heuer wieder das Publikum in Zürich. 1. 11.– 4. 11.
jazznojazz.ch

World Education Days Bern
Die internationale Bildungsmesse zeigt Produkte & Anwendungen rund ums Lernen. 7. 11. – 9. 11.
worlddidac-bern.com

Schneeschuhwandern
Mit den Schneeschuhen verschneite Ebenen und Wälder erkunden ist unvergesslich.
Termin-Info: engadin.stmoritz.ch

Langlauf Opening
Ab Ende November stehen bereits die ersten Loipen in St. Moritz bereit. Für jedes Fitness-Level ist die passende Strecke dabei.
Termin-Info: engadin.stmoritz.ch

Dezember

Gölä Jubiläums-Show
Der Schweizer Rocksänger feiert am 1. 12. sein 20-jähriges Bühnenjubiläum im Hallenstadion Zürich.
golamusic.com

Snowsports Opening
An verschiedenen Orten in St.Moritz können die neuesten Schimodelle getestet werden. 2. 12. und 3. 12.
engadin.stmoritz.ch

Christkindlimarkt Zürich
Bis 24. 12. hat der größte Indoor-Christkindlmarkt in Europa jedes Jahr seine Pforten geöffnet.
christkindlimarkt.ch

FIS Langlauf Weltcup
Die Weltelite der Langläuferinnen und Langläufer steht jedes Jahr anlässlich der Davos Nordic am Start. Internationales Top-Event!
Termin-Info: davosnordic.ch

Bildnachweise

Cover: l.o.: Gian Andri Giovanoli /KMU Fotografie; r.o.: Villa Honegg / Timo Schwach; l.u.: Badrutt's Palace; r.u. Jeremy Mason McGraw; 6: The Cambrian Adelboden; 8-9: o. Marco Cadonau / m.o.: Ydo Sol Images; m.u.: Mauro Pinterowitsch; u.: Art Basel; Julif; 10: o.: und l. Marco Cadonau / r. u.: hotelwalther.ch; l.o.: Badrutt's Palaces / r.o.: Baur au Lac r.u.: Goran Basic; 12 l.o.: The Dolder Grand / m.u.: Koch Heiko Nieder: Heinz Unger; l. Grand Hotel Villa Castagnola; 13 l.o.: Grand Hotel LES TROIS ROIS; r.o. und r.u.: Philippe Hahn / Chandolin Boutique Hotel; 14 o.: Giardino Ascona; l.u.: IN LAIN Hotel Cadonau AG; 15 l.o.: Giardino Ascona; r. Cervo Mountain Boutique Resort; r.u.: 7132 Hotel; 16-19: Widder Hotel; 17: r.u. Reto Guntli / zapaimages; 20-21: Hyatt; 21: r.u.: Anthony Parkinson; 22-25: Baur au Lac; 22 l.: Merlin Photography Ltd.; 24: Jeremy Mason McGraw; 25 l.o.: Merlin Photography; 26-27: 25hours Hotel Zürich West Stephan Lemke for 25hours; 28-29: Storchen Zürich; 30-31: Leonardo Hotels; 32-33: B2 Boutique Hotel & Spa B2 Boutique Hotel + Spa; 34-37: Four Seasons Hotel des Bergues Geneva; 34: Peter Vitale; 35: Will Pryce; 36: Will Pryce; 37: Peter Vitale (li. und o.r.) & Richard Waite (u. r.); 38-39: Mandarin Oriental Genf / George Apostolidis; 40-43: Hotel Beau Rivage Geneva; 44-45: La Reserve Hotel & Spa; 46-47: Grand Hotel Kempinski Geneva; 48-49: Hotel Les Armures; 49 r.u.: Vincent Tremeau; 50-51: Grand Hotel LES TROIS ROIS; 51 r.u.: Philipp Jeker; 52-53: BELLEVUE PALACE Bern / Stephano Candito; 54-57: 7132 Hotel / Jeremy Mason McGraw; 58-59: Cervo Mountain Boutique Resort; 60-61: THE OMNIA; 60: christiangrund.ch; 61: Bruno Augsburger; 62-63: Hotel Alex / Markus Gyger; 64-65: Unique Hotel Post / Gilles Trillard; 66-67: Marriott Autograph Collection; 68-71: THE CHEDI ANDERMATT; 72-73: Backstage Hotel Vernissage / Joe Condron rockzermatt.com; 74-75: rocksresort /Gaudenz Danuser; 76-77: Starwood Hotels; 76: Melody Sky; 77: Yves Garneau; 78-79: Atlantis by Giardino; 78: Thomas Luethi / HEG; 80-81: Manotel; 82-83: Giardino Ascona / Gerrit Meier; 84-85: Boutique Hotel Giardino Lago / Thomas Haberland; 86-87: Der Teufelhof Basel; 88-91: Badrutt's Palace / 90 und 91 r.u.: KMU Fotografie; 91: www.pillmann.com ; 92-93: Hotel Belvoir; 92: bienz:photography; 93: Gian Marco Castelberg; 94-95: Hotel d'Angleterre; 96-99: Park Hotel Vitznau; 100-101: Boutiquehotel Schlüssel / Simon Bolzern; 102-103: Hotel Schweizerhof Luzern; 102: Elge Kenneweg; 103: r.o.: Mischa Christen; 104-105: Grand Hotel Kronenhof Pontresina / Gian Andri Giovanoli; 106-109: Villa Principe Leopoldo Lugano; 106: M.Danesin; 110-111: Villa Orselina 110: Stöh Grünig; 112-113: Hotel Schweizerhof Bern & THE SPA; 114-115: Waldhaus Flims Mountain Resort & Spa; 114-115: r.u.: Pia Grimbühler; 115 l.o.: Martin Rutta /115 r.o.: Andrea Badrutt; 116-117: Schweizerhof Flims (Hotel Schweizerhof Flims AG); 117: Andrea Badrutt; 118-119: HUUS Hotel Gstaad; 119 r.u.: Giacomo Morelli / 119 r.u.: Mark Nolan; 120-121: The Dolder Grand 121: r.u.: Peter Hebeisen; 122-123: Chateau Gütsch /Francis Amiand; 124-127: Grand Resort Bad Ragaz; 128-131: Beau-Rivage Palace Lausanne; 129 r.u.: Fabrice Rambert; 131: www.regiscolombo.ch; 131 r.o.: Valentin Dubach; 132-133: Steigenberger Hotels AG; 134-135: LA VAL Bergspa Hotel Brigels / Michelle Chaplow; 136-137: The Alpina Mountain Resort & Spa / Thomas Magyar; 138-141: Tschuggen Grand Hotel; 139 u. 141: r.: Urs Homberger Arosa Switzerland; 142-143: THE VIEW LUGANO / r.patti; 144-147: Lenkerhof Gourmet Spa Resort; 148-149: Hotel Hof Weissbad; 150-151: LeCrans Hotel & Spa; 150: Gregory Bartadon 151 r.o.: O.Maire; 152-153: Victoria-Jungfrau Grand Hotel & Spa; 154-155: Kempinski Grand Hôtel des Bains; 156-157: Le Mirador Resort & Spa; 158-161: Hotel Eden Roc; 159: Foto Studio 1; 161 r.u.: Daniel Martinek Photography; 162-163: Hotel Vitznauerhof; 162: Marie-Christine Möller; 163: r.o.: Tibor Göröcs; 164-165: Castello del Sole; 165: l.o.: Leonardo Mariani; 166-167: Fairmont Le Montreux Palace; 168-169: Beau-Rivage Hotel Neuchâtel; 169: Pierre-William Henry; 170-171: EDEN AU LAC ZÜRICH / Victoria Jungfrau Collection / Stefano Candito; 172-173: Grand Hôtel du Lac Vevey / Fabrice Rambert; 174-175: Grand Hotel National Luzern; 176-177: Grand Hotel Villa Castagnola; 176 u. 177 r.u. Ydo Sol Images; 178-181: Hôtel Palafitte; 181: Fabrice Rambert; 182-183: Seerose Resort & Spa; 182 u. 183 u.: Stöh Grünig; 183: l.o.: Flurina Rothenberger; 184-185: La Pinte du Vieux Manoir; 186-189: Carlton Hotel St. Moritz / Gian Giovanoli KMU Fotografie; 190 -191: Hotel Crans Ambassador; 191: Oliver Maire; 192-193: Kulm Hotel St. Moritz / Gian Andri Giovanoli /KMU Fotografie; 194-195: Arosa Kulm Hotel & Alpin Spa/ Urs Homberger Arosa Switzerland; 196-197: Hotel Firefly; 198-199: Park Gstaad; 200-201: Gstaad Palace; 200: Yannick Andrea; 201 l.o.: tommypiconefotografo; 201 r.o.: Roberto Bonardi; 202-203: Mont Cervin Palace / Ydo Sol Images; 204-205: Maiensässhotel Guarda Val; 206-207: The Capra Saas-Fee; 208-209: Waldhotel Davos; 209: l.u.: RUPA; 210-211: InterContinental Hotels Group; 212-213: The Lodge Verbier; 213: Yves Garneau; 214-215: Le Chalet D'Adrien; 216-217: Le Grand Bellevue; 218-221: Riffelalp Resort 2222 m / Alexander Haiden; 221. r.m.: Jan Geerk; 222-223: SPENGLERS Hotel Davos; 222: Das Bild-Stadler & Uster; 224-225: Hotel Seehof Davos; 225: r.: Gian Andri Giovanoli /KMU Fotografie; 226-227: Aspen alpin lifestyle hotel / Philippe Hahn; 228-229: Suvretta House; 228: Gerry Amstutz; 229: Daniel Martinek; 230-231: Romantik Hotel Castello-Seeschloss; 230 u. 231: o.: Klaus Lorke; 231: Martin Seeger; 232-233: Wellness und Spa Pirmin Zurbriggen; 234-235: Chandolin Boutique Hotel / Philippe Hahn; 236-237: The Cambrian Adelboden / Matt Cant; 238-239: IN LAIN Hotel Cadonau AG; 240-241: RESORT COLLINA D'ORO; 241: Gianni Baumann; 242-243: Waldhaus Sils / Gian Andri Giovanoli /KMU Fotografie; 244-247: Hotel Le Richemond / Niall Clutton; 248-249: Ultima Gstaad; 248: Frederic Ducuot 249 l.o. und r.u. Frederic Ducuot und r.u. Bruno Preschesmisky; 250-251: The Alpina Gstaad; 251: Urs Homberger; 252-253: Grischa-DAS Hotel Davos / Maurice Parrée; 254-255: Hostellerie Du Pas de L'Ours /²55: Martin Gardelliano; 256-257: Hotel Schweizerhof Lenzerheide; 257: Dolores Rupa; 258-259: frutt Family Lodge; 258: Thomas Biasotto; 260-261: Lausanne Palace & Spa; 260: Sylvain Fasel; 261: r.u.: E. Gilhuys; 262-263: Hotel Royal Savoy Lausanne; 264-265: Romantik Hotel Hornberg / Hannes Niederkofler Photography; 266-267: Waldhotel National Arosa; 267 r.o.: Urs Homberger Arosa Switzerland l.u.: Nina Mattli; 268-269: Hotel Villa Honegg / Timo Schwach; 270-271: Chasa Montana Hotel & Spa; 271 l.o.: Alexander Maria Lohmann r.u.: Gian Andri Giovanoli /KMU Fotografie; 272-273: hotelwalther.ch; 274-277: Januar: Tony Ramirez / www.imagesofpolo.com; Februar: Ballette Revolución / BB Promotion GmbH; März: gims.swiss; April: Joe Bel, Cervo George Eberle; Mai: Romina Amato for Wings for Life World Run; Juni: Art Basel; Juli: Opernhaus Zürich / Dominic Büttner; August: Luzern Festival / Patrick Huerlimann; September: Food Zurich/ Sanjeev Velmurugan; Oktober: Züspa Die Erlebnismesse MCH Messe Schweiz (Zürich) AG; November: Swiss Education Days; Dezember: Davos Nordic FIS Langlauf / NordicFokus; 279: shutterstock; U3: MNStudio shutterstock / Privilegienhotels: Baur au Lac; The Alpina Mountain Resort & Spa / Thomas Magyar; Grand Hôtel du Lac Vevey / Fabrice Rambert; THE CHEDI ANDERMATT; Tschuggen Grand Hotel / Urs Homberger Arosa Switzerland; The Alpina Gstaad / Urs Homberger Arosa Switzerland; Villa Orselina / RUPA; Lenkerhof Gourmet Spa Resort / RUPA; Hotel Schweizerhof Lenzerheide; Hotel LA VAL bergspa hotel brigels / Michelle Chaplow; Castello del Sole; frutt Family Lodge; U4: shutterstock

Impressum

1. Auflage 2018, ISBN-Nummer 978-3-8283-0893-0

Herausgeber: Hallwag Kümmerly+Frey AG, CH-3322 Schönbühl-Bern und Connoisseur Circle Reiseservice GmbH, A-1070 Wien

Verlagsanschrift: Hallwag Kümmerly+Frey AG, Grubenstrasse 109, CH-3322 Schönbühl-Bern, info@swisstravelcenter.ch

Projektbegleitung Hallwag Kümmerly+Frey: Markus Schneider, Fritz Ruchti, Danielle Zingg, Marianne Saner

Redaktionsanschrift: Connoisseur Circle Reiseservice GmbH, Mariahilfer Straße 88a/II/2a, 1070 Wien, office@ccircle.cc

Buchkonzept und Redaktionsleitung: Andreas und Simone Dressler; **Ambassador für die Schweiz:** Silvia Affolter, **Lektorat:** Alexandra Gruber, Tanja Teufel; **Art-Direktorin:** Angelika Kratzig; **Grafik:** Martin Völker; **Bildbearbeitung:** Norbert Jekeli; **Fotoredaktion:** Johanna Hofbauer, Christina Seitz; **Projektleitung:** Andrea Röhrich; **Redaktion:** Silvia Affolter, Yvonne Beck, Paula Graf, Nina Munk, Susanne Prosser, Patrick Schwamberger;

Marketing: Monika Athanasiadis, Marion Finger, Andrea Hauke; **Fotografie:** Alle Fotos, soweit nicht anders vermerkt, mit Genehmigung der Hersteller, Hotels, Restaurants und Fremdenverkehrsämter. Fotografien, wenn nicht gesondert vermerkt, von Hotels beigestellt. Für von Hotels überlassene bzw. zur Verfügung gestellte Bild- und Textmaterialien übernimmt der Verlag keine Gewähr. Textquellen und Fotos mit freundlicher Genehmigung von Hotels und Hotelwebsites. Der Herausgeber hat alle Angaben sorgfältig geprüft; trotzdem sind inhaltliche Fehler nicht auszuschließen. Die Angaben erfolgen daher ohne jegliche Verpflichtung des Herausgebers, der keine Haftung für allfällige Unstimmigkeiten übernimmt. Für Verbesserungsvorschläge unter info@swisstravelcenter.ch oder office@ccircle.cc sind wir dankbar.

Die besten Hotels der Schweiz von A –Z

Gstaad Palace 200
3780 Gstaad, Palacestraße 1
+41 33 7485000
www.palace.ch

H

Hostellerie Du Pas de L'Ours 254
3963 Crans-Montana,
Rue du Pas de L'Ours 41
+41 27 4859333
www.pasdelours.ch

Hotel Alex 62
3920 Zermatt, Bodmenstraße 12
+41 27 9667070
www.hotelalexzermatt.com

Hotel Belvoir 92
8803 Rüschlikon, Säumerstraße 37
+41 44 7238383
www.hotel-belvoir.ch

Hotel Crans Ambassador 190
3963 Montana, Route du Petit Signal 3
+41 274854848
www.cransambassador.ch

Hotel d'Angleterre 94
1201 Genf, Quai du Mont-Blanc 17
+41 22 9065555
www.dangleterrehotel.com

Hotel Eden Roc 158
6612 Ascona, Via Albarelle 16
+41 91 785 7171
www.edenroc.ch

Hotel Firefly 196
3920 Zermatt, Schluhmattstraße 55
+41 279677676
www.firefly-zermatt.com

Hotel Hof Weissbad 148
9057 Weissbad, Im Park 1
+41 71 7988080
www.hofweissbad.ch

Hotel Le Richemond 244
1201 Genf, Rue Adhemar-Fabri 8-10
+41 22 7157000
www.dorchestercollection.com

Hotel Les Armures 48
1204 Genf, Rue Puits-St-Pierre 1
+41 22 3109172
www.hotel-les-armures.ch

Hotel N'vY 80
1202 Genf, Rue du Richemont 18
+41 22 5446666
www.hotelnvygeneva.com

Hôtel Palafitte 178
2008 Neuchâtel,
Route des Gouttes-d'Or 2
+41 32 7230202
www.palafitte.ch

Hotel Royal Savoy Lausanne 262
1006 Lausanne, Avenue d'Ouchy 40
+41 21 6148888
www.royalsavoy.ch

**Hotel Schweizerhof Bern
& THE SPA 112**
3001 Bern, Bahnhofplatz 11
+41 31 3268080
www.schweizerhof-bern.ch

Hotel Schweizerhof Lenzerheide 256
7078 Lenzerheide, Voa Principala 39
+41 81 3852525
www.schweizerhof-lenzerheide.ch

Hotel Schweizerhof Luzern 102
6002 Luzern, Schweizerhofquai 3
+41 41 4100410
www.schweizerhof-luzern.ch

Hotel Seehof Davos 224
7260 Davos, Promenade 159
+41 81 4179444
www.seehofdavos.ch

Hotel Villa Honegg 268
3800 Ennetbürgen, Honegg
+41 41 6183200
www.villa-honegg.ch

Hotel Vitznauerhof 162
6354 Vitznau, Seestraße 80
+41 41 3997777
www.vitznauerhof.ch

Hotel Walther 272
7504 Pontresina, Via Maistra 215
+41 81 8393636
www.hotelwalther.ch

HUUS Hotel Gstaad 118
3792 Saanen-Gstaad,
Schönriedstraße 74
+41 33 7480404
www.huusgstaad.com

I

IN LAIN Hotel Cadonau 238
7527 Brail, Crusch Plantaun
+41 81 8512000
www.inlain.ch

InterContinental Davos 210
7260 Davos, Baslerstraße 9
+41 814140400
www.ihg.com/intercontinental

K

Kempinski Grand Hotel des Bains 154
7500 St. Moritz, Via Mezdi 27
+41 81 8383838
www.kempinski.com

Kulm Hotel St. Moritz 192
7500 St. Moritz, Via Veglia 18
+41 81 8368000
www.kulm.com

L

La Pinte du Vieux Manoir 184
3280 Murten-Meyriez,
Rue de Lausanne 18
+41 26 6786180
www.vieuxmanoir.ch

la reserve Hotel Spa and Villas 44
1293 Bellevue, Route de Lausanne 301
+41 22 9595959
www.lareserve.ch

LA VAL bergspa hotel brigels 134
7165 Brigels, Palius 18
+41 81 9292626
www.laval.ch

Lausanne Palace Spa 260
1002 Lausanne, Haldenstraße 10
+41 21 3313131
www.lausanne-palace.com

Le Chalet D'Adrien 214
1936 Verbier, Chemin des creux
+41 527 7716200
www.chalet-adrien.ch

Le Grand Bellevue 216
3780 Gstaad, Hauptstraße 17-21
+41 33 7480000
www.bellevue-gstaad.ch

Le Mirador Resort & Spa 156
1801 Mont-Pèlerin,
Chemin de l'Hôtel Mirador 5
+41 219 251111
www.mirador.ch

LeCrans Hotel & Spa 150
3963 Crans Montana
Chemin du Mont-Blanc 1
+41 27 4866060
www.lecrans.com

Lenkerhof Gourmet Spa Resort 144
3775 Lenk im Simmental, Badstraße 20
+41 33 7363636
www.lenkerhof.ch

M

Maiensässhotel Guarda Val 204
7078 Lenzerheide/Sporz, Voa Sporz 85
+41 81 3858585
www.guardaval.ch

Mandarin Oriental Genf 38
1201 Genf, Quai Turrettini 1
+41 22 9090000
www.mandarinoriental.de/geneva

Mont Cervin Palace 202
3920 Zermatt, Bahnhofstraße 31
+41 27 9668888
www.montcervinpalace.ch

P

Park Gstaad 198
3780 Gstaad, Wispilenstraße 29
+41 33 7489800
www.grandhotelpark.ch

Park Hotel Vitznau 96
6354 Vitznau, Seestraße 18
+41 41 3996060
www.parkhotel-vitznau.ch

Park Hyatt Zürich 20
8002 Zürich, Beethoven-Straße 21
+41 43 8831234
zurich.park.hyatt.com

R

RESORT COLLINA D'ORO 240
6927 Agra - Collina d'Oro
Via Roncone 22
+41 91 6411111
www.resortcollinadoro.com

Riffelalp Resort 2222 m 218
3920 Zermatt
+41 27 9660550
www.riffelalp.com

rocksresort 74
7032 Laax, Via Murschetg 15
+41 81 9279797
www.rocksresort.com

**Romantik Hotel
Castello Seeschloss** 230
6612 Ascona, Circonvallazione 26
+41 91 7910161
www.castello-seeschloss.ch

Romantik Hotel Hornberg 264
3777 Saanenmöser-Gstaad
+41 33 7486688
www.hotel-hornberg.ch

**Romanitk Hotel The Alpina Mountain
Resort & Spa** 136
7064 Tschiertschen, Panetzlis 67
+41 81 8688088
www.the-alpina.com

S

**Schweizerhof Flims,
Romantik Hotel** 116
7018 Flims Waldhaus, Rudi Dadens 1
+41 81 9281010
www.schweizerhof-flims.ch

Seerose Resort & Spa 182
5616 Meisterschwanden,
Seerosenstraße 1
+41 56 6766868
www.seerose.ch

SPENGLERS Hotel Davos 222
7270 Davos Platz, Tobelmühlestraße 2
+41 81 4151600
www.spenglersdavos.ch

Steigenberger

Grandhotel Belvedere 132
7270 Davos, Promenade 86
+41 81 4156000
www.steigenberger.com

Storchen Zürich 28
8001 Zürich, Weinplatz 2
+41 44 2272727
www.storchen.ch

Suvretta House 228
7500 St. Moritz, Via Chasellas 1
+41 818 363636
www.suvrettahouse.ch

T

The Alpina Gstaad 250
3780 Gstaad, Alpinastraße 23
+41 33 8889888
www.thealpinagstaad.ch

The Cambrian Adelboden 236
3715 Adelboden, Dorfstraße 7
+41 33 6738383
www.thecambrianadelboden.com

The Capra Saas-Fee 206
3906 Saas-Fee, Lomattenstraße 6
+41 27 9581358
www.capra.ch

THE CHEDI ANDERMATT 68
6490 Andermatt, Gotthardstraße 4
+41 41 8887488
www.thechedi-andermatt.com

The Dolder Grand 120
8032 Zürich, Kurhausstraße 65
+41 44 4566000
www.thedoldergrand.com

The Hotel Luzern 66
6002 Luzern, Sempacherstraße 14
+41 41 2268686
www.the-hotel.ch

**The Lodge Verbier Virgin
Limited Edition** 212
1936 Verbier, Chemin de Plénadzeu 3
+41 27 7752244
www.thelodge.virgin.com

THE OMNIA 60
3920 Zermatt, Auf dem Fels
+41 27 9667171
www.the-omnia.com

THE VIEW LUGANO 142
6900 Lugano - Paradise, Via Guidino 29
+41 91 2100000
www.theviewlugano.com

Tschuggen Grand Hotel 138
7050 Arosa, Sonnbergstraße
+41 81 3789999
www.tschuggen.ch

U

ULTIMA GSTAAD 248
3780 Gstaad, Gsteigstraße 70
+41 33 748 0550
www.ultimagstaad.com

Unique Hotel Post 64
3920 Zermatt, Bahnhofstraße 41
+41 27 9671931
www.hotelpost.ch

V

**Victoria-Jungfrau
Grand Hotel & Spa** 152
3800 Interlaken, Höheweg 41
+41 33 8282828
www.victoria-jungfrau.ch

Villa Orselina 110
6644 Orselina, Via Santuario 10
+41 91 7357373
www.villaorselina.ch

**Villa Principe Leopoldo
Lugano** 106
6900 Lugano, Via Montalbano 5
+41 91 9858855
www.leopoldohotel.com

W

W Verbier 76
1936 Verbier, Rue de Médran 70
+41 27 4728888
www.wverbier.com

Waldhaus Flims 114
7018 Flims Waldhaus, Via dil Parc 3
+41 81 9284848
www.waldhaus-flims.ch

Waldhaus Sils 242
7514 Sils im Engadin, Via da Fex 3
+41 81 8385100
www.waldhaus-sils.ch

Waldhotel Davos 208
7270 Davos Platz, Buolstraße 3
+41 81 4151515
www.waldhotel-davos.ch

Waldhotel National Arosa 266
7050 Arosa, Prätschlistraße
+41 81 3785555
www.waldhotel.ch

**Wellness & Spa
Pirmin Zurbriggen** 232
3905 Saas Almagell
+41 27 9572301
www.wellnesshotel-zurbriggen.ch

Widder Hotel 16
8001 Zürich, Rennweg 7
+41 44 2242526
www.widderhotel.com